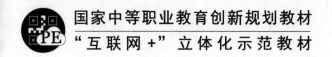

国家中等职业教育创新规划教材

"互联网+"立体化示范教材

中职体育与职业教程

总主编 黄玉宁

北京体育大学出版社

策划编辑：张蒙恩
责任编辑：魏国旺
责任校对：吴苗苗
版式设计：李宇霞

图书在版编目（CIP）数据

中职体育与职业教程 / 黄玉宁等主编 . -- 北京：
北京体育大学出版社，2017.6（2020.8 重印）
中等职业教育创新规划教材
ISBN 978-7-5644-2664-4

Ⅰ.①中… Ⅱ.①黄… Ⅲ.①体育课—中等专业学校
—教材 Ⅳ.① G634.961

中国版本图书馆 CIP 数据核字 (2017) 第 170358 号

中职体育与职业教程　　　　　　　　　　　　　　黄玉宁　等　主编

出版发行：北京体育大学出版社
地　　址：北京市海淀区农大南路 1 号院 2 号楼 4 层办公 B-421
邮　　编：100084
网　　址：http://cbs.bsu.edu.cn
发 行 部：010-62989320
邮 购 部：北京体育大学出版社读者服务部 010-62989432
印　　刷：北京昌联印刷有限公司
开　　本：787mm×1092mm　1/16
成品尺寸：185mm×260mm
印　　张：14.5
字　　数：390 千字
版　　次：2017 年 6 月第 1 版
印　　次：2020 年 8 月第 4 次印刷
定　　价：32.00 元

本书如有印装质量问题，请与出版社联系调换。

《中职体育与职业教程》编委会

前　言

　　《中共中央国务院关于深化教育改革全面推进素质教育的决定》中明确指出："健康体魄是青少年为祖国和人民服务的基本前提，是中华民族旺盛生命力的体现。学校教育要树立'健康第一'的指导思想，切实加强体育工作。"这为构建充满生机活力的现代教育体系指明了方向。为了适应学校教育事业迅速发展的需要，进一步深化教育改革，提高体育课的教学质量，根据《学校体育工作条例》《全国普通高等学校体育课程教学指导纲要》《国家学生体质健康标准》的要求，我们编写了本教材——《中职体育与职业教程》。

　　本教材以"学校教育要树立'健康第一'的指导思想，切实加强体育工作，使学生掌握基本的运动技能和科学锻炼身体的方法，养成坚持锻炼身体的好习惯"为宗旨；以科学性、实用性为原则，注重反映体育的新理念、新技术。本教材具有体系新颖、内容精练、实用性强等特点。从方便中职学生阅读的角度出发，本教材对学生关心的健康、体育锻炼内容与方法和自我保健等问题进行阐述，力求成为伴随大学生成长的良师益友。

　　本教材以体育基本理论为框架，汲取了最新公共体育教学经验与科研成果，力求与现代体育学科的发展相适应；运动技术与基础理论知识相衔接，大大拓宽了教材的深度和广度，并配合适当的图表说明，有较强的针对性和实用性，有利于不同层次的中职生使用。本教材还增加了一些技战术动作的视频二维码，有利于学生更直观地学习技术动作，体现了"互联网＋"的立体化教学模式。

　　在编写本教材的过程中，我们参考了一些专家和学者的研究成果，在此向他们表示衷心的感谢。

　　由于编写人员能力和水平有限，书中若存在疏漏之处，恳请广大读者批评与指正，以便我们对教材进行修订和完善。

目 录

第一章　认识中职体育

第一节　中职体育的任务和目标

一、体育与健康课程的任务

体育与健康是学校教育的重要组成部分，是中等职业学校学生必须学习的一门课程。其任务如下。

1. 体育与健康课程是以增强体质、增进健康为基本目的的教育过程，是提高学生整体素质的重要途径之一。

2. 体育与健康课程具有丰富的理论知识和实践技能。它以运动实践为主要特征，能较好地促进人的思想道德水平、科学文化知识、劳动技能及生理和心理素质的提高。

二、体育与健康课程的目标

1. 全面提高学生身体素质，发展学生身体基本活动能力，掌握科学锻炼身体的基本知识、方法和运动技能。

2. 发展学生个性与体育特长，提高自主锻炼、自我保健、自我评价和自我调控的能力。

3. 通过体育与健康教学，进行爱国主义、集体主义和体育道德教育，培养学生勇敢顽强、竞争协作的精神，遵纪守法的公德品质，乐观自信的性格和承受挫折的能力。

具体地讲，就是中职学生在毕业前，通过课程的学习与课内外的实践，确定并掌握必要的、为终身体育所实用的"1-2-1"体育目标规定的内容和方法，这是本课程的重点任务。

"1-2-1"体育目标的内涵："1"是要求学生掌握一种有关体质的自我评价方法；"2"是要求学生掌握两项体育运动技能；"1"是要求学生能够制订一套运动处方。

三、课程学习的主要知识结构

在学校学习期间，学生要学习和掌握的主要知识结构是：体育与健康理论知识、体育锻炼的知识与方法、基本运动知识与运动能力、选项运动技术与能力和职业特点的健身知识等。

第二节　中职学生的生理与心理健康

中职学生正处在青春发育期的后半期。青春期是人一生中的第二次生长高峰，也是最后一个高峰。不论是在生理方面，还是在心理方面都将获得飞速的发展，是人的发展中最关键的时期。如果这一时期的生长发育良好，会为将来的工作、学习、生活打下坚实的身体基础。了解青春期生理与心理的发展特点，对于科学地从事体育锻炼、增强体质、促进身心健康是非常重要的。

一、青春期生理特征

中职学生的年龄一般为 16 ～ 18 岁，这一时期学生的主要发育指身体形态的变化、生理功能的逐渐完善和性发育趋于成熟。

（一）身体形态

身体形态指标主要包括身高、体重、胸围。学生生理上的第一大变化是身体形态的变化，显著的特征是身高迅速增长。青春发育期之前，身高平均每年增长 3 ～ 5 厘米。青春发育期，身高每年增长 6 ～ 8 厘米，有的甚至增长 10 ～ 11 厘米；体重也以每年 5 ～ 6 千克的速度迅速增加，有的甚至增长 8 ～ 10 千克。男、女学生形态指标的发育形成第二次交叉，大多数男生在身高、体重、胸围等指标上都超过了女生。

（二）生理功能

中职学生生理功能增强主要表现如下。

1. 心血管系统功能趋于稳定，心脏成长很快，心脏收缩能力提高，心率下降，心血管功能不断增强。

2. 肺活量和通气量增加。随着胸围、胸腔的扩大，肺活量也有较大的增长，女生 16 ～ 17 岁、男生 17 ～ 18 岁，其肺活量可接近成年人水平，具备了发展耐力的生理基础，身体可以承受较大强度的运动负荷。这一时期的学生可进行有氧耐力的练习，如游泳、球类活动和长跑等。

3. 神经系统逐步完善。神经系统在生理发育上已基本达到成年人的水平，脑神经纤维变粗、增长、分支及髓鞘化，神经冲动的传递速度也大大增加，这就是为什么动作反应灵活，动作敏捷、协调而准确的原因。这时的大脑皮层的兴奋和抑制过程逐渐完善，能正确地判断事物，并做出精确的反应。更重要的是，处在青春期的中职学生驾驭语言文字的能力迅速发展，大大提高了个体对外界环境的认识能力和适应能力。

4. 力量增长，性别差异显著。随着突增期的逐步结束，骨骼生长趋缓，肌肉纤维的生长发育由纵向为主向横向为主发展，肌肉体积增加，弹性加强，力量增强。女生与男生在力量上存在着显著的差异：女生臂肌静止耐力仅为男生的 1/3；腰和腹肌力量为男生的 2/3；下肢爆发力为男生的 3/4；速度、耐力为男生的 4/5。

（三）性发育趋于成熟

中职学生生理上的第三大变化是性发育趋于成熟，与此相联系的是性意识的产生。性发育是青春期最重要的表现之一，主要标志是第一性征发育成熟，第二性征开始发育。

二、青春期心理特征

（一）独立性增强

随着少男少女自我意识的建立，他们的独立性骤然增强，他们不再被动地遵从父母的教导和管理，而是渴望用自身的眼睛看待事物，用自身的尺度衡量是非曲直。这种从被动到主动，从依靠到独立的演变，对于青少年来说是成长的必然之路。

（二）情绪两极化

青春期孩子感情浓烈，炙热豪放，情绪的两极性展现得十分突出，既会为一时的成功而激动不已，也会为小小的落魄而反感绝望，情绪多变，时常发生莫名的烦恼、焦虑。

（三）青春期心理上"闭锁"

进入青春期，少男少女终结了"少年不知愁滋味"的孩童时代，进入了"多事之秋"。如今由于心理的不断发展，情绪自控能力比孩提时有了较大的提高，学会掩饰、隐藏情绪，发生心理"闭锁"的特点。过去爱说爱笑的孩子，进入青春期也许会变得沉默寡言，常把自己关在房间里，很少和父母交谈，甚至推托父母的关爱。

（四）青春期心理向成熟过渡

青春期是长大成人的开始，是由不成熟向成熟的过渡。这一过程对青少年来说是漫长而痛苦的。如今，他们既非大人，又非儿童，原先的孩童天地已被突破，但新的成人天地又尚未建立。因此，他们的心中充满矛盾和争论。例如，生理成熟提前和心理成熟滞后的矛盾；独立意识增强与实际能力偏低的分歧；渴望外人理解，但又"闭锁"心理的矛盾。

（五）行动易烦乱

美国和加拿大学者的最新研究指出，青春期青少年的大脑中，负责操纵情感和烦乱的神经尚未发育成熟，这是他们易烦乱的起因。

三、正确对待青春期性心理的发展变化

青少年发生的各种变化是青春期生理、心理发展的必然结果，是青少年由不成熟向成熟转化过程中的健康展现。

很多处于青春期的学生面对自己的变化，往往会表现得无所适从。下面对处于青春期的学生提出几点行为准则，供大家参考。

1. 不逞能，对于自己不能解决的问题，及时与老师、家长或同学沟通。
2. 学会控制情绪，遇到争执时言语使用一定要温和。
3. 拥有自己信赖的倾吐对象，而不是抱怨的对象。
4. 处理问题前多考虑，尽量将处理办法和过程写好再行动。
5. 信任父母长辈，告诉他们你的想法。
6. 衣着、谈吐健康，行为端正。

第三节　中职职业岗位特点

现代生活节奏紧张，竞争激烈，学生忙于学业、职场竞争，加之出门以车代步，长时间地在电脑前打字、搜索资料、练习技能……以上种种使得学生的活动量大大不足，体力下降、心理障碍等身心疾病过早降临。很多不爱运动、透支体力的学生不得不为生病、看病和住院花费大量的金钱和时间。只有热爱运动的人才能在工作中超群出众，才能精力充沛地应付职场和人生挑战。运动不是老年人的专利，在校中职学生更应积极投身于运动健身的行列。

一、伏案型职业特点

现代社会分工精细，许多人工作时的体位改变很少。财务工作人员（会计与出纳）、文秘及大部分办公室白领大都以脑力劳动为主，以伏案为主要工作方式。调查表明，该类员工在每个工作日的 8 小时劳动中，坐的时间可达 6～7 小时。坐位姿势是一种静态姿势，静态姿势下完成单一工作极易引起疲劳，从而使工作效率下降，易出现工作差错。长期以单一姿势工作，容易引起机体许多功能和结构的改变，进而导致疾病（即职业病）的发生。长期从事办公型职业劳动，容易出现颈椎病、腰椎间盘突出症、便秘和痔疮等常见病，以及手指、肩周、腰背部肌肉与关节酸痛。

二、站立型职业特点

现代社会中有一部分人，如教师、前台迎宾、前厅接待、餐厅服务员、柜台销售、厨师、模特、警卫和机械制造人员（流水线）等，均需要在工作期间长时间站立。站立姿势可以分为立正式站立（如警卫）和任意式站立（如超市的收银员）。立正式站立是一种强度极大的静力性工作。而任意式站立人员因在一定程度上可以活动身体某些部位，并有机会可以在较小范围内做一些移动性活动，所以相对于立正式站立而言，其静力负荷的强度较小。职场站姿绝大多数属于任意式站姿。尽管如此，站姿类岗位对员工责任心的要求相对较高，工作环节要求细致严密，服务敏感性强，职业人员必须精神饱满、情绪稳定，有较强的自我控制能力和排除干扰能力，有比较强的应变能力和应急能力。迎宾小姐、前厅接待这两个工种的员工是企业和公司的窗口，她们的表现映衬了企业和公司的形象，反映了企业和公司的精神面貌，她们以笑脸迎人，以热忱服务为宗旨，久而久之，就会造成情绪资源的枯竭。

三、运动型职业特点

从事运动型职业的人员主要集中在营销、护理、运输和水上作业等行业。这些行业的人员在工作时无固定身体姿势，劳动对身体的影响是多方面的，其疲劳多为全身性的。

四、流动交往型职业特点

从事流动交往型职业的人员主要集中在公关、翻译、记者、经理、营销和商务等行业。这些行业的人员在工作时同样无固定身体姿势，以流动型为主，同时对职业人员的形体礼仪、反应判断、语言表达素养具有一定要求。

第四节　职业体能概述

一、体能的概念和内涵

对于"体能"，目前还没有一致认可的定义，但大多倾向于上海辞书出版社《体育大词典》中对"体能"的表述，即"体能是体质的重要组成方面，是人体各器官系统机能在身体活动中表现出来的能力，包括力量、速度、灵敏、耐力和柔韧等基本的身体素质，以及人体的基本活动能力（如走、跑、跳、投掷、攀登、爬越、悬垂和支撑等）。体能的发展程度是衡量体质水平的一个重要标志。"身体素质与身体活动能力是一个有机整体，身体素质是身体活动能力的基础和动力，身体活动是身体素质的外在表现，其身体活动能力强弱直接反映身体素质的优劣。

二、体能与身体健康

（一）体能在促进健康中的地位和作用

体能的促进作用可以从体能与体质、健康的相互关系中得到充分的体现。

体质与体能一样，也是评价健康的一个综合性指标。它是指在遗传性和获得性的基础上，人体的质量表现出来的人体形态结构、生理机能和心理素质综合的相对稳定的特征。其内容主要包括体格、机能和身体活动能力、适应能力以及精神状态等。

从体质的内涵可以看出，体能是体质的核心内容。从一定意义上讲，增强体质就是提高体能。研究表明，体能与体质的相关程度最高，男性达 0.9119，女性达 0.8263。因此，体能就成了衡量体质水平的主要因素，而增强体质又是增进健康的更高阶段、更高标准。因为评定健康的水平，主要是看其各器官系统功能是否正常；而评定体质的水平，则是在各器官系统功能正常的基础上看其体能水平的高低。

由此不难看出，加强体能锻炼，提高体能，不仅是运动员促进健康、增强体质的有效手段，也是运动促进健康、增强体质的基本途径。

体能对于健康的促进作用，具体表现为：良好的体能有助于降低慢性疾病（如冠心病）的危险性，以及预防其他慢性病的发生或发展，并能提高机体免疫机能，抵御病毒侵害及细菌感染；良好的体能还可以使人体拥有更多的生命激情，积极地享受生命和感受生活，有利于保持心理健康，促成健康的良性循环。而通过提高体能水平增进健康，主要是提高与健康有关的体能水平。增强与健康有关的体能，将给成千上万的人提供有力的保护，使其免受心脏病、高血压病、某些癌症、骨质疏松症、忧郁症、早衰等疾病的困扰。

（二）与健康有关的体能

健康体能主要包括心肺机能、肌肉力量和耐力、柔韧性、身体成分以及身体代谢能力等。这些与健康有关的体能因素从不同角度反映了机体的健康状况。

1. 心肺机能

心肺机能是心脏、血管与呼吸系统协同工作的能力。它提供肌肉工作的燃料，直接影响肌肉利用燃料长时间工作的能力。良好的心肺机能不仅能保证身体长时间有效的工作，同时也是机体工作后快速消除疲劳和机能有效恢复所必需的。

2. 肌肉的力量和耐力

肌肉力量是指肌肉抵抗外力或移动重物的能力。一定的力量可使机体胜任那些需要消耗体力的工作与娱乐活动。肌肉耐力是指肌肉重复工作的能力。肌肉耐力强的人可以长时间工作而不致过度疲劳。

3. 柔韧性

柔韧性是指关节活动的可能范围，受肌肉长度、关节结构及其他因素的影响。良好的柔韧性可使关节在工作、娱乐中全范围活动。

4. 身体成分

肌肉、脂肪、骨骼及其他机体成分的相对百分比被称为身体成分。其中，体脂是评价身体成分的主要方面，理想的体能应有适当的体脂百分比。

5. 身体代谢能力

与代谢性有关的体能主要包括血糖、血脂、血胰岛素和骨矿密度等。代谢性体能反映的是一种机能状态，它同许多慢性疾病的发生或发展直接相关，而且与运动锻炼的效果直接相关。通过运动锻炼降低血脂水平、控制血糖、提高骨矿密度等都能增强机体代谢性体能，减少各种运动不足性疾病的发生，并影响机体体能水平。

三、体能与职业需要

（一）体能在职业中的地位和作用

体能不仅与健康息息相关，而且与职业联系密切。实践证明，经常参加健身活动且体能强的人，不仅工作效率高，缺勤次数少，而且患职业病或由于其他造成体力衰竭的疾病而导致提前退休的可能性都小得多。在履行工作职务时，身体健康最简单、最实际的定义是：对日常身体需求所做出反应的能力，以足够的储备能量应付突然的挑战，如能满足每天的能量需要，能处理各种意想不到的额外需求，具有一种现实而积极的自我形象，并能主动预防潜在的健康问题，那就是健康的。

研究表明，当工作繁重时，有氧健康值偏低的人只能以 25% 的能力工作 8 小时，普通健康状况的人能力维持在 33% 左右，而健康状况高于普通值的人则能够将 40% 的能力保持 8 小时之久。只有状况良好、热情有加的人才能在 8 小时中一直维持他们到达 50% 的有氧健康值。健康值相对较高的人的能力要高于健康值偏低的人。在有些工作中，健康的工人所干的工作是健康状况欠佳的工人的 4～6 倍，而这种较高的健康值就来自于较高的体能。

精力充沛、积极热情的人更容易被雇用，这一点在目前来说已是公认的事实。由于健身活动带来的良好体能，能够增进健康、有助于表现自我、陶冶性情以及保证安全，使得那些精力充沛又热情积极的人有更多机会得以表现自我甚至得到晋升。因此，现代社会更应重视健康活动在工作领域的作用，重视体能对职业的积极影响。

（二）与职业有关的体能

一般来说，与健康有关的体能，与职业也有关联，但是职业的性质对体能还有特别的要求，与一些体能指标有着更为密切的关系。

1. 神经肌肉协调性与反应时。神经肌肉协调性主要反映一个人的视觉、听觉和平衡感与熟练的动作技能相结合的能力。反应时是速度素质的一种表现形式，是指从给予刺激到开始发生动作之间的时间。反应时短，表示反应速度快。在职业方面，神经肌肉协调性与反应时对巩固技能定型、提高技能及判断力有明显作用。

2. 肌肉力量与耐力。良好的肌肉力量与耐力能有效地降低职业性损伤。

3. 灵敏性与平衡能力。灵敏性是指在身体活动过程中，既快速又准确地变化身体移动方向的能力。平衡能力是指当运动或静止时，身体保持稳定的能力。对从事高空作业、交通运输等职业的人员，灵敏性与平衡能力是不可缺少的体能。

4. 柔韧性。良好的柔韧性对提高身体活动范围、预防肌肉紧张、改善服务类专业人员的体态有明显的作用。

5. 应激与心理调节。应激是指个体对环境刺激的一种特异性生物学反应。积极的应激有助于职业人更好地适应工作环境，并增强其心理调节能力与抗挫折能力。

第二章 体育与健康

第一节 现代健康新理念

一、健康的概念

"健康"一词源于公元1000年英国盎格鲁撒克逊族的词汇,其含义是安全的、完美的、结实的。对于健康的概念,人类是在认识客观世界的过程中逐步加以完善的。传统的健康观认为,躯体无病即健康。中国《辞海》中对健康概念的表述则是:"人体各器官系统发育良好、功能正常、体质健壮、精力充沛并具有健全的身心和社会适应能力的状态。通常用人体测量、体格检查、各种生理和心理指标来衡量。"这种说法比"躯体无病即健康"的认识前进了一大步,但仍然片面地把人当作生物机体来看待;虽然也提出了"劳动效能"这一新概念,但含义模糊,尚未真正达到从社会层面认识健康的程度。

1948年,世界卫生组织(WHO)提出了"健康不仅仅是没有疾病和衰弱,而且是保持身体、精神和社会适应方面的完美状态"。1989年,该组织又对这一说法做了补充,即除了身体健康、心理健康和社会适应良好外,还加上了道德健康,认为只有这四个方面健康才算是完全的健康。这一健康新概念,从人的自然属性和社会属性的结合上阐明了健康的科学内涵,是目前对健康概念较完整、准确的表述。这一健康新概念突破了医学的界限,扩大了健康的内涵,从涉及人类生命的生物、心理、社会和道德四个基本层面阐述健康,形成了四维健康观,具有划时代的意义。

身体健康是指身体没有疾病,而且有充足的能量完成各种活动的能力。身体的健康是人整体健康的基础。

心理健康是指人的内心世界丰富、充实,处世态度和谐、安宁,与周围环境保持协调。具体地讲,心理健康包括两层含义:其一是自我人格完整,心理平衡,有较好的自控能力,有自知之明,能正确评价自己,及时发现并克服自己的缺点;其二是有正确的人生目标,能不断追求和进取,对未来充满信心。

道德健康是指既为自己的健康也为他人的健康负责,把个人行为置于社会规范之内。道德是以善恶观和荣辱观来评价和调节人们的社会生活行为的一种社会规范。作为一种行为规范,道

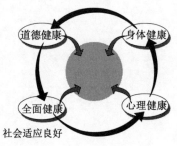

图 2-1-1 健康四维观

德的作用主要是通过对人的行为提出善与恶、荣与辱、诚实与虚伪、正义与非正义的社会评价，以此来对社会成员产生导向和制约作用。例如，在公共场所吸烟或随地吐痰，不注意时间、地点，无节制地进行各种娱乐活动而影响到他人的休息和睡眠等，均会遭到旁人的厌恶和批评。社会的道德舆论导向制约着个体道德观念的形成，个体道德观念又直接决定着个体的行为方式。

社会适应良好则是指人的行为能适应复杂的社会环境变化，能为他人所理解，为社会所接受，行为符合社会身份，能与他人保持和谐的人际关系。同时，不管是人的角色适应，还是人的行为适应，都能既注意适度的问题，又能考虑到正确选择适应方式和积极的适应态度。

二、健康的价值

健康无论对个人还是对社会，都有着十分重要的作用。有人说，健康是金；也有人说，健康是福；还有人把健康比作阿拉伯数字1，把金钱、权力、地位等比作"1"后的阿拉伯数字0。有了1，后面的0越多则越富有；反之，如果没有1，则一切皆无。这些比喻既形象生动，又非常准确、到位。那么，健康到底有哪些重要作用和价值呢？

（一）健康既是学校教育的前提，又是学校教育的首要目标

马克思曾把健康作为人的第一权利，作为人类生存的第一前提，也就是作为一切历史的第一前提。可以想象，经常因病缺课、因情绪障碍而滋生事端，或营养不良而长期精神倦怠的学生，即使采用最好的学习方法，也无法高效率地学习。只有健康的学生才能在学校获得理想的学习效果。中国的教育方针是使受教育者在德育、智育、体育三方面得到全面的发展，三者各有特定的含义和任务，是相互联系、相辅相成的统一体。而学校教育在人生教育中起着主导作用，学校可以有计划、有目的地安排好各项教育活动，其中"体育"就包含着提高学生健康水平的教育作用。正因为如此，党中央、国务院才把"健康第一"作为学校素质教育的指导思想。

（二）健康是人们奉献社会和享受生活的基础与前提条件

生命的意义在于奉献。拥有健康，才能优化自己在社会生活中的地位和作用，才能使自我价值最大限度地体现出来，从而奉献给社会。一个身体健康、精神饱满、具有良好社会适应能力的人，才可能享受高质量的生活。反之，如果没有健康的身体和健康的心理，就无法享受生活、享有幸福。

（三）健康是衡量一个民族文明程度的标志

健康受多种社会因素的制约，如社会制度、经济状况和文化教育等。在一个安定团结、人民安居乐业、经济快速发展以及文化教育先进的社会环境中，人民的健康水平无疑会极大地提高。联合国教科文组织关于新一代人才的三项基本标准是：健康的体魄、高尚的道德品质和丰富的科学文化知识。健康的体魄被放在衡量人才标准的首位。健康水平和体质状况将直接影响到一个国家和民族的发展水平和种族繁衍昌盛。在现代社会中，健康已经成为衡量一个民族文明程度的一个重要标志。在充满竞争与挑战的现代社会中，拥有大批的高素质人才是一个国家可持续发展的保证。所谓高素质的人才，就是德、智、体全面发展的合格人才。健康的体质是思想道德素质和科学文化素质的物质基础，是高素质人才成才的物质基础。拥有健康的高素质国民是社会发展的潜在动力。

（四）健康是社会发展的基本目标

1978年，《阿拉木图宣言》中指出："健康是基本人权，达到尽可能高的健康水平是世界范围内的一项最重要的社会性目标。"1988年，世界卫生组织原总干事马勒博士一针见血地指出："必须让人们认识到，健康并不代表一切，但失去健康，便丧失了一切。"由此可见，健康不仅

是人人享有的基本人权，也是社会发展的基本目标。我们要求树立正确的健康观念，就是要求从基本人权和社会发展基本目标的高度，认识健康的重要性，理解健康的内在价值，真正确立"健康第一"的思想。

三、健康的标准

健康既有其科学的内涵，也有其科学的标准。依据健康的概念和科学内涵，世界卫生组织提出了健康的十条标准：一是有充沛的精力，能够从容不迫地担负日常生活和工作的压力而不感到紧张；二是处事乐观，态度积极，乐于承担责任，事无巨细不挑剔；三是善于休息，睡眠良好；四是应变能力强，能适应外界环境的各种变化；五是能够抵御一般性的感冒和传染病；六是体重适当，身体匀称，站立时头、肩位置协调；七是眼睛明亮，反应敏锐，眼睑不发炎；八是牙齿清洁，无龋齿，无疼痛，牙龈颜色正常，无出血现象；九是头发有光泽，无头屑；十是肌肉丰满，皮肤富有弹性。

从世界卫生组织提出的这十条标准的内容可以看出，前四个标准是关于心理和社会适应能力方面的内容，而后六条标准则主要是关于生理（躯体）方面的内容。因此，世界卫生组织提出的健康标准，实际上也是其健康概念的具体体现，我们可以用来检验自己是否健康。

日本专家还从躯体和精神两个方面，提出"五快"（机体健康）和"三良好"（心理健康）的健康标准。

"五快"：一是吃得快，进餐时，有良好的食欲，不挑剔食物，并能很快地吃完一顿饭。二是便得快，一旦有便意，能很快排泄完大小便，而且感觉良好。三是睡得快，有睡意上床后能很快入睡，且睡得好，醒后头脑清醒，精神饱满。四是说得快，思维敏捷，口齿伶俐。五是走得快，行走自如，步履轻盈。

"三良好"：一是具有良好的个性人格，情绪稳定，性格温和，意志坚定，感情丰富，胸怀坦荡，豁达乐观。二是具有良好的处世能力，观察问题客观现实，具有较好的自控力，能适应复杂的社会环境。三是具有良好的人际关系，能助人为乐，与人为善，对人际关系充满热情。

为了简明、易记，世界卫生组织概括提出了健康的四大基石：适量运动、合理膳食、戒烟限酒和心理平衡。

第二节　影响健康的因素

一、影响大学生健康的主观因素

主观因素是影响大学生健康的内在因素，主要包括大学生的认知态度、自我意识和性格特点。这些因素的不同会使人对同一事物采取不同的态度，从而对心理健康产生不同的影响。

（一）认知态度

人的心理健康受情绪影响，而情绪受人的认知态度支配。不同的学生，由于家庭出身和教养不同，所受的学校教育及生活经历不同，形成了不同的认知态度与价值观，产生不同的情感体验，从而对心理健康产生不同的影响。例如，经过高考录取入校的学生，对所录取的系与专业不满意是比较常见的事。有些学生经过一段时间的学习，逐步转变了认知观念，对所学专业适应了；但有的学生因现在的专业和其原来理想的专业与抱负存在较大差异，产生了激烈的冲突，感到痛苦万分。

（二）自我意识

外界事物和生活事件对心理健康的影响，都要通过个人自我意识进行调节。当人们对自我的力量有充分的估计，对自我有信心时，便会冷静、沉着地面对现实，凭借自我的力量去战胜困难和挫折，夺取胜利；如果个人对自我失去信心，就无力面对现实的挑战。许多事实表明，有些学生无力应付学习上的困难和生活上的打击，并非由于智力或能力低下，而是由于自卑，对自我丧失信心。

（三）性格特点

性格特点对应付生活事件的发生有着重要作用。研究发现，那种处事稳重、自制力强的人，不善于应对突发事件；而那种攻击性强、容易激动的人，却往往能机智灵活地应对突发事件，并保持心理的平衡。

（四）自控自理能力

由于大学生活较为自由，学生的自控自理能力决定了学生的学习习惯和生活习惯。大学生要有足够的自控能力去抵制抽烟、赌博等不良习气，有足够的自理能力处理好休息、学习、娱乐、健身之间的关系，做到"劳逸结合、适当运动、节制上网、按时作息"。

二、影响大学生健康的客观因素

客观因素是影响大学生健康的外部环境因素。不同于小学、中学的封闭环境和单纯的人际交往，大学生处在一个与现实社会联系和相互作用的环境之中，环境的变化必然会带来个人生理和心理的变化。

（一）社会因素

市场经济大潮冲击着每一个人的头脑，许多人的行为方式和思维方式发生了变化。时代的变迁把各种复杂的矛盾呈现在人们面前，如职业选择的矛盾、理想与现实之间的矛盾、竞争意识与平均分配之间的矛盾、自强意识与攀附关系之间的矛盾以及合理需要与现实条件之间的矛盾等。由于青年学生缺乏社会生活磨炼，心理承受力差，面对这么多的问题，不知所措，这时就极易产生严重的心理失衡现象，甚至导致心理疾患。影响心理健康，造成心理健康障碍的社会因素比较复杂，主要有早期教育与家庭环境、生活事件与环境变迁、心理冲突和不良人格等。

（二）学校因素

如今有相当一部分学校提高了升学率，而忽视了对学生进行必要的人生观、价值观教育和良好的行为训练，致使一些学生既不能对自己的行为做出客观评价，也不能对复杂的社会现象做出恰当的反应。许多学生为在激烈的高考竞争中取胜而"两耳不闻窗外事，关起门来死读书"；家长的过度溺爱、学校的保护性教育和自身生活阅历的缺乏，使这些"天之骄子"心理异常脆弱，心理承受力不堪一击。特别是近年来，随着生活水平的提高，一些独生子女在家过着"皇帝"般的生活，其养尊处优、唯我独尊的性格，与高校生活独立自主、公平竞争、优胜劣汰的环境要求形成了强烈的反差。现实与理想之间的差距使他们深深地感到失落，内心极为焦虑不安。有的同学消极地把自己封闭起来，在陌生的环境中形单影只，自暴自弃；更有的同学因在竞争中失败而悲观失望。

（三）人际交往因素

人际交往包括与老师和同学的关系、与朋友和伙伴的相处方式、恋爱问题等。由于大学提倡自由和自理。因此，大学中的人际关系比中学要复杂和多变。正确地处理好与他人的关系，将自己融入学校自由、活泼、积极、上进的氛围之中，不将自己孤立于集体之外，这是保证身心健康的重要因素。

目前许多学校对恋爱问题保持中立态度，因此，恋爱问题成为大学中人际交往的一个重要部分，不少大学生都将恋爱称为大学的"必修课程"。由于大学生尚未建立起对情感的理性认识，没有处理感情问题的经验，遇到挫折又不能及时地调整好自己的心态，因此，恋爱问题成为影响大学生心理健康的重要问题。

第三节 体育运动对健康的影响

一、适量运动对健康的影响

适量运动是指运动者根据个人的身体状况、场地、器材和气候条件，选择适合的运动项目，使运动负荷不超过人体的承受能力，即运动过程中的运动强度、持续时间和运动频率适宜，运动时的心率范围控制在 120～150 次/分之间；机体无不良反应，运动后略觉疲劳，恢复速度快；情绪和食欲良好，睡眠质量高，醒后感觉精力充沛。

（一）适量运动对人体生理机能的影响

1. 对运动系统的影响

运动系统是大学生正常生活、工作和运动不可缺少的器官和系统。运动生理学研究表明，进行体育活动有助于人体骨骼的发育和生长；有助于关节的灵活，增加动作的幅度；有助于增加肌肉的体积和力量。

人体的身高主要与骨骼的发育水平有关。大学生在经历了青春期发育的高峰期后，骨骼发育进入了缓慢的发展阶段，但骨化过程尚未结束，身高的变化仍存在着相当大的可塑性。因为经常参加体育活动可有效刺激和促进人体的新陈代谢水平，使骨骼的新陈代谢加强，血液供应充分，骨细胞生长能力增强，从而使骨的长度增加，骨密质增大，骨变粗，骨组织的排列更加整齐而有规律，机械稳定性加强。

关节是构成人体形态、连接骨骼的组织结构。运动时，韧带和肌腱的柔韧性和力量都得到增强，关节的稳定性和活动的范围得到加强和扩大，从而使动作表现出舒展大方、优美协调的效果。

肌肉是人体运动的动力组织，也是构成健美体形的外在组成部分。俄国诗人马雅可夫斯基曾这样赞美："世界上没有任何一件衣裳比健康的皮肤和发达的肌肉更美丽。"大学生的肌肉发展特点是肌纤维从纵向发展转向横向发展。体育锻炼时，肌肉的不断伸缩可使肌球蛋白不断增加，可使肌肉贮存水分的能力增加而有利于肌肉的氧化反应，可使肌纤维的供能中心线粒体数量增加，不易产生疲劳，可使肌肉结缔组织增厚，肌纤维的数量增加和横断面增大，肌肉的力量增大，肌肉更结实、丰满。研究表明，经过长期的运动，人体肌肉的重量可由体重的 40%（女性约占 35%）左右改变为 50% 左右，从而明显改善身体的形态结构。

2. 对心血管系统的影响

人的心血管系统是由心脏、血管和血液三个部分组成的，它担负着人体内新陈代谢过程的运输任务。心脏是血液循环的总动力中心。大学生的心脏在形态结构和功能上均已接近成年人的水平。心脏重量 300～400 克，心脏容积 240～250 毫升，心跳频率 65～75 次/分，血液总量占体重的 7%～8%。

体育锻炼时，心脏毛细血管开放的数量增多，心肌的血液供应和新陈代谢加快，增加了心肌中蛋白质和糖原的贮备，心肌纤维变粗，心壁增厚，心脏的形态发生了良好的变化。随着心肌收缩力量的增大，心脏容量也得以增加。心脏每搏输出量和每分输出量也会增加。有资料表明，一般人每搏输出量为 70 ～ 90 毫升，经常锻炼的人为 100 ～ 120 毫升。安静时一般人心率为 70 ～ 80 次 / 分，经常锻炼的人可减少到 50 ～ 60 次 / 分；剧烈运动时，一般人的心率只能达到 180 次 / 分，经常锻炼者的心率可达到 200 次 / 分。这些变化都是心血管系统机能增强的表现。

此外，经常参加体育活动还会影响血管壁的结构，改变血管在器官中的分布状态，使冠状动脉口径变粗、心肌毛细血管的数目增加。因而体育锻炼也是预防一些心血管系统疾病、保护心脏健康的积极手段。

3. 对呼吸系统的影响

人体的呼吸系统是由呼吸道（包括鼻、喉、气管和支气管）和肺组成。呼吸道是呼吸时气体的通道，肺是进行气体交换的场所。大学生肺的结构和机能迅速生长发育，呼吸肌力量逐渐加强，呼吸差、肺活量已接近成年人。呼吸频率逐渐减慢，呼吸深度相应增加，呼吸系统已经达到健全程度。

经常参加体育活动可使呼吸系统的机能得到改善。因为运动可以保持肺组织的弹性，改进胸廓活动范围，使呼吸深度加大，肺活量增加。一般成年男子肺活量为 3500 毫升左右，成年女子为 2500 毫升左右，而经常锻炼的成年男子肺活量可达到 4000 ～ 7000 毫升，成年女子可达到 3500 毫升左右。运动也使呼吸系统的通气和换气功能得以增强。安静时一般人的呼吸频率为 12 次 / 分，肺通气量为 4 ～ 7 升 / 分，经常锻炼的人呼吸频率仅 8 ～ 10 次 / 分就可达到同样的肺通气量。在定量工作时，呼吸机能还能表现出节省化现象，即能够较长时间地保持高效率的工作，能够适应和满足较大运动负荷对呼吸系统的要求。

4. 对神经系统的影响

神经系统包括中枢神经系统和周围神经系统。中枢神经系统负责整个机体的活动；周围神经系统散布于机体各处，上连中枢神经，下连各器官、系统，它把各种刺激传给中枢神经，也把中枢系统的指令传到人体的各个部位。人体任何一个器官、系统的活动，都是在神经系统的调节、控制下完成的。大学生的神经系统处于脑细胞建立联系的上升期，大脑神经细胞的分化机能迅速发展，大脑皮质的结构和功能也发生着巨大变化。

经常参加体育活动可以使人的头脑清醒、思维敏捷。因为大脑虽然只占人体重的 2%，但它所需要的氧气却要由心脏总血流量的 20% 来供应，比肌肉工作时所需的血流量还要多。进行体育活动，特别是到大自然中去活动，可以改善大脑供血和供氧情况，促使大脑皮层兴奋性增强。

另外，进行体育锻炼是调节大脑皮层兴奋和抑制过程的有效措施。因为，人体神经系统的活动就是兴奋和抑制过程的相互转换。人体在运动的过程中，肌肉需要不停地做出收缩和放松的反应，这一过程本身就可以使神经系统兴奋与抑制机能得到很好的锻炼，可以使人的动作敏捷、反应灵敏、迅速，思维灵活、精细、果断，同时也改善神经系统对心血管系统、呼吸系统和运动系统等器官系统的调节功能，从而更好地保证大学生在校期间的学习。

5. 对免疫功能的影响

适度运动可增强机体对运动应激的生理性适应，表现为机体免疫机能增强，不易感冒，抵抗病毒的能力增强。

6. 对胃肠机能的影响

适量运动可使胃肠蠕动加强，血液循环改善，消化液分泌增加，营养物质转化与吸收加速。

7. 对身体成分的影响

适量运动可促进脂肪分解，促进肌肉蛋白质的合成，使体脂含量减少，瘦体重增加，有利于改善和保持正常的身体成分。

8. 防治疾病

适量运动可降低正常人或轻度高血压病患者的血压，延缓动脉粥样斑块的形成，增加冠状动脉的贮备；可有效减缓随年龄增长而发生的骨质疏松；有助于调整神经系统的活动状态，协调各中枢间兴奋与抑制的平衡，改善其机能活动，防止神经衰弱的发生。

此外，适量运动还能增加胰岛素受体对胰岛素的亲和力，促进肌肉对糖的利用，降低血糖，增加肌肉对脂肪酸的利用，降低血脂，因而有防治糖尿病的作用。

9. 延缓衰老

适量运动可以改善老年人的心血管机能，改善脂代谢，保持机体自由基的生成与清除的动态平衡，提高机体的新陈代谢和抗氧化能力，促进免疫系统机能，改善内分泌功能，起到延缓衰老的作用。

（二）适量运动对人体心理机能的影响

1. 有助于改善情绪状态

在繁重的学习压力下，某些人经常会产生忧愁、紧张和压抑等情绪反应，参加体育活动可以转变个体不愉快的意识和情绪，因为运动能够提高人的情绪唤醒水平。唤醒水平是指一个人情绪兴奋的水平。当达到一定的运动负荷时就会使唤醒水平提高，使人精神振奋、乐观自信、充满活力。

2. 有助于培养意志品质

意志品质指一个人的果断性、坚韧性、自制力以及勇敢顽强和独立自主等精神。意志品质既是在克服困难的过程中表现出来的，又是在克服困难的过程中培养起来的。在体育活动过程中，需要不断克服各种客观困难（如气候条件的变化、动作的难度加大和运动损伤等）和主观困难（如惰性、胆怯、畏惧和疲劳等），坚持参加体育活动，可以培养坚强的意志品质，并能够迁移到学习、生活和工作中去。

3. 有助于培养人际交往能力

人际交往是指在社会活动中人与人之间进行信息交流和情感沟通的联系过程。人际交往能力强是一个人心理健康的重要标志之一。经常参加体育活动有助于培养学生的人际交往能力，因为体育活动增加了人与人接触和交往的机会。很多体育运动项目是以集体参与的方式表现出来的，参加运动的过程就是一个与他人紧密协作和配合的过程。

4. 有助于心理卫生问题和心理障碍的防治

体育锻炼被公认为一种有效的心理治疗方法。美国的一项调查发现，在1750名心理医生中，80%认为体育锻炼治疗抑郁症的有效手段之一，60%认为应该将体育锻炼作为一种医疗手段来消除焦虑症。由于学习压力和其他方面的挫折因素，焦虑症和抑郁症已成为大学生常见的心理疾病，而通过体育运动可以减缓和消除这些心理疾病。

二、过度运动对健康的影响

过度运动包含两方面的含义：一是运动负荷超过人体的承受能力，机体在精神、能量等方面过度消耗，使其无法在正常时间内恢复体力；二是指当身体的某些机能发生改变时，因恢复手段无效、营养不良、情绪突变、思想波动等，使正常的负荷变成超量负荷，从而使主动运动变成被动的应激刺激。过度运动往往会出现运动能力减退、出现某些不正常的生理状态以及心理症状等现象。

过度运动可引起心肌毛细血管的持续性损伤；心肌细胞发生缺氧性损害，心肌收缩性能和舒张性能也会产生较为严重的损伤；可造成骨骼肌收缩机能下降，肌肉细胞内钙离子平衡紊乱，从而引发关节慢性劳损、肌腱损伤、疲劳性骨折；还会使人体内各器官供血供氧失去平衡，导致大脑早衰，扰乱内分泌系统，使免疫机制受损，加速身体各器官的衰老。

三、运动缺乏对健康的影响

运动缺乏的含义包括久坐习惯、机体缺乏运动应激刺激、不运动或很少运动。如果每周运动不足 3 次，每次运动时间不足 10 分钟，运动强度偏低，运动时心率低于 110 次/分，则为运动缺乏。

运动缺乏将对人体健康产生不利的影响。长期缺乏运动，人的新陈代谢机能就会降低，由此很容易引起各种肌肉、关节的疾病，如肩周炎、骨质疏松症等，同时也会导致心肺机能下降等不良身体反应。久坐不动还是痔疮、坐骨神经痛、盆腔瘀血等病症的祸根。运动缺乏或久坐不动可使人体的抵抗力下降，极易患疾病。运动不足是 2 型糖尿病发病的独立危险因素。运动缺乏可加速衰老，增加老年人的死亡率，并且使心肌损伤、中风、糖尿病及心绞痛的发病率明显上升。

四、终身体育与个体健康

运动对人体影响的双向性特征说明：生命不仅仅在于运动，而且在于科学地运动。要实现"健康第一"的指导思想、达到强身健体的目的，就必须树立终身体育的理念，养成终身体育锻炼的习惯。

所谓终身体育，是指人们在一生中所进行的身体锻炼和所受到的各种体育教育的总和，即在人的一生中实施体育，它是与生命具有共同外延的一种连续性的教育过程。因此，伴随着个体年龄、体力、心境、环境与观念的变化，终身体育的侧重点也会发生阶段性变化。幼年期突出"游戏性"，青春期张扬着"竞争性"，成人期较多关注"社交性"，而人至暮年，对于健康长寿必然倾注更多热忱。由此得知，体育已成为每一位人类成员的生存必需，贯穿于每个生命的全过程。

对于当代大学生而言，要顺利完成学业，适应就业后的激烈竞争，更应重视终身体育意识的确立，培养终身体育锻炼的兴趣，掌握终身体育锻炼的知识，提高终身体育锻炼的能力，养成终身体育锻炼的习惯，远离疾病和衰弱，让身心健康的完好状态伴随一生。

第三章　科学地进行体育锻炼

第一节　科学地选择锻炼的内容与方法

一、体育锻炼的内容及其选择

（一）体育锻炼的内容

体育锻炼的内容极为丰富，根据锻炼目的的不同，主要分为以下几类。

1. 健身运动

健身运动是指为增进健康、增强体质、预防疾病而进行的体育锻炼。这类内容主要是促进身体的正常发育、身体各部分的协调发展、各器官系统机能的增强，提高身体素质和身体的基本活动能力，如走、跑、跳、游泳、舞蹈、体操及各种球类活动等。

2. 健美运动

健美运动是指在健康的基础上通过特制的方式为创造美的体型、姿态、风度、气质而进行的体育锻炼。这类内容不仅可以增进健康，还可以培养审美能力和身体的表现能力，如举重、哑铃操、技巧和韵律操等。

3. 娱乐性体育

娱乐性体育是指为了调节精神、丰富文化生活而进行的体育活动。这类活动能使人身心愉快，既锻炼了身体，又陶冶了情操，如活动性游戏、踢毽子、钓鱼、郊游和爬山等。

4. 格斗性体育

格斗性体育是指以掌握和运用格斗的攻防技术（包括军事技术）而从事的体育锻炼。这类内容既能强身，又能达到自卫的目的，如擒拿、散手、短兵、拳击、刺杀和射击等。

5. 医疗康复体育

医疗康复体育又称体育疗法，其对象是体弱有病者，目的是祛病健身和恢复机体特定功能。这类活动一般应在医生的指导下进行，主要内容有健步走、慢跑、太极拳、健身气功及各类医疗体操等。

（二）体育锻炼内容的选择原则

体育锻炼内容的选择必须从锻炼者的年龄、性别、身体条件、职业特点、运动基础和兴趣爱好等实际情况出发，注意锻炼者所处的地域特点，体现体育锻炼的实效性、安全性。

1. 根据年龄选择体育锻炼内容

年龄阶段不同，人体的机能也不同。中老年时期，人体各组织器官逐渐老化，运动器官机能减弱，关节韧带的灵活性差，不宜完成幅度过大、用力过猛的动作，可选择一些活动量相对平稳的运动项目，如健步走、慢跑、太极拳等，以避免运动损伤的发生。青壮年时期，人体各系统的功能均达到高峰期，运动适应性强，能承受较大的练习强度，可选择一些对抗性强、跑动较剧烈的运动项目，如球类运动、爬山比赛等，以增加练习者体育锻炼的兴趣。少儿时期，人体正处于生长发育阶段，促进身体的全面发展是锻炼的首要问题。由于少儿的骨骼硬度小、韧性大，所以不宜进行负重练习；由于心肺功能不够完善，所以不要过分从事剧烈运动，少进行憋气性动作练习和静力性练习。

2. 根据性别选择体育锻炼内容

男女身体结构有着明显的差异。男性肌肉发达，其总重量约占体重的42%，而女子只占36%左右，故男子能承受的运动负荷要比女子大，适于完成力量、速度、跳跃等练习动作；女子则适于完成平衡、柔韧等练习动作。因此，男子可选择一些体现阳刚之气的举重、拳击等运动项目，女子可选择健美操、体育舞蹈、瑜伽等柔韧性运动项目。

3. 根据身体健康状况选择体育锻炼内容

练习者身体的健康状况是选取锻炼内容的主要依据。锻炼前应通过体质监测、医学诊断和病史调查等方法来了解锻炼者的健康状况。对从事康复体育锻炼的人来说，运动量不要过大，其参与锻炼的主要目的是恢复身体机能，或是为保持身体机能不致过分下降。对于一些有特殊慢性疾病的人，要有针对性地选择适合自己的体育锻炼项目。体重超过正常标准者可选择长跑、长距离游泳、健美运动及专为肥胖病设计的运动处方，以达到减肥的目的；体重偏瘦者可选择举重、健美、体操等项目以使身体健壮、丰满起来。

4. 根据锻炼者的职业特点选择体育锻炼内容

由于社会分工不同，不同职业者劳动的性质差别较大，因此，要根据不同职业者的劳动特点选择相适应的体育锻炼内容。例如，脑力劳动者在工作时经常要维持弯腰伏案的姿势，颈部前倾，脑供血受阻，易出现颈、背、腰部肌肉的酸痛；由于经常要低头含胸，呼吸机能降低，肌肉缺乏活动，体力出现下降等。针对这些特点，脑力劳动者应以动作舒展的户外运动锻炼为主。不同特点的体力劳动者，锻炼的内容也应具有特异性，其主要特点是：对劳动中负担较重的部位和肌群的锻炼应以舒展和放松练习为主；对劳动中负担较轻或基本无负担的部位和肌群，可适当加大活动强度，注重身体各部位和身心的协调发展。

5. 根据锻炼者所处的地域特点选择体育锻炼内容

中国幅员辽阔，不同地区的地理气候条件、体育区域特色等均有不同，锻炼中要因地制宜，从各地的实际情况出发，有针对性地安排练习内容。中国居民多在室外进行身体锻炼，因此，受季节气候的制约较大，要依据自然环境的变化，调整和变更锻炼计划和锻炼内容。

二、体育锻炼的方法

体育锻炼的方法是根据人体的发展规律，运用各种身体练习手段和自然因素来发展身体的途径和方法。体育锻炼方法是贯彻体育锻炼原则，达到体育锻炼目的的桥梁。在运用过程中，应从实际出发，灵活应用，并注意它们的互补性，交替结合，主次分明。

（一）重复锻炼法

重复锻炼法是指按一定的负荷标准重复进行某项练习的方法。重复锻炼的次数和时间是决定健身效果的关键。确定和调节重复的次数和时间时，应考虑项目的特点和锻炼者的身体状况。

采用重复锻炼法时应注意以下几点。

1. 合理确定重复练习的要素。其中包括：重复练习的总次数，每次重复练习的距离或时间，每次重复练习的强度，如速度或重量等，每次重复练习之间的间歇时间等。

2. 切实保证每次重复练习的质量。不能因重复次数多而降低动作要求，也不能因为疲劳的出现而减少锻炼计划中规定的练习数量。

3. 克服厌倦情绪，防止机械呆板。在采用这一方法时，一方面要加强意志力锻炼，克服由于重复练习而造成的枯燥感；另一方面可安排调整措施，如在练习前后穿插轻松活泼的辅助性练习等。

（二）间歇锻炼法

间歇锻炼法是指进行重复锻炼时上下两次练习之间的合理休整，它是提高锻炼效果的一种常用的锻炼方法。间歇锻炼的间歇时间的长短，主要以运动负荷价值阈为准。一般来说，负荷超过上限时，间歇时间应长些，以防止负荷继续上升，引起过多的体力消耗；负荷在下限时，间歇时间应短些，密度应大些。后次锻炼应在前次锻炼的效果未减退时进行，倘若间歇时间过长，在前次锻炼的效果消失后再进行下次锻炼，就失去了间歇的意义。

体育锻炼有效价值范围的心率在 120～140 次/分之间，运动中此心率至少应持续 5 分钟以上才能达到健身效果。

采用间歇锻炼法时应注意以下几点。

1. 正确确定间歇时间。间歇时间的长短要根据个人的身体状况和锻炼水平来决定。锻炼水平较差，承担的生理负荷较大，则间歇时间应长些。反之，间歇时间应短些。

2. 要在间歇时安排轻微活动。在间歇期应该进行积极性休息和放松，如进行慢跑、按摩肌肉和做深呼吸运动等，以此来促进静脉血流回心脏，保证机体的氧气供给。

3. 间歇锻炼法对机体承担负荷的能力要求较高，要加强对负荷承担情况的监测，如有不适，可及时调整锻炼方案。

（三）变换锻炼法

变换锻炼法是指在体育锻炼过程中，采用变换条件、变换环境、变换要求等来提高锻炼效果的一种锻炼方法。采用变换锻炼法可以有效地调节生理负荷，提高锻炼情绪，强化锻炼意志，克服疲劳和厌倦情绪。运用变换锻炼法时，常采用各种辅助性、诱导性和转移性练习，配合乐曲，利用日光、空气和水等外界条件。

采用变换锻炼法时应注意以下几点。

1. 要以锻炼的实际需要为前提。运用变换法时容易打破原有的锻炼习惯和行为定势，机体对此要有一个适应的过程。要根据长远的计划安排采用变换锻炼法。

2. 要灵活掌握变换锻炼的计划，注意积累有关材料和反馈信息。变换锻炼法由于改变常规的锻炼方式，具有尝试性。因此，必须加强锻炼过程的自我监督，视身体反应随时加以调整。要对新的锻炼方式及时观察和总结，为制订新的锻炼计划提供依据。

3. 在采用变换锻炼法时，要把注意力集中到所要解决的任务上。

（四）循环锻炼法

循环锻炼法是指把各种类型的动作和具有不同练习效果的手段组成一组锻炼项目，按照一定的顺序循环往复地进行锻炼的方法。

采用循环锻炼法时应注意以下几点。

1. 循环锻炼法所布置的各个练习点，内容搭配要选用已经掌握的简单易行的动作，同时要规定好练习的次数、规格和要求。

2. 初次锻炼者或体弱者，练习的时间不宜过长。

3. 根据自己在练习中的体力状态和身体反应，及时调整运动强度和练习方式，以防止运动损伤和过度疲劳。

4. 强调每组动作的质量，防止片面追求运动密度和数量的倾向。

（五）综合锻炼法

综合锻炼法是指在进行身体锻炼的过程中，为促进身体的全面发展，把能对身体各个部位起到不同健身效果的几个或更多的运动项目联系起来，形成一个可影响身体数个部位乃至全身所有部位的运动方法，如慢走—跳绳—立卧撑—引体向上—立定跳远等综合锻炼法。

采用综合锻炼法时应注意以下几点。

1. 根据身体锻炼的任务，选定练习组合的各项内容，使之相互配合，取长补短。

2. 合理确定各项练习的数量和次序。采用综合锻炼法时，既可将各个练习平均分配，求得均衡发展；也可确定一个中心项目，其余项目围绕此项做出适当安排。

3. 合理掌握练习间歇。综合锻炼法有两种间歇：练习间间歇和组合间间歇。练习间间歇时间较短，既是上一项练习后的休息和体力恢复，又是为下一项练习做准备；而组合间间歇则可稍长，以保证机体能得到较充分的休息。

第二节　体育锻炼的原则

一、自觉积极性原则

自觉积极性是要求锻炼时首先要有明确的健身目标，懂得"生命在于运动"的道理，树立起锻炼有益于学习、工作和生活的信念，把个人的切身需要和身体锻炼的功效与民族体质、人口质量以及国家的兴旺发达结合起来，这样就能更好地激发自己锻炼的热情。在这个基础上，还应认真选择适宜的身体锻炼的内容和方法，以及安排适宜的运动负荷，使人们进行身体锻炼之后获得一种精神上的满足，感到有乐趣、心情舒畅。人们进行感到有趣味的活动，就会对这项体育活动表现出极大的主动性和自觉性，使身心统一。总之，体育锻炼的效果、信心、兴趣三者是相辅相成的，应密切结合才能做到自觉积极地进行体育锻炼，这样也可提高比赛时的心理素质。

定期检测锻炼效果的信息反馈，可以使自己经常看到锻炼的结果和进步，增强自信心，有助于不断巩固和提高自觉锻炼的积极性。

二、从实际出发原则

从实际出发原则是指根据体育锻炼的目的、内容、方法以及自身的条件状况，而选择适宜的运动负荷的原则。

运动负荷大小由"负荷量"和"负荷强度"所组成。"负荷量"可以通过练习动作的次数、组数、时间、距离、负荷重量等特征表现出来；"负荷强度"可以通过练习动作的速度、难度、密度和歇时间的长短，单次负重的大小，投掷的距离，跳跃的高度和长度等表现出来。量和强度要处理适当。强度越大，量就要相应减少；强度适中，量可以相应加大。要做到适量，以练习者承受得了并有一定的疲劳为限。

三、持之以恒原则

锻炼效应具有不稳定性，当锻炼的系统性和连续性遭到破坏而出现间断或停顿时，已获得的全锻炼效应（机能水平提高、运动素质的发展、运动技能的形成与巩固等）就会逐渐消退以至完全丧失，使体质逐渐下降。贯彻持之以恒原则，应注意以下两点。

（一）坚持安排合理的锻炼间隔时间

锻炼间隔时间长，锻炼的效果就不明显，因此，每次锻炼间隔安排要合理。显然，要有长期计划、短期安排，计划安排要根据身体适应运动负荷的能力而定。

（二）锻炼要有恒心

持久锻炼、日积月累可使健身益心之效显著，逐渐产生兴趣，达到身心愉悦，从而养成经常锻炼的习惯。

四、循序渐进原则

循序渐进原则是指体育锻炼必须根据人体身心发展规律和个人的实际情况，在锻炼的内容、方法、运动负荷等方面逐步提高，使机体功能不断得到改善和提高。进行体育锻炼不能急于求成。坚持循序渐进原则要做到以下几点。

（一）选择合理的锻炼内容

在锻炼内容上，根据自己的身体状况合理选择，体质不同锻炼起点也不同。体质较好的人，可选择比较剧烈的运动方式，如各种竞技运动项目；体质较弱的人，开始锻炼时可选择比较缓和的运动，如慢跑、徒手操、武术和乒乓球等。患慢性疾病的人，可选择保健体育的一些内容，如太极拳、散步等。当体质逐渐变好时，锻炼内容也可逐步由缓和变为较为剧烈的运动。

（二）运动量逐步加大

机体对运动量的承受能力有个缓慢的适应过程，锻炼时运动量要由小到大，逐步增加。开始锻炼，时间要短，运动量不要过大，待机体适应后再逐步加大。如果运动量长期停留在一个水平上，机体的反应就会越来越小。机体机能的提高是按照刺激—适应—再刺激—再适应的规律有节奏地上升的，运动量也应随着这种节奏来安排。病后或中断锻炼后再进行锻炼，尤其要注意循序渐进，以免发生意外。

（三）每次锻炼的过程也要循序渐进

每次锻炼前要做准备活动，锻炼后要做好整理活动，如长跑前先进行 5 ～ 10 分钟慢跑，长跑后也不要马上停下来。

五、全面锻炼原则

全面锻炼原则是指体育锻炼应全面发展身体的各个部位和各个器官的机能，提高身体素质和基本活动能力，从而达到身心全面和谐的发展。

人体是在大脑皮层调节下的有机统一的整体，人体各部位、各器官系统的机能，各种身体素质和基本活动能力之间是相互联系、相互制约的。身体素质是人体在运动过程中所表现出来的力量、速度、耐力、柔韧和灵敏等机能能力，它们是通过肌肉活动表现出来的，但同时反映着内脏器官的机能、肌肉工作时的供能情况以及运动器官与内脏器官活动的配合协调状况。

对于处于生长发育关键时期的青少年来说，全面发展尤为重要。各个运动项目对身体发展都有其独特的锻炼作用，但同时也有一定的侧重。例如，长跑锻炼有益于发展心血管系统和呼吸系统，加强中枢神经系统的调节。锻炼的内容可结合自己的兴趣爱好选择 1～2 个作为每天必练的主要项目，同时加强其他项目的锻炼以弥补主项的不足。全面锻炼的过程中还应注意心理素质的发展，如群体意识、个性的发展等。

第三节　体育锻炼与营养

一、运动前的营养

（一）运动前的食物选择

运动前应以高糖类和低脂肪的食物为主，如面包、米饭、面条和水果等。这些食物容易消化，又能提供糖类来作为运动时的能量来源。如果运动时间为 60～90 分钟，那么可以选择升糖指数（Glycemic Index）较低的食物，如水果、脱脂牛奶、米饭和豆类。这些食物缓慢地被消化成糖类，能够长时间地供应糖类给运动中的肌肉使用。如果运动时间少于 60 分钟，可以选择高升糖指数的食物，如面包和运动饮料。这些食物很快就被消化，能够迅速地提供糖类。

高纤维的食物比较容易造成肚子不舒服。因为它们需要比较长的时间才能被消化。有些高纤维的食物也富含糖类，如全麦面包、高纤饼干和某些高纤饮料等。如果这些食物使你在运动中感觉不舒服，就应该避免在运动前吃这些食物。

（二）运动前的最佳进食时间

进食的时机随着运动时间的变化和食物的种类而有所不同。其共同的原则是：吃进去的食物可以在运动过程中提供充足的营养和能量，而又不至于在运动过程中造成肠胃不适。

身体振动比较大的运动，如打篮球、跑步等，对胃内的食物通常比较敏感。此时，少量的食物可能就会令人感到不舒服，这就需要在运动前更早的时间进食，或是减少食物的摄取，以减轻这些症状。一般而言，身体振动比较小的运动，如骑自行车和游泳，一般不会受到胃中食物的影响，对于进食的时间和食物的选择有较大的弹性。

1. 上午 8：00 的运动

前一天的晚餐和夜宵必须富含糖类，喝充足的水。经过一夜后，肝脏中肝糖原的含量已经降低，而在运动前补充糖类可以提高运动能力。在运动前 90～120 分钟应吃少量的早餐，如面包加果酱或水果，而避免食用含多脂肪的食物，如包子和油饼。它们不容易消化，会在胃中停留比较长的时间，也无法提供足够的糖类，有时牛奶也会造成一些人的肠胃不适。若是习惯吃丰盛的早餐，就需要在运动前 2～3 小时进食，这样机体才有足够的时间消化。如果无法早起，在运动前 10～30 分钟也可以用运动饮料或是一两片面包补充前一天晚上消耗的体内糖原。

2. 上午 10：00 的运动

前一天晚餐必须富含糖类，喝充足的水。在当天 7：00 左右吃丰盛而高糖类的早餐，3 小时的时间足够消化这些食物。这样既补充了糖原，且不会造成肠胃不适，但是应该避免吃油腻的食物。

3. 午间 12：00 的运动

前一天晚餐必须富含糖类，喝充足的水。当天吃丰盛而高糖类的早餐，若是 8：00 吃早餐，在 11：00 左右可以再吃少量的高糖类点心，如面包、果汁或水果。若是 9：00 吃早餐，运动前 10 ～ 30 分钟可以再补充一些运动饮料。

4. 午后 4：00 的运动

前一天晚餐必须富含糖类，喝充足的水。当天早上 8：00 吃丰盛的早餐，中午 12：00 吃高糖类的午餐，下午 3：00 吃少量高糖类的点心，同时在一天中必须摄取充足的水分。也可以从早上开始每 1 ～ 2 小时喝一大杯果汁，补充并维持体内肝糖的含量，运动前 20 ～ 30 分钟再以运动饮料作最后的补充。

5. 晚间 8：00 的运动

当天吃丰盛而富含糖类的早餐和午餐，下午 5：00 吃丰盛而富含糖类的晚餐，或是下午 6：00 吃少量但是高糖类的晚餐，避免吃高脂肪的食物，如油炸的食物和肥肉等。运动前 20 ～ 30 分钟喝 200 ～ 300 毫升运动饮料或果汁。在一天中都要摄取充足的水。

二、运动后的营养

（一）糖类的补充

糖原是运动时的主要能量来源之一，存在于肌肉和肝脏中。肌肉中的肌糖原只能供给肌肉细胞使用，而肝脏中的肝糖原可以以葡萄糖的形式释放到血液中，供给肌肉以及身体其他器官所用。体内糖原存量不足以应付运动后所需，是造成疲劳、运动能力降低、无法持续运动的原因之一。运动后体内的糖原存量显著降低，若是没有糖原的补充，下次运动时的表现会受到糖原不足的影响。

研究显示，在运动后的 2 小时内，身体合成糖原的效率最高，2 小时后则恢复到平常的水平。因此，如果在运动后迅速补充糖类，就可以利用这段自然的高效率时段迅速地补充体内消耗的糖原。如果下次运动是在 10 ～ 12 小时之内，那么，这段高效率时段则特别重要。因为如果错过这个时段，即使在后续的时间吃进了足够的糖类，身体也可能没有足够的时间完全补充消耗的糖原，使得体内的糖原存量一次比一次低，运动后身体越来越容易感觉疲劳。若是下一次运动在 24 ～ 48 小时之后，即使错过这段时间，接下来只要着重于摄取高糖类的食物，仍然有足够的时间补充所有消耗掉的糖原。

建议在运动后 15 ～ 30 分钟之内进食 50 ～ 100 克的糖类（大约每千克体重需要补充 1 克糖类），然后每两小时再吃 50 ～ 100 克糖类。正餐以及其他运动期间的饮食也应该以摄取富含糖类的食物为主。

（二）肌肉和组织的营养恢复

即使是没有身体接触的运动，也会造成肌肉纤维和结缔组织的伤害。而身体接触性的运动，如篮球和足球等会造成更多的肌肉损伤。运动后迅速地补充蛋白质有助于修复受伤的肌肉和组织，受伤的肌肉合成和储存糖原的效率也会提高。因此，身体接触性的运动或是比赛后受伤的运动员，需要补充更多的糖类，更需要把握好运动后两小时的高效率时段，以便有效地补充体内消耗掉的糖原。

常见食品的蛋白质含量见表 3-3-1。此外，一般计算蛋白质的质量时，还要考虑蛋白质必需的氨基酸与氨基酸总量的比值问题。一般认为，成年人所摄入的氨基酸总量中至少需要 20% 的必需氨基酸。（表 3-3-2）

表 3-3-1 常见食品的蛋白质含量（％）

食品名称	蛋白质含量	食品名称	蛋白质含量
猪 肉	13.3～18.5	面 粉	11.0
牛 肉	15.8～21.7	大 豆	39.2
羊 肉	14.3～18.7	花 生	25.8
鸡 肉	21.5	白萝卜	0.6
鲤 鱼	18.1	大白菜	1.1
鸡 蛋	13.4	菠 菜	1.8
牛 奶	3.3	油 菜	1.4
稻 米	8.5	黄 瓜	0.8
小 麦	12.4	橘 子	0.9
玉 米	8.6	苹 果	0.2
高 粱	9.5	红 薯	1.3

表 3-3-2 单一食物与混合食物所缺少的必需氨基酸

食 物	缺少的必需氨基酸
人 奶	无
牛 奶	蛋氨酸、谷胱氨酸
鸡 蛋	无
牛 肉	无
鱼 肉	无
精 米	赖氨酸
花 生	赖氨酸、苏氨酸
甘 薯	赖氨酸
木薯粉	亮氨酸
一般豆类（不包括大豆）	蛋氨酸、谷胱氨酸
玉 米	赖氨酸
精白面粉	赖氨酸
绿 豆	蛋氨酸、谷胱氨酸
混合食物米（3份）＋绿豆（1份）	苏氨酸
甘薯（3份）＋豆类（1份）	蛋氨酸、谷胱氨酸
甘薯（8份）＋鱼（2份）	赖氨酸

三、运动与水

（一）运动与补充水分的重要性

激烈的运动使身体大量流汗，体内液体流失，电解质也随汗液流失。若运动前和运动中不补充水分而运动中又大量出汗，就很容易发生脱水现象。体内缺水主要表现在尿量和体液减少。大约占体重 1% 的水分流失会使运动时的体温和心率明显上升。脱水量约占体重的 2% 为轻度脱水，主要是细胞外液减少，身体会丧失调节的能力。若没有补充流汗所失去的水分，体温可能会持续上升，进而导致体力的丧失。脱水量占体重的 4%～6% 时，则肌力及耐力减少，同时引起热痉挛，令长时间活动能力下降 20%～30%，亦会影响体内无氧代谢的供能过程。脱水对心血管方面的影响，亦会使得血浆容量下降和血液渗透压升高。低血浆容量则会导致心输出量下降、排尿量减少、体温升高、血液黏稠度增大及中暑危险增加。水分流失占体重的 6% 以上时，则有严重热痉挛、热衰竭、中暑、昏迷甚至死亡的可能。这些数据说明，排汗提高了散热能力，但水分及电解质的流失应立即补充。所以，必须防止或降低脱水程度，而立即补充水分就能改善运动能力。

（二）补充水分的原则和途径

运动中水分的补充应以保持水分的平衡为原则，调整体内水及电解质平衡的唯一途径是喝水或饮料。由于体液是低渗透液，相比之下，运动期间补充水分比补充电解质更重要。在热环境下，正常人不自觉的脱水量为每小时 275 毫升。长时间进行耐力锻炼的人在热环境下脱水时间拖得越长，对运动能力的影响就愈严重，因此，在脱水之前就应补充水分，千万不要等到口渴才喝水。因为当口渴时身体已处于脱水状态了。

在水分吸收方面，胃排空的最大正常速度是每小时 600～800 毫升；冷水或温水在胃内排空速率明显高于温度为 37 摄氏度的水，运动时喝低温的水对降低体温的效果优于运动前摄取等量水的效果；纯水或低渗透压饮料的胃排空速率高于高渗透压的饮料。因此，在热环境下进行激烈运动时，补充水分的重要性大于补充糖类及电解质。在持续时间短的运动中，不必特别在饮料中补充电解质。因为运动中补充电解质会提高由运动引起的高渗透程度。所以，在 30～60 分钟的运动时间中，水可谓是最经济实用的补充液体。

（三）运动的不同阶段的补水方法

1. 运动前的正确喝水方法

运动饮料主要是为训练和比赛过程中的运动员补充能量、水分、电解质及维生素等，以预防运动员在高强度运动训练下消耗能量过多而引起低血糖现象，并用以维持身体在大量出汗的情况下体内水分和电解质的平衡，防止体内电解质的流失而引起的运动能力降低、心律不齐或肌肉抽筋等现象。另外，有些特殊的运动饮料还可增强体力、耐力及消除疲劳，进而有助于提高运动成绩。在耐力性运动前的两小时最好饮用 600 毫升左右的水（可分两次喝）。

2. 运动中的正确喝水方法

大部分研究者认为，在运动及比赛期间每隔 15～20 分钟喝 200～300 毫升的饮料为较适当的方法。

3. 运动后的正确喝水方法

在运动后的恢复期补充饮料和运动前的准备同样重要。即使在运动员休息时正常地补充水分，体内水分依然会以汗水的形式大量流失；而肌肉肌糖原浓度可能也会降低一些，身体会感到虚弱、衰竭，此时正是恢复过程开始的时候。研究表明，运动后愈早开始恢复愈好，此时正确补充水分有助于体力的恢复。可在饮料中添加葡萄糖聚合物及麦芽糊精（其为容易消化的复合碳水化合物），以增加糖类补充肌肉糖原含量，促使恢复期缩短。

第四节　体育锻炼中的安全卫生

体育运动一直以来给同学们带来了健康和快乐，但部分同学因缺乏运动安全知识和意识，各种校园安全事故时有发生。2014年2—3月，在冬春季节交替的短短一个月的时间里，在江苏省四所高校课外活动课上，发生了四起男生打篮球猝死的情况，这应该引起大家足够的重视。

校园体育运动大致分两个部分：一是体育课，主要由教师组织安排的课堂教学；二是课外体育活动，它包括早操、课外自由活动、课外运动训练和校内体育竞赛等，主要是个人行为参与的运动。近年来，高校大学生运动猝死的现象呈现逐年上升趋势，应该引起各方面的重视，更加注意运动的安全。

一、身着专业运动服装和护具

体育运动时应身着运动服或宽松、透气的服装，不要佩戴金属挂件、饰品以及容易伤及身体的其他物件。

活动时应穿运动鞋，不可穿皮鞋、高跟鞋或板鞋等。若条件允许，可根据运动项目的不同穿上专业运动鞋，如篮球鞋、足球鞋、体操鞋、舞蹈鞋、慢跑鞋、羽毛球鞋或网球鞋等，以及专项运动所需要佩戴的护具（如护膝、护踝、护肘和护指等），将更加有力地保护自身，减少伤害。

二、特殊身体情况应该特殊对待

（一）特殊体质的学生申请上保健课

在高校体育活动中，因隐瞒自身有心脏病，而在体育课上或课外活动时猝死的事件时有发生。有心脏病或不宜参加剧烈运动的同学，可以申请转入保健班和申请免除每年的高校体质测试（即《国家学生体质健康标准》测试）。

（二）近几天身体不适、状态不佳时，切记不要进行激烈运动

学生如上体育课，可以向老师说明情况，申请见习。感冒发烧、季节性过敏、不吃早饭和头一天晚睡熬夜的同学，参加剧烈运动都有可能引发低血糖等其他生理疾病，严重时甚至会威胁生命。

（三）女生经期科学锻炼

女生经期可以参加适当的体育活动，如练习广播操、姿态操、跳广场舞、慢走、慢跑、打乒乓球、羽毛球和排球等，注意不要做大强度腰腹用力的练习和力量训练，以及不下水游泳即可。简单轻微的、有选择性的运动对于女性是有利无害的。不仅可以改变盆腔的血液循环，减轻盆腔充血情况，还有助于经血的排出。同时，由于丰富多彩的体育活动调节了大脑皮质的兴奋和抑制过程，会减轻全身的不适感。如遇到痛经或月经紊乱、经血过多或过少、经期不正常、盆腔有炎症等情况，经期应停止体育运动，课上则申请见习。

三、饭前、饭后半 3 小时不宜激烈运动

进行激烈运动时，肌肉需要大量的血液和养料，以保证肌肉活动的需要，此时肠胃等内脏器官获得的血液相对减少，消化吸收能力减弱，运动后立即吃饭，就会发生吃不下饭或胃痛的现象；同样，如果饭后立即运动，胃里盛满的食物跟着剧烈震动，牵扯肠系膜引发腹痛，不利于消化和吸收。所以，吃饭和运动之间必须间隔半小时以上，方为健康锻炼。

四、做好准备活动和整理活动，学会自我监控运动量

一般来说，在学校体育课上，由老师安排做好充分的准备活动，严格监控运动量，并能迅速地处理突发情况，所以伤害事故出现较少，而在学生自己进行活动时，很多人不够重视准备活动，以为拍两下球，伸伸胳膊就是准备活动了，一上运动场就兴奋起来，殊不知身体的内脏器官是有惰性的，它的速度比运动机能动员起来要慢一拍。如果不做准备活动或做得不够充分，在运动时，身体就会出现心慌、呼吸困难、腹痛、岔气痛和动作失调等状况，严重时甚至可能会引发心脏猝死。

大学生精力充沛，对于自己钟爱的运动项目往往是不知疲倦的，不会控制运动量。如男生打篮球可以从下午一直打到天黑，身体大量出汗并出现抽筋现象仍想着继续坚持。其实，当身体处在疲劳状态时，伤害事故、运动损伤与猝死情况极易发生。

（一）重视准备活动

准备活动是指在运动前或比赛前进行的各种身体练习，以提高神经系统和肌肉的兴奋性，克服内脏器官的惰性，预防和减少运动损伤。它包括一般性准备活动和专项准备活动。先进行一般性的准备活动，如慢跑、拉伸、徒手操和游戏等，然后再根据运动项目的特点进行专项准备活动。例如，在短距离跑比赛前，可做跑的专门性练习，如小步跑、高抬腿跑、后蹬腿跑、听音起跑和冲刺跑等，对于篮球和足球项目，可做运球、传球，以及某些简单的战术配合练习。准备活动时间的长短和量的大小，要根据年龄、训练水平和天气情况而进行相应地调整，一般以身体微微出汗为宜。

（二）重视整理活动

整理活动不容忽视。它是一种让人体从运动状态逐渐恢复到相对安静状态的手段。其主要作用是帮助肌肉血液回流到内脏器官、排出体内二氧化碳、偿还氧债、消除代谢物、减轻肌肉酸痛和消除疲劳。方法有慢跑、各种拉伸和拍打抖动，配合轻松的音乐和专业仪器，使呼吸频率和心率降下来。

五、注意夏季与冬季的运动安全

古语道：冬练三九，夏练三伏。在夏冬两季，如果能坚持并科学地锻炼身体，将更加促进身体健康，提高机能水平，增强锻炼效果。

（一）夏季安全常识

1. 夏季气温高、热量大、光照时间长，应注意防暑降温，穿着浅色有孔隙的服装，阳光直射时戴有孔的浅色遮阳帽，休息时选择背阴通风处。锻炼时间不宜过长，一般选择上午十点前和下午四点后等气温比较凉爽的时候，在背阴处练习更佳。一次练习时间一般以不超过 2 小时

为宜。

2. 雷雨天不要在室外运动和躲雨。2010年6月，广西某校几名男生在雷雨中踢球，其中一人被雷击中，不治身亡。

3. 在运动中注意遵循循序渐进原则，不可突然增加运动量和强度。如发现大量出汗、乏力、恶心和头晕目眩等症状，有可能是中暑的先兆，应立即停止运动，迅速到阴凉通风的地方休息，补充水分，多喝一些消暑解热的饮料，采用多次少饮的原则，切忌突然大量饮水或饮用冰水，更不可贪图一时的凉快而用凉水冲洗头部或者在空调出风口"享受"凉风。否则，严重时可能会引发脑部血管破裂，危及生命。

4. 游泳是学生夏天最喜爱的一项运动，对促进健康、愉悦心情效果明显。但游泳也是比较容易出事故的一个项目，因此，同学们要注意以下几点：① 身患心脏病、肺结核、高血压病、中耳炎、癫痫病和正在发热的病人，不能下水，以免发生意外使病情加重或危及生命；② 患有传染疾病（如皮肤病、重症沙眼、脚癣、眼睛结膜炎和阴道滴虫等）的患者不宜游泳，以免传染他人；③ 女子经期不宜游泳，雷雨天不宜游泳；④ 预防抽筋发生。在下水前，要做足准备活动，多做一些下蹲练习，用手按摩腿部肌肉，并进行冷水冲淋，之后再下水，方为安全；⑤ 注意眼耳卫生。游泳时最好戴上游泳镜，游完泳及时滴上眼药水，预防游泳池红眼病等眼病。当外耳道进水后，不要随便挖耳朵，上岸后用同侧腿单脚跳的方法，水即刻排出，也可以将有水进入的一侧耳朵朝向地面，用手掌紧压在耳孔上，屏住呼吸，迅速拿开手掌，靠压力将耳内水排出。

（二）冬季安全常识

冬季由于天气寒冷，恶劣天气增多，屋内门窗关闭，空气污浊，人的免疫力容易下降，易生病。此时要选择适宜的健身锻炼方法，可以有效地预防疾病，达到强身健体的效果。

1. 冷环境下肌肉黏滞性增大，延展性和弹性降低，所以运动前一定要做好充分的准备活动，增加热身时间，使全身的肌肉和关节活动开，预防受伤。

2. 要避免在大风和晨雾中锻炼，尤其不要在沙尘暴和雾霾天气进行户外运动，可以将运动转到室内进行。

3. 锻炼时可采用鼻腔和口鼻混合呼吸的方法，避免因冷空气刺激而引起上呼吸道炎症。

4. 相应延长锻炼的时间和增加练习次数，但要注意循序渐进。运动时的心率控制在150次/分以下。

5. 运动着装选择轻而多层的衣服，不选择单层厚重的，贴身穿有助于散发皮肤水分和吸汗性强的面料。在寒冷大风的天气里，尽量不要把衣服弄湿，以保证热量、保持体温，并注意手脚和耳朵部位的保暖工作，防止感冒。

第四章 体育保健与养生

第一节 体育保健的基本常识

一、做好准备活动与整理活动

体育运动过程是人体由静态到动态再到静态的变化过程,准备活动和整理活动就是实现这种变化的过渡手段。

(一)准备活动

体育锻炼前进行充分的准备活动对于体育锻炼者来说是非常重要的,有些大学生由于不重视锻炼前的准备活动而出现了各种运动损伤,不仅影响锻炼效果,更影响锻炼兴趣,甚至会对体育活动产生畏惧感。

做好准备活动能起到以下作用:① 克服机体的生理惰性;② 加速肌肉组织的新陈代谢,提高氧的利用率;③ 调节心理状态,提高神经系统的兴奋性;④ 预防运动损伤。

(二)整理活动

整理活动是人体由运动状态过渡到相对安静状态的活动过程,它是促进体力恢复的一种有效手段。整理活动的作用:① 有助于人体机能尽快恢复常态;② 有助于偿还氧债。

整理活动应侧重于全身性放松。特别是在紧张、剧烈的运动之后,一定要进行全身放松活动,以免身体受到损伤。整理活动之后,应注意保暖,防止着凉、感冒。

二、讲究运动饮食卫生

经常进行体育锻炼,可促进胃肠道的蠕动和消化液的分泌,对消化吸收能产生良好影响。但是,如果在体育锻炼中不注意饮食卫生,则会严重影响锻炼者的身体健康。这是因为运动时大量血液流入运动器官,消化器官的血液量相对减少,胃液分泌减少,消化系统的功能处于相对的抑制状态。如果运动后立即进食,必然影响食物的消化和吸收,长此以往,会造成消化不良或其他消化道疾病。因此,在体育锻炼中应注意饮食卫生。

(一)饭后不宜立即进行剧烈运动

饭后立即进行剧烈运动,不仅易产生消化不良,还会引起腹痛、恶心等症状,甚至造成胃下垂等疾病。吃饭与运动之间要有一定的时间间隔，一般在饭后 30 分钟方可进行运动；剧烈运动或比赛最好安排在饭后 1.5 小时，缺乏体育锻炼或体质较弱的人，吃饭与运动之间的时间间隔应更长些。

（二）空腹不宜进行长时间剧烈运动

长时间剧烈运动要消耗大量能量，而能量主要来自体内血糖的氧化。早晨空腹进行长时间剧烈运动，无充足的血糖补充，易发生低血糖症状。另外，空腹进行长时间剧烈运动会使胃发生痉挛性收缩，出现胃痛，经常空腹运动会导致胃炎等疾病。因此，早晨空腹锻炼的时间，一般不宜超过 30 分钟，且运动强度不宜过大。

（三）运动后不宜立即进食

体育锻炼后不要急于进食。要使心肺功能稳定下来，胃肠道机能逐渐恢复后再用餐。体育锻炼后一般间隔 30 分钟后方可就餐，如果在下午进行较剧烈的体育锻炼，间隔的时间应更长些。还应注意，由于运动后易产生饥饿感，用餐时不要狼吞虎咽，更不能暴饮暴食。

（四）体育锻炼中或锻炼后应合理补充水分

体育锻炼中或锻炼后正确的饮水方法是首先确认体内是否真的缺水。在短时间的体育运动或剧烈的体育运动中感到口渴，主要是由口腔和咽部黏膜水分蒸发、唾液分泌减少引起，或者由心理紧张造成的，此时不必补充水分，只需用水漱漱口，增加口腔湿润感即可。对体育锻炼中失去水分的补充，要采取少量多次的办法。预防运动失水的最好办法是每 15 ~ 20 分钟饮水 150 毫升左右，这样既随时补充了水分，又可避免对身体的损害；在锻炼前 10 ~ 15 分钟，可饮水 300 ~ 500 毫升，以保证体内水分充足，预防失水过多。一次补水最大量不能超过 800 毫升。

三、防止和消除运动性疲劳

（一）运动性疲劳

疲劳是一种暂时的生理现象，对人体是一种保护性抑制。运动性疲劳出现后，只要不使疲劳积累而产生过度疲劳，就不会损害人的身体健康；相反，经过疲劳的产生—消除过程，借助不断强化的体育锻炼，人体机能和运动能力可以达到超量恢复，从而提高运动者的健康水平。

（二）运动性疲劳的判定

判定运动性疲劳的出现及其程度，对科学地锻炼身体，增强体质，合理地安排运动强度及提高运动成绩都有着重要的意义。在学校体育运动和自我锻炼中，可采用比较简单的方法来判断运动性疲劳及其程度。（表 4-1-1）

表 4-1-1　运动性疲劳的判定

内　容	轻度疲劳	中度疲劳	重度疲劳
自我感觉	无任何不适	疲乏、腿痛、心悸	除疲乏、腿痛、心悸外，还有头痛、胸痛、恶心，甚至呕吐等症状，有些症状存在时间较长
面　色	稍　红	相当红	十分红或苍白，有时呈紫色
排汗量	不　多	稍多，特别是肩带部位	非常多，尤其是整个躯干部分
呼　吸	中度加快	显著加快	显著加快，且表浅（其中有少数深呼吸出现），有时呼吸节奏紊乱
注意力	较好，能正确执行指令	执行口令不准确，改变方向时有时发生错误	执行口令缓慢，只对大声口令才能接受
动　作	步法轻稳	步法摇摆不稳	摇摆现象显著，行进时掉队，出现不协调动作

（三）消除运动性疲劳的常用方法

为了使运动中消耗的物质和各器官、系统的机能得到尽快恢复，避免疲劳积累而造成过度疲劳，一般可采用以下消除疲劳的方法。

1. 放松活动

放松活动包括慢跑、呼吸体操及各肌群的伸展练习。运动后做伸展练习，可消除肌肉痉挛，增强人体血液循环，减少肌肉酸胀和僵硬程度。

2. 按摩和物理方法

按摩可改善全身血液循环状况，促进代谢产物的消除，减轻肌肉的酸痛感和坚硬感，提高肌肉的收缩力，改善关节的灵活性。

消除运动性疲劳的物理疗法种类较多，训练和比赛后采取局部热敷和进行温水浴是简单易行的手段。

3. 补充营养物质

运动时消耗的物质要靠饮食中的营养物质来补充，体育锻炼和比赛后，合理补充营养有助于运动者恢复体力和消除运动性疲劳。因此，运动后应根据运动项目的特点补充足够的糖、蛋白质、维生素（维生素C、维生素E、维生素B_1、维生素B_6）、无机盐（钠、磷、铁）和水等。

4. 充足的睡眠

充足的睡眠是消除疲劳、恢复体力的最好方法之一。睡眠时大脑皮质的兴奋度降低，体内分解代谢处于最低水平，而合成代谢则相对较高，有利于体内能量的蓄积。因此，运动者每天应保证充足的睡眠时间，一般每天不少于 8～9 小时。在大运动量训练和比赛期间，睡眠时间应适当延长。

第二节　体育养生

一、神　养

人的情志有多种多样，十分复杂，既可表现为单一性情志，又可表现为相兼情志，达到的程度也不一样。一般来说，积极的情绪包括喜悦、崇敬、高兴和幸福等。这些愉快的情绪，能够促人向上、奋发工作、创造生活，同时也有益于健康。而消极的情绪包括沮丧、哀伤、愁闷、紧张、绝望、妒忌和怨恨等，都会引起一系列不良生理变化。现代科学证明，两种情绪变化过度，都会给健康带来危害。

美国哈佛大学的学者，曾在对 204 名男性进行追踪调查中发现，在精神生活舒畅的 59 人中只有两人患有重病；而心情不舒畅的 48 人中，就有 18 人得了重病或因此而死亡。因此，保持情绪开朗、精神愉快、情绪稳定是健康的首要因素。情志调节的方法有以下几种。

（一）修身养性法

讲究养生必须注重道德修养，养生贵在养心，而养心首在养德。古代学者早就提出"仁者寿"的理论。孔子在《中庸》中提出"修身以道，修道以仁""大德必得其寿"。唐代孙思邈认为"性既自善，内外百病不悉生……"他本人不受名利之诱，献身医道，行医时不问贵贱贫富，一视同仁，一心赴救。他一生注重道德修养，直到 102 岁才去世。

（二）郁则泄之，结则散之法

把积聚抑郁在心中的不良情绪发泄出去，以尽快恢复心理平衡，这对健康至关重要。《黄帝内经》中说："告之以其败，语之以其善，导之以其便，开之以其苦。"意思就是说，人有苦恼可自我发泄，自我解脱。在美国有一种特殊机构——泄气中心，专为顾客提供各种泄气服务。此外，也可利用倾诉、交谈进行感情宣泄，心理学上称之为"发泄疗法"，还有自我调节法、运动稳情法和琴棋书画转移法等。

（三）理念引导法

对健康和长寿最有益的方法，就是永远不放弃对生活和事业的追求，它会使你生活充实，心理上得到满足。如果一个人没有理想，无所追求，精神世界空虚，必然有损于健康。有理想、有作为的人，不仅有益于社会，更有益于培养自身正气，促进身心健康。

二、气　养

（一）站　桩

站桩功本来是形意拳的基本功，分为三才桩、混元桩两种。由于站桩能够使人的身体上、中、下各部位均衡发展，具有增强体质、祛病延年的作用，所以不论男女老幼、身体强弱均可练习。

站桩功有许多姿势和意念上的要求，初学者意念越专、功夫越纯，收效越大。初练健身桩者可采用抱球式或捧球式。两脚成"八"字形分开站立，宽度约与肩齐，两膝微屈，臀部稍向下坐，胸部放松，头向上顶，两眼向前平视，闭目或垂帘均可，呼吸自然、均匀。平心静气后两手向前伸出，成抱球或捧球状，两手距离约两拳之隔，高度是上高不过眉，低稍过脐，一切要求松静自然，舒适得力。

初学者该站多长时间，可由自己来决定。由于体质性情等条件素质不同，有的人一学会就能站较长时间，有的人站10分钟或5分钟就感到不能忍耐，在此情况下也不可过分强求延长，可以休息一下或散散步再练。时间久了，可自延长，每次可站40分钟，甚至60分钟以上。一切开头难，最初练习时由于身体不习惯，必然产生一些两臂酸痛、腿足酸胀等不舒适的感觉。练习稍久，舒适感就会胜过不舒适感，而渐入佳境。站桩功用在医疗适应证上非常广泛，如高血压病、低血压病、半身不遂、关节炎、肺炎、肝脏病、肠胃病、血管硬化、神经官能症和精神分裂症等。

（二）放松功

放松功是采用逐步放松来诱导入静，用自然呼吸法来调息的养生功法。练习时可采取站桩式，也可采取坐式，从头到足、从上到下逐步放松。一般采用三线放松法。

第一线：从头部两侧—颈部两侧—两肩—两上臂—两前臂—两手—两手指。

第二线：从头顶—面部—颈部—胸部—腹部—两大腿前—两小腿前—两足背—两足趾。

第三线：头后部—颈项—背部—腰部—双臀部—两大腿后部—两小腿后部—足跟—足底（涌泉穴）。

上述放松三线法，反复放松三遍，就可感到轻松安静了。如果感到身体某一部位没有放松，不必急躁，在此部位再放松一下，或任其自然，不必强求。然后在自然呼吸的基础上，在每一次呼吸中，吸气时想静，呼气时想松。如此练功十余次，然后再把意念完全集中到丹田处（养功）片刻，再练功默念"静""松"。如此循环进行，这种方法叫作练养相间。

三、形　养

（一）八段锦

八段锦是由八节动作组成的一种健身运动方法。全套动作精练，运动量适度，其每节动作的设计，都针对一定的脏腑或病症的保健与治疗需要，有疏通经络气血、调整脏腑功能的作用。八段锦在历代相传中得到不断发展，流派繁多，现代较为流行的练习方法和口诀见于清代梁世昌《易筋经图说》所附《八段锦》中。

八段锦口诀：两手托天理三焦，左右开弓似射雕。调理脾胃须单举，五劳七伤向后瞧。摇头摆尾去心火，两手攀足固肾腰。攒拳怒目增气力，背后七颠百病消。

（二）护肾保精养生法

在传统养生中，护肾保精是一条重要原则，传统养生认为肾为先天之本，精不仅是繁衍人类的生命之源，而且是人体生命活动的物质基础。中医学认为，精、气、神是构成人体的基本物质，是主持人体生命活动的重要物质基础。肾精充足与否，直接影响人的健康和生命，纵欲耗精，会导致肾气亏损，使人精先衰，甚至早夭。

护肾保精可采用以下保健功法。

1. 叩齿闭颌法：即晨起后叩齿数百次。闭颌就是小便时咬牙关，此法有补肾壮腰、固齿益精之功效。

2. 虎口摩腰法：两手握拳，虎口平放于两侧腰部，上下摩擦百次左右，速度缓慢，温热为度。此法能温肾摄精，对肾虚而遗精，阳痿早泄，女子虚寒带下，月经过多以及耳鸣、腰酸、大便不实等，均有良好的防治效果。

3. 涌泉按摩法：即摩擦足底，直至发热。此法有引火归源之功，对心肾不充足引起的失眠、遗精有很好的治疗作用。

4. 饮津、提肛缩肾：饮津即晨起后舔上颚及舌下、齿龈，含津液满口，饮入胃中。提肛缩肾，即吸气时将肛门收紧，呼气时放松，如此反复数十次。饮津有益于生津，提肛缩肾有补肾、固精作用。

5. 固精法：左手兜住阴囊，右手在小腹部顺时针方向按摩 36 次，左右轮换。

第三节　常见的运动损伤与慢性职业病防治

一、常见运动损伤与防治

运动损伤多见于年轻人，他们热爱运动，积极参加各项体育活动，但常常因为缺乏一定的训练知识和运动损伤处理知识，而给伤者造成不必要的痛苦，严重者甚至导致终生遗憾。

（一）常见运动损伤

1. 擦　伤

擦伤即皮肤的表皮擦伤。如果擦伤部位较浅，只需涂红药水即可；如果擦伤面较脏或有渗血，应用生理盐水清洗创伤后再涂上红药水或紫药水。

2. 肌肉拉伤

肌肉拉伤指肌纤维撕裂而致的损伤。它主要由于运动过度或热身不足造成，可根据疼痛程度判断受伤的轻重，一旦出现痛感应立即停止运动，并在痛处敷冰块或冷毛巾 30 分钟，以使毛细血管收缩，减少局部充血、水肿，切忌搓揉及热敷。

3. 挫 伤

挫伤指身体局部受到钝器打击而引起的组织损伤。轻度损伤不需特殊处理，可冷敷 24 小时后用活血化瘀酊剂，局部可贴伤湿止痛膏。伤后第 1 天冷敷，第 2 天热敷，约 1 周后伤口可愈合。稍重的挫伤可用云南白药加白酒调敷伤处并包扎，隔日换 1 次药，加理疗。

4. 扭 伤

扭伤指关节部位突然扭转过猛而扭伤了关节外面的韧带及肌腱。扭伤多发生在踝关节、膝关节、腕关节及腰部。不同部位的扭伤，其治疗方法也不同。腰部扭伤时，应仰卧在垫得较厚的床上，或腰下垫一个枕头，先冷敷，后热敷；关节（踝关节、膝关节、腕关节）扭伤时，将扭伤部位垫高，先冷敷 2～3 天后再热敷。如果扭伤部位肿胀，皮肤青紫和疼痛，可将 0.25 千克陈醋加热后，用毛巾蘸敷伤处，每天 2～3 次，每次 10 分钟。

5. 脱 臼

脱臼即关节脱位。一旦发生脱臼，应立即停止活动，更不可揉搓脱臼部位。如果脱臼部位在肩部，可把肘部弯成直角，再用三角巾把前臂和肘部托起，挂在颈上，再用一条宽带缠过胸部，在对侧胸部做结。如果脱臼部位在髋部，则应立即躺在软床上运往医院处理。

6. 骨 折

骨折通常分为两种：一种是皮肤没有伤口，断骨不与外界相通，称为闭合性骨折；另一种是骨头的尖端穿过皮肤，有伤口与外界相通，称为开放性骨折。对开放性骨折不可用手回纳，以免引起骨髓炎，应用消毒纱布对伤口进行初步包扎、止血后，再用平木板固定送医院处理。

骨折后肢体不稳定，容易移动，会加重损伤和疼痛，可找木板等将肢体骨折部位的上下两个关节固定起来。昏迷者应俯卧，头转向一侧，以免伤者呕吐时将呕吐物吸入肺内。怀疑颈椎骨折时，须在头颈两侧置一枕头或扶持患者头颈部，避免在送往医院的途中发生晃动。

（二）运动损伤的预防

预防运动损伤，不仅应该采取综合性措施，而且要强调思想因素和创造好外界条件。一般来说，在体育锻炼中预防运动损伤应做好以下几方面的工作。

1. 加强锻炼、全面提高身体素质

运动损伤的预防，首先要加强科学合理的训练，全面提高身体素质和专项素质，这对预防运动损伤的发生有重要意义，特别是要加强易伤部位及相对薄弱部位的训练，提高机能。

2. 使机体处于良好的运动状态

在锻炼中，要克服麻痹思想，树立运动安全意识，充分认识准备活动的重要性，认真做好准备活动，这是防止运动损伤的重要措施。锻炼后应注意放松活动，它可以防止运动引起的肌肉酸痛，使机体尽快恢复，消除疲劳，缓解精神压力。可以根据不同运动项目进行针对性的放松活动。

3. 加强医务监督

定期进行体格检查和机能评定，以便全面、清晰地掌握锻炼者自身的健康状况和运动基础，为科学而有针对性的锻炼活动提供参考。锻炼者也应该加强锻炼的自我监督，根据自己锻炼后的脉搏、体重、食欲、睡眠和疲乏感等情况判断自身的健康状况，也可根据不同运动项目的特点及常见的外伤发生规律，特别注意运动器官的局部反应，及早发现运动损伤的早期症状，便于早发现，早治疗，早康复。

4. 加强运动中的自我保护

体育锻炼参与者应学会自我保护的方法，如自高处落地时必须双腿屈膝进行缓冲减压；重心不稳即将摔倒时应立刻低头，屈肘团身，以肩背着地顺势滚动，切忌直臂撑地等。在运动前还应该注意对锻炼场地、器械等进行卫生安全检查，穿适合运动的服装进行活动等。

二、慢性职业病与防治

职业病是指职业病危害因素所引起的各种特定疾病，《中华人民共和国职业病防治法》中对构成职业病的条件有严格规定，一般分为急性和慢性两种，慢性职业病所占比例较大。了解职业病的预防常识和一般体疗方法，对预防职业病的发生、提高生活质量和工作效率具有积极作用。

（一）颈椎病

颈椎病又称颈椎综合征，是由于人体颈椎间盘逐渐地发生退行性改变、颈椎骨质增生或颈椎正常生理曲线改变后刺激或压迫颈神经根、颈部脊髓、椎动脉、颈部交感神经而引起的一组综合症状。这类患者轻则常常感到头、颈、肩及手臂麻木，重则可导致肢体酸软无力，甚至出现大小便失禁及瘫痪等症状。

1. 颈椎病的预防和保养

以下方法可用作颈椎病的预防和保养。

（1）阅读有关颈椎病的书，用科学的手段防治疾病。

（2）保持乐观精神，树立与疾病艰苦抗衡的思想，配合医生治疗，减少复发。

（3）加强颈肩部肌肉的锻炼，在工间或工余时，做头及双上肢的前屈、后伸及旋转运动。

（4）避免高枕睡眠的不良习惯，高枕使头部前屈，增大下位颈椎的应力，有加速颈椎退变的可能。

（5）注意颈肩部保暖，避免头颈负重物，避免过度疲劳，坐车时不要打瞌睡。

（6）长期伏案工作，应定时改变头部体位，按时做颈肩部肌肉的锻炼。

（7）注意端正头、颈、肩、背的姿势，不要偏头耸肩，谈话时要正面注视，要保持脊柱的正直。

（8）中医认为胡桃、山萸肉、生地、黑芝麻等具有补肾髓之功效，合理地少量服用可起到强壮筋骨，推迟肾与关节退变的作用。

（9）注意改善不良的睡眠习惯。枕头的高低因人而异，枕高约与个人拳头等高为好。枕芯要求细碎、柔软，常用谷皮、荞麦皮、绿豆壳草屑等充填，而海绵、棉絮、木棉等均不适合。枕头的形状以中间低、两端高的元宝形为佳。

（10）固定姿势工作习惯的改善。对于低头工作或头颈部处于固定工作姿势下的工作者，首先要使案台与座椅高度相称，适于自身，尽量避免过度低头屈颈。对工作者而言，半坡式的斜面办公桌较平面桌更为有利。除改善工作条件外，另一个必须注意的方面是应有工间操，包括颈椎保健操。在长时间工作中，做短暂的颈部前屈、后伸、左右旋转及回环运动。另外，每日早晚坚持必要的锻炼可达到预防及治疗颈椎病的作用。

（11）注意感染的影响。咽喉部炎症及上呼吸道感染是常见的呼吸道疾病，因为这类炎症一旦经淋巴系统向颈部及关节囊扩散，往往成为颈椎病的原因或诱因。因此，防止各种上呼吸道炎症，预防感冒，保持口腔清洁，也是预防颈椎病的措施之一。

2. 颈椎病的体疗方法

医疗体操是积极预防和治疗颈椎病的有效方法，下面介绍两套实用医疗体操。

【徒手医疗体操】

（1）伸颈拔背

两足分开同肩宽站立，两手叉腰。两肩下垂，同时做引颈向上伸的动作，保持此姿势 3 ～ 5 秒，然后放松，还原至预备姿势。如此连续做 8 ～ 10 次。

（2）与颈争力

两足分开同肩宽站立，双手十指交叉置于头后。头颈用力向后仰，同时双手用力向前拉，保持此种姿势 3 ～ 5 秒钟；然后放松，还原至预备姿势。如此做 6 ～ 8 次。

（3）头颈侧屈

两足分开同肩宽站立，双手叉腰。先向右侧屈颈 8 ～ 10 次；再向左侧屈颈 8 ～ 10 次。侧屈头颈时不能耸肩，尽可能使耳触及肩部，向健侧屈头颈可多做几次，动作宜缓慢柔和。

（4）回头望月

头向左转，眼望左后上方；然后头向右转，眼望右后上方。左右各做 8 ～ 10 次，动作宜协调、柔和、缓慢。

（5）头颈绕环

头颈向顺时针方向绕环 4 ～ 6 次；然后头颈向逆时针方向绕环 4 ～ 6 次。动作要柔和、缓慢，活动幅度逐渐增大。

医疗体操每天做 2 ～ 3 次。

【哑铃医疗体操】

（1）头部旋转（准备活动）

两腿分立与肩同宽，两手持哑铃下垂。头颈部沿顺时针方向旋转一周，再向逆时针方向旋转一周，重复 6 ～ 8 次。

（2）屈肘扩胸

两腿分立同肩宽，两手哑铃自然下垂，两臂平肩屈肘，同时向后扩胸，反复 12 ～ 16 次。

（3）斜方出击

两腿分立与肩同宽，两手持哑铃屈肘置于胸两侧，上体稍向左移，右手向左前斜方出击，左右交替，各反复 6 ～ 8 次。

（4）侧方出击

两腿分立与肩同宽，两手持哑铃屈进置于胸两侧，左手持哑铃向右侧方出击，左右交替，各反复 6 ～ 8 次。

（5）上方出击

两腿分开与肩同宽，两手持哑铃屈时置于胸两侧，右手持哑铃向上方出击，左右交替，各反复 6 ～ 8 次。

（6）伸臂外展

两腿分立与肩同宽，双手持哑铃下垂，右上肢伸直由前向上举，左右交替重复 6 ～ 8 次。

（7）耸肩后旋

两腿分立与肩同宽，两手持哑铃下垂，两臂伸直向下，两肩用力向上耸起，两肩向后旋并放下，反复进行 12 ～ 16 次。

（8）两肩后张扩胸后伸

两腿分立与肩同宽，两手持哑铃下垂，两肩伸直外旋，两肩后张，同时扩胸，反复 12 ～ 16 次。

（9）直臂前后摆动

两腿前后分立，两手持哑铃下垂，左右上肢伸直同时前后交替摆动，重复 6 ～ 8 次，两腿互换站定位置，同时摆动 6 ～ 8 次。

（10）头侧屈转

两腿分立与肩同宽，两手持哑铃下垂，头颈部向左屈曲，达最大范围，再向右侧旋转到最大范围，左右交替，反复 6 ～ 8 次。

（11）头前屈后仰

两腿分立与肩同宽，两手持哑铃下垂，头颈部前屈，尽可能达最大范围；头颈部向后仰达最大范围，重复 6 ～ 8 次。

以上动作要轻柔，旋转动作因人而异，每天可做 1 ～ 2 次。

（二）腰椎间盘突出症

椎间盘突出（膨出）症是临床上常见的腰部疾患之一。本病为青壮年的疾病，这是因为这个年龄组的活动强度大，而椎间盘已有变性。椎间盘突出症的类型主要有椎间盘突出、椎管狭窄、骨质增生和腰肌劳损等，见表 4-3-1。

表 4-3-1　椎间盘突出症类型及临床表现

类型＼症状	临床表现
椎间盘突出	腰部疼痛、下肢放射性疼痛、麻木、肌肉力量减弱或瘫痪
椎管狭窄	腰腿痛、下肢麻木无力、间歇性跛行
骨质增生	骨刺压迫、刺激中枢神经、引起局部酸胀痛、一侧下肢或双下肢麻木、疼痛
腰肌劳损	腰部长期反复疼痛、阴雨天、寒冷潮湿的天气或劳累后病情加重

1. 治疗腰椎间盘突出症的注意事项

卧床休息是治疗腰椎间盘突出症的常用保养方式，利用卧床休息来治疗腰椎间盘突出症，方法相对比较简单，患者无须过多专业知识就能在家进行。但卧床休息还是有许多应该注意的问题，如果解决不好，疗效就不能得到保障。

卧床要求卧硬床，具体讲就是木板床上铺薄褥或垫子，较硬的棕床也可以。患者仰卧时，可在腰部另加一薄垫或令膝、髋保持一定的屈曲，这样可使肌肉充分放松。俯卧位时则床垫要平，以免腰部过度后伸。卧床休息要严格坚持，即使在症状缓解一段时间后佩带腰围下床，也不能做任何屈腰动作。如患者因生活不便而不能坚持卧床生活，会影响疗效。卧床休息中最难坚持的是在床上大、小便。如果患者不能接受平卧位大、小便，可以扶拐或由人搀扶下地去厕所。切忌在床上坐起大便，因为这时腰部过度前屈，椎间盘更易后突。

2. 腰椎间盘突出症的体疗方法

医疗体操是积极有效治疗腰椎间盘突出症的实用方法。

预备姿势：患者仰卧于床上，腰部垫一小枕头。

（1）屈踝运动

动作要领：四肢放松，两踝关节做尽力屈伸运动，重复 20 ～ 30 次。

（2）交替屈伸腿

动作要领：左腿用力屈曲，膝关节贴近胸部，随后用力踢腿伸直。左右腿交替，重复10～15次。

（3）举臂挺腰

动作要领：两手用力后举同时用力挺腰，尽量使腰部抬离床面，重复10次。

（4）交替直抬腿

动作要领：两腿重复做直腿抬高动作，重复15次。

（5）"五点"式挺腰

动作要领：屈双膝，两手握拳，屈双肘置于体侧，头顶、双肘、双足同时用力尽量抬高腰部，在最高处停留3秒钟复原，重复10次。

（6）"三点"式挺腰

动作要领：两手握拳，屈双肘置于体侧，用头、双肘同时发力抬起腰部，重复10次。

（7）屈膝屈髋

动作要领：屈两膝用力贴近胸部，双手抱住两膝停留2分钟。

（8）抱膝滚腰

动作要领：完成上一动作后，继续以腰作为接触面做前后轻轻晃动，重复15次。

（三）肩周炎

肩周炎是以肩关节疼痛和功能障碍为主要症状的常见病症。一般认为，本病的发生与肩关节过度劳损、气血不足有关，也与肩关节外感风寒湿邪及外伤劳损有关。肩周炎多为单侧发病，左侧较右侧多见，少数人可呈双侧同时发病。好发肩周炎的年龄与肩关节产生严重退变的年龄相一致，肩部有损伤或曾经有局部外固定史、受寒史、偏瘫史，也有无任何诱因而发病者。

1. 肩周炎的常见症状

肩周炎的主要症状为肩关节疼痛、肌肉无力、活动障碍。疼痛为最明显的症状，疼痛的程度及性质有较大的差异，或为钝痛，或为刀割痛，有持久性，夜间疼痛加重，甚至痛醒，影响睡眠。

按肩周炎的发生与发展大致可分为三期，即急性期、慢性期和恢复期。各期之间无明显界限，各期病程长短不一，因人而异，差别较大。

2. 肩周炎的病因

对于肩周炎的病因，目前多数学者认为是在肩关节周围软组织退行性变的基础上发生的。常见的病因如下。

（1）肩关节周围病变

① 肩关节周围软组织劳损或退变可引起冈上肌腱炎、肱二头肌腱炎、肩峰下滑囊炎和关节囊炎等疾病。这些慢性炎症和损伤均可波及关节囊和周围的软组织，引起关节囊的慢性炎症和粘连。

② 肩关节的急性创伤（如肩部挫伤、肱骨外科颈骨折和肩关节脱位等）会引起局部炎性渗出、疼痛及肌肉痉挛，将导致肩关节囊和周围软组织粘连，进而发生肩关节的冻结。

③ 肩部活动减少或上肢固定过久，造成局部血液循环不良，淋巴回流受阻，炎性渗出淤积，日久纤维素沉着，粘连形成，导致关节囊挛缩和周围软组织粘连；肩关节脱位、上肢骨折和手术后外固定等时间过长，或在固定期间不注意肩关节功能锻炼，均可导致肩周炎的发生。

（2）疾病诱发

① 颈椎源性肩周炎

颈椎源性肩周炎指由于颈椎病引起的肩周炎。临床资料表明，这种肩周炎的特点为先有颈椎病的体征和症状，而后再发生肩周炎。它是颈椎病的一种临床表现，或者说是一种临床类型，而不是肩关节与周围软组织退行性改变导致的结果。

② 冠心病

由于冠状动脉供血不足，造成心肌缺血或缺氧而引起绞痛，绞痛主要位于胸骨后部，常可放射到肩、上肢或背部，左肩及左上肢尤为多见。从而诱发肩周炎。

③ 其他因素

本病的发生尚与精神心理因素、肩部受害、体内有感染病灶、内分泌紊乱及自身免疫反应等有关。从临床观察中发现，肩周炎多与糖尿病、偏瘫、肺结核、颈椎病等疾病并存，且发病率偏高。

3. 肩周炎的体疗方法

肩周炎的体疗方法主要有医疗体操和按摩法两种。

（1）医疗体操

① 弯腰划圈

双足分开同肩宽站立。

向前弯腰 90°，患侧上肢自然下垂，先顺时针方向划圈 20～30 次；还原至预备姿势，休息约 1 分钟；再弯腰成 90°，做患臂沿逆时针方向的划圈活动 20～30 次；还原至预备姿势。划圈的幅度逐渐加至最大，划圈的次数也应逐渐增加。

② 屈肘摸背

双足分开同肩宽站立。

患臂屈肘置于身后，手背贴在腰部，手指徐徐向上摸背，直至最高限度；患臂放松，手指沿背后慢慢落下置于腰部。如此反复做 5～7 次。

③ 旋转上肢

两足分开同肩宽站立，健侧手叉腰。

患侧上臂屈肘上举，先由后向前做肩关节旋转运动 15～20 次；再做由前向后旋转运动 15～20 次。动作应柔和，运动幅度要逐渐增大。

④ 手指爬墙

面墙而立，两足分开同肩宽。

患侧手指扶墙，沿墙徐徐向上爬行，直至最高限度；手指沿墙下落回至原处。如此做 5～7 次。手指向上爬墙时，不要扭动身体或提踵，患臂要尽量上举。每次锻炼都要使手指爬墙的高度逐渐增加，直至恢复正常。

⑤ 滑车举臂

先在门架或树枝上吊一滑轮，然后用一条细绳穿过滑轮后在细绳两端系一短棒。锻炼时，双手握住短棒，以健肢的活动来带动患肩的活动。每次练习 3～4 分钟，中间可以休息一会。患肩活动要柔和，运动幅度逐渐增加，也要注意用患肩的运动来带动健肢活动，以发展患肩肌肉力量。

医疗体操每天做 1～2 次，每次做操前要做准备活动，结束时要做放松性活动。做操时，肩关节的活动幅度要逐渐增大，以不引起明显疼痛为宜。

（2）按　摩

以疼痛为主要表现者，应以按摩为主，配合轻微体操活动；在后期，以肩关节活动障碍为主要表现时，则以医疗体操为主，并配合按摩。

按摩的操作步骤与方法大体如下。

① 患者取坐位。若患肩疼痛时，按摩者用拇指用力点揉下肢的金门、申脉、跗阳、公孙

穴各 30 秒钟，具有解除痉挛、镇静止痛之效果；② 按摩者站在患者身后，用单手揉捏颈后肌肉，反复数遍；③ 揉、揉捏肩部三角肌、肱二头肌、斜方肌，掌根揉背部肌肉，反复几遍；弹拨肩前肱二头肌腱 2 ～ 3 次；点揉风池、肩髃、肩井、外关等穴；④ 双手夹住患肩，一手在肩前，另一手在肩后，搓动肩部 30 秒钟，然后轻轻拍击患肩 20 ～ 30 下；⑤ 按摩者站在患者身后，一手扶住患侧肩部，另一手握住患臂，使患者做肩关节的外展、旋转等被活动。动作要轻柔，活动幅度逐渐增大，以不引起明显疼痛为宜；⑥ 患者取立位。按摩者一手握住患者的手，另一手按住患者肩部，做患肢抖动约 1 分钟。抖动的幅度要小，抖动的频率一般较快。

　　以上按摩每天 1 次。做完按摩后，嘱咐患者做肩部主动活动或医疗体操，以提高医疗效果。

第五章　体育欣赏

第一节　体育欣赏的意义

随着社会的进步和竞技体育以及新闻传媒的迅速发展，欣赏体育比赛已成为人们业余生活中的重要组成部分，特别是在职业体育发达的国家，体育的欣赏不但丰富着人们的生活，而且对体育的了解和爱好也成为一个人教育水平高低的标志。

体育欣赏在人们现实生活中所占的分量越来越重，人们的文化生活也越来越离不开它，体育比赛所独有的审美价值是任何文化娱乐活动所不能取代的。体育欣赏能调节情绪、愉悦身心、陶冶情操，满足人们追求高节奏完美生活的要求，它能振奋民族精神，启迪和加强大众的体育意识，使人们积极全面地投入到全民健身活动中去。

具体说来，体育欣赏的意义在于以下几点。

一、体验欣赏不同体育文化

体育比赛作为人类智慧的结晶，集中反映了不同国家、不同民族的风俗民情和意识观念。例如，极富内向、务实和封闭性色彩的东方体育比赛，与表现外向竞争和开放性特征的西方体育比赛，就属于两种风格迥异的体育文化形式。体育文化的外在表现，则反映在围绕体育比赛而进行的文化艺术活动中，它包括比赛期间的文艺演出、绘画展览、火炬接力、新闻报道、电视转播、发行邮票及纪念币等内容。由于这些活动的开展，使色彩各异的体育文化形式得以在世界各地传播。因此，通过欣赏体育比赛，人们除了可以了解各种人文景观外，还能欣赏到独具风采的文化艺术形式。

二、陶冶美好情操

当代人把欣赏体育比赛作为社会文化生活中一项重要的内容。因为在现实生活中，人们追求的是完美的、高节奏的生活，而体育比赛恰恰适应和迎合了现代人生活的这种要求。

任何一项比赛都是通过个人或集体，发挥其性格、体能、运动能力、心理和智慧等方面的潜能进行的角逐。通过体育比赛，观众不仅能欣赏到运动员健康、强壮、匀称、优美的体型，而且可以欣赏到运动员所展现出来的准确、干净、利落、新颖、洒脱的动作造型，给人以愉悦的享受，同时还激发欣赏者热爱体育、追求美好生活的愿望。

三、振奋民族精神

通过欣赏体育比赛，可以强化集体主义观念、激发爱国主义热情、振奋民族精神。各式各样的比赛，其参赛者都具有一定的社会群体的代表性，他们在比赛场上，一要实现自己的价值，二要为所代表的群体争取荣誉；而观赏者往往与运动员有着千丝万缕的社会关系，因此，运动竞技的成败、胜负荣辱都与欣赏者有着息息相关的联系。例如，在美国洛杉矶举行的第23届奥运会上，中国体育健儿实现了金牌"零"的突破，洗刷了"东亚病夫"的耻辱，赢得了"东方巨人"的称号，此时，全国人民无不为之欢欣鼓舞，激发了全国人民"团结起来，振兴中华"的热情，同时也感染了海外侨胞，他们把祖国体育健儿夺得金牌看成是中华民族的光荣，炎黄子孙的骄傲。

四、激发体育意识

体育意识是人们对体育这一社会现象及其功能、作用的认识和反映。体育比赛能启迪和激发人们的体育意识。

（一）健康意识

举办各种体育比赛的主要目的是启迪群众对体育意义的认识，激发群众积极参加体育活动，以提高全民族的体质和健康水平。

（二）拼搏意识

运动员在场上表现出的高超的技艺、灵活多变的战术和充沛的体力，都是多年大负荷运动训练、战胜身体上和精神上的疲劳及努力拼搏的结果。没有拼搏意识和拼搏精神，就不可能夺得金牌。这种拼搏意识，是激发人们在各项事业中取得优异成绩的保证。

（三）创新意识

一个运动员或一个运动队要在场上战胜对手，除了要靠自己真实的硬功夫外，还要根据自身的特点，不断改进和创新技术、战术。具有创新意识才能争得和保持冠军的称号，这种创新意识可以促进各项事业不断向前发展。

（四）道德意识

道德一般是指在社会生活中处理人与人、个人与集体以及社会中各种各样的规范和准则。在赛场上胜不骄，败不馁，互相尊重，团结友爱，文明礼貌，遵守纪律，光明正大，这些良好的道德规范，将成为观赏者学习的榜样，从而影响整个社会风气。

（五）法制意识

在任何运动项目的比赛中，要求运动员都要严格遵守比赛规则，服从裁判的裁决，否则就要受到惩罚。如果运动员服用了兴奋剂，还要受到严厉的制裁，这种法制意识能使比赛有序进行，同时也对社会产生积极的影响。

（六）竞争意识

体育比赛具有强烈的竞争性。双方对垒，毫不含糊，胜负立见分晓。这种竞争意识，对于当今社会中每一个人来说都是一种不可缺少的素质。

第二节　体育欣赏的方法、形式及礼仪

一、体育欣赏的方法

（一）不同体育审美的欣赏

1. 形体美的欣赏

美学家认为，人的美感最先产生于对"轮廓"的良好印象。这里说的"轮廓"是指人体的外观形象，亦可简称为形体，包括人的体型、姿态和风度等内容。体育比赛作为人体生理性对抗的一种运动方式，通常以空间活动表现人的体型、姿态和风度，故具有复杂多变、造型奇特、动作鲜明等特点。因此，由人体运动姿态、艺术造型和表演风格构成的形体美，离不开对身体匀称、曲线和姿势，肌肉形态、皮肤色泽、面部表情和气质风度等内容进行综合评价。特别是那些艺术造型强的竞技项目，往往通过超凡的力量、动作技巧和造型艺术，把运动员匀称的肌肉、矫健的身姿、优美的体型雕刻得玲珑剔透；通过极富神韵的表演风格，把运动员的外在动作和内在情感展现得淋漓尽致，使观赏者体验到运动员的蓬勃朝气和青春活力。

形体美包含着人体的强壮美、体态美、体型美这些外形的美，同时也包含一些内在美的因素，如素质美、风度美等。此外，运动员的皮肤色泽、发型和服装等也都是构成形体美的因素。

2. 动作美的欣赏

在运动过程中，人的形体或部位的造型所展现出的美被称为动作美。在比赛中，运动员的动作都是在"动"中进行的，所以我们在欣赏时，应把"动"作放在首要地位。体育通过各种人体动作展示多姿多彩的动作美，各种运动项目以优美、细腻、柔韧、精巧、刚健、雄劲、明快、敏捷的动作组合来塑造美、创造美、表现美。动作美的特点在于准确、干净、协调、连贯、敏捷、舒展而富有节奏，给人以完美无瑕的感觉。

刚柔对比是形成动作美的重要手段。在体育活动中，我们一般把男性化的刚毅、强壮、雄健、豪放、壮丽、剧烈的动作表现视为阳刚之美；而把女性化的柔和、优雅、纤巧、缠绵、秀丽、平缓的动作表现视为阴柔之美。

3. 技术美的欣赏

当你看到优美的高、难、险、新的运动技术时，将获得赏心悦目的美的感受和精神的享受。对技术美的欣赏往往是和对动作美的欣赏联系在一起的。

技术美是人们对体育活动真实性的审美要求，是人体美和动作美的综合体现，具有准确、协调、连贯、节奏感强以及平衡性、实效性高等特点。技术美充分显示了人的本质力量，它以特有的魅力使人们欣喜、愉快、惊奇和赞叹。

为了提高运动技术水平，必须寻求能合理有效地完成动作的方法，于是"技术"又成为体育比赛的关键因素。而运动员为追求理想的动作模式，在高、难、险、新技术方面所做的努力，又使"技术"更添美的魅力。

4. 战术美的欣赏

战术美是在复杂多变的运动中，充分发挥运动员的素质和技术特点，在争取胜利中体现出来的一种美。战术在激烈的比赛对抗中被称为发挥技术的先导、驾驭比赛的灵魂，是夺取比赛胜利的法宝，也是反映运动员的知识、技术和心理、智力因素的综合指标，特别是在一些集体项目的比赛中，其表现得尤为突出。

由战术表现的美感，可在比赛双方对战术的选择、应用和变化中得到反映。要特别注意运动员根据各自情况，合理调配力量，扬己之长，充分发挥良好的素质、绝妙的技术和环环相扣的战术配合。欣赏他们巧施计谋，在比赛中以柔克刚和出奇制胜，从而领略巧妙战术带给我们以美的感受，从更高层次体验美的意蕴。

5. 健康美的欣赏

欣赏体育比赛可以体验健康美。当观众见到运动员体态匀称、肌肉强健、动作敏捷、技艺超群、肌肤圆润等外观形象时，就能产生"由表及里"的视觉效果，并把这些体育健康美的感觉印刻于心。如果按"启迪自我"的高标准要求，还可以从自我健康的对比中，接受活泼、欢快、纯洁、开朗和创造热情等健康因素的感染，进一步认识体育锻炼对塑造人体健康所起的作用，由此树立追求健康的信念，从中获得改善自我健康的勇气和力量。

6. 风格美的欣赏

（1）思想风格、行为作风等综合社会意识美

在比赛中欣赏到运动员（队）良好的思想风格，不仅是一种美的享受，而且也能受到道德修养的教育。体育比赛，实质上是一种复杂的社会活动，因此，在比赛中所表现出的各种思想、道德、行为都不是虚构的，而是一种真实的社会行为表现。

（2）技术风格美

技术风格美是指运动员（队）在技术、战术上所表现出来的特长与特点，即技术、战术风格和风貌上的个性之美，每个运动员（队）根据各自的特点和具体条件，创造出与众不同的风格，构成了自己独特的技术风格美。

7. 内在美的欣赏

体育是人类在几千年发展过程中创造出来的宝贵的文化财富。随着人类社会的高速发展，现代体育已成为一种影响广泛的全球性文化活动。现代体育比赛的内涵更加明确，外延更加丰富、深刻，充满了时代精神和人生的哲理。因此，作为文化层次较高的大学生，把欣赏体育比赛仅仅当作娱乐活动是不够的，还应在欣赏中深入地思考，使我们的观念、思维、情趣等都能得到启迪和升华。

从技术、战术等多角度来欣赏体育比赛可以得到美的享受，这主要是体育比赛洋溢着形式的外在美。那么，我们从体育比赛的多方位、多层面来欣赏就会感受到一种无形的内在美。运动员经过长期科学、艰苦地训练和多次临场比赛的经验积累，有的已达到或接近尽善尽美的程度而获得成功时，他们发自内心的巨大快感、自豪感和自我价值以及愿望完全实现的幸福感，旁观者也会有所感受。当我们的欣赏水平和审美能力进一步提高时，体育比赛中某些似乎不美甚至残酷的东西，如汗水、泪水、血迹、损伤，以及那些历尽千辛、奋发进取、顽强拼搏而最后却榜上无名的失败者也会被我们所认可、理解和欣赏，并融化在我们的审美范围之内。

（二）对不同运动项目的欣赏

随着竞技体育的广泛发展，有利于体育竞赛的运动项目也日益增多，它们以其不同的竞赛规则，独有的竞技方式和表现风格，吸引着世界数以亿计的观众，为我们提供了丰富的文化、艺术享受内容。显而易见，要对如此众多的运动项目作全面介绍，实在是件很难的事。但无论是怎样形式的运动项目竞赛，都有其共性。在我们欣赏体育的时候，无不被运动员在比赛或表演中动作的美、力量的美、速度的美、战术巧妙运用以及运动员们顽强拼搏、团结协作的优良

品质所吸引。

1. 欣赏测量类项目

当欣赏测量类项目时，由于此类项目的共性是以高度、远度、重量和通过一定距离所需要的时间确定比赛成绩的，因此，其具有最大限度地克服生理障碍、挖掘人体潜能的特点。

2. 欣赏评分类项目

欣赏评分类项目是按一定标准，对完成动作质量进行评分确定比赛成绩的项目，包括竞技体操、艺术体操、竞技健美操、技巧、健美、跳水、花样滑冰和花样游泳等。它们以一连串的动作组合为基本的表现形式，具有空间运动、动静变换、神形兼备等特点。观赏这类运动项目的比赛，应把动作准确、娴熟、协调、完美放在首位，注意编排结构、艺术造型和完整套路的变化，并从中领悟刚柔相济以及蕴含于风姿绰约中的内在魅力。

3. 欣赏得分类项目

得分类项目是根据规则按每局得分达到规定数目确定比赛胜负的项目，包括乒乓球、羽毛球、网球和排球等。由于比赛双方各占场地一方，隔网相对，并根据得失分转换，速度较快，具有运动员可在重新发球或接发球间歇中有较充裕时间思考的特点。观众应针对性地欣赏攻、防技术和战术的应用，注意观察运动员的想象力、创造性和心理自制能力。

4. 欣赏命中类项目

命中类项目是以命中目标数确定比赛成绩的项目，包括设防型和无防型两类。

（1）设防型项目

在设防型项目中，运动员通常按技术规范和事先布置的战术，在规则的严格控制下参与比赛，具有直接对抗、攻防变换、竞争激烈等特点。为了取得比赛胜利，运动员的个人技术和体力固然重要，但更强调勇敢顽强、集体配合和战术意识，其中包括观察、判断和预测能力，如篮球、足球等项目，具有较强的观赏性。

（2）无防型项目

无防型项目是在无人防守、干扰的情况下，运动员凭借个人技术和体力优势，以命中目标多少计算成绩的项目，具有单兵作战、内紧外松的特点。沉着冷静、耐心细致、意念集中是取胜的关键，如射击、斯诺克台球等。

5. 欣赏制胜类项目

制胜类项目决定成绩的方法比较特殊，它既含命中对方而得分的因素，又可直接制服对手而获胜，如在欣赏拳击项目比赛时，要欣赏运动员是如何利用各种组合拳突然向对方发起进攻，并给予对手致命一击的精彩场面；在欣赏摔跤项目比赛时，主要欣赏在攻防中采用的过胸摔、过背摔、跪撑、搭桥等技巧，以及运动员的个人"绝技"和顽强的意志品质；在欣赏柔道项目比赛时，主要欣赏运动员如何占据合理位置，使用关节技、绞技、固技和巧劲，摔倒并制服对手的精彩场面。

二、体育欣赏的形式

（一）体育欣赏形式的界定

体育美的形式是指内容诸要素的结构和表现方式，是人类在长期的体育实践中创造的，是显现人的本质力量的感性形式。

体育中大量的形式美都是通过色、形、声等物质属性传达给人们，引起人们的审美感觉。研究体育美就必须深入探讨体育美的形式和形式美。体育美的形式，就是人们在体育活动中构成体育美外形物质材料的自然属性，如色、形、声及其组合规律（整齐、对称、均衡、节奏、韵律和多样性统一等）所呈现出来的审美特性。色彩的审美特性是十分明显的，具有表情性，能向我们传出一定的感情意味，能传达出引起人的情感的反映信息。形体是指事物具体可感的外在形态，包括点、线、面。在体育运动中，特别是艺术性较强的项目中，线条的运用是最普遍、最基本的手段，是一切造型美的基础。声音最为突出的是表情性功能，不同频率和强度的声音引起情绪上的激昂、低沉、喜悦、哀伤等，使得本无感情因素的外物的声音带上了情感意味。音乐能启发运动员丰富的想象力和激发他们的创造力。然而，构成形式美的这些自然要素必须按照一定的组合规律组织起来，才具有审美特性，如非语言因素在体育运动中显现的形式美。

（二）体育欣赏的形式

1. 整齐划一

整齐又称整齐划一，是最简单的形式美要素。整齐给人以庄重、雄壮、刚劲有力的感觉。人类群体活动尤其需要整齐划一来达到目的。运动员入场或团体操，当运动员的步伐或动作的整齐一致，加上身材、服装的整齐及每个运动员精神状态都高度集中，给人以庄重、雄壮、刚劲有力的感觉，甚为壮观。

2. 对称、均衡

对称是生物体自身结拼的一种合规律的存在形式，有人认为对称是美的核心。人类总是追求完美、和谐，因此，事物的对称形式会给人们带来审美的愉悦。人们在体育实践中，创造了许多运动器械在形体结构上的对称。对称给人一种平衡或稳定感。

均衡与对称有着密切联系，表现为双方的等量不等形。对称也是一种均衡，是机械的平衡。不恰当地使用对称会显得单调、呆板，反而不美。而均衡则为双方有变化的均衡，在身体锻炼的部位和成套动作的编排布局上显得尤为重要。动作的头尾衔接、照应，训练中的强度、密度的合理安排，身体大小肌肉群的发达强度，都可以体现出均衡的原则。在竞赛中，组织编排的恰当，项目分配上适宜，场地、器材、灯光分布使用上的合理，都会使人享受到一种均衡的美。

3. 节奏、韵律

节奏就是使不整齐、不规则的声音在单位时间里达到相对规则的秩序。它是体育和艺术不可缺少的要素之一，对运动美的评价有重要意义。这是它自身的特点所决定的。对节奏的敏感是人类心理和生理本性的基本特质之一。人的各种运动形式都不自觉地根据生理节律加入一定的节奏形式。节奏的快慢一定要保持在人类生理所能接受的范围内，极快或极慢的节奏不仅使身体活动难以适应，而且会失去艺术节奏美的意义，甚至影响运动技能的发挥。

韵律是在节奏的基础上形成的，但又比节奏的变化要丰富得多，是一种富有感情色彩的节奏。它给人以一种充满韵律的运动感。

4. 和谐统一

和谐统一是形式美的高级形式，也叫多样化统一。在丰富多彩的体育活动中，形式美的规律要求，不能一味追求整齐和统一，而忽略了变化，也不能为了多样的变化而舍弃统一。要在多样变化中达到统一，在统一中求变化，把两个方面结合起来才是最高规格的形式美。研究形式美是为了推动美的创造，使美的内容更充分地表现出来。形式美的规律不是凝固不变的，随着美的事物不断被发现和创造，形式美的规律也会不断地被总结、突破和发展。

三、体育欣赏的礼仪

（一）体育欣赏

体育欣赏的概念就是用喜悦的心情去领略运动本身的乐趣。

1. 体育欣赏的意义

（1）可以使人获得美的享受。

（2）可以满足人在情感上的需要。

（3）可以调节人的心理平衡和加强修养。

（4）可以促进人的心理健康。

2. 体育欣赏的内容

（1）对运动员技术与战术的欣赏。

（2）对运动员身体素质的欣赏。

（3）对运动员心理素质的欣赏。

（4）对裁判员的水平与作风的欣赏。

（5）对运动员的健美体态、美好气质和运动服装的欣赏。

（6）对体育建筑艺术的欣赏。

3. 体育欣赏的方法

（1）必须了解各项目的技术和战术特点及其发展趋势。

（2）了解比赛规则及其演变。

（3）了解体育比赛与表演的特点。

（4）要加强个人修养。

（5）要不断加强个人心理调节能力。

（二）体育礼仪

体育作为人类社会文化最重要的组成部分之一，其发展的终极目标是促进体育文明并推动社会的发展。体育礼仪则是体育文明的主要表现形式之一，关注体育礼仪，从不同角度宣传体育礼仪，有助于提高国民素质，让国民了解奥运知识，遵守赛场礼仪，提高比赛欣赏水平，为比赛的成功举办创造良好的人文环境。

体育文明有着深厚的精神内涵和精美的外在表现。相互了解、友谊、团结和公平竞争是体育文明的精髓，和谐、秩序和尊重是体育文明的表象，而这些表象在赛场上的具体呈现就是一系列悦人耳目的体育礼仪。现代体育礼仪不仅仅是体育职业道德的重要组成部分，同时更像一面双面镜，在赛场内外折射出个人、团体甚至国家的文明程度。

1. 体育礼仪的内涵

礼仪属于道德范畴，是中国传统文化的核心，是建立和发展和谐社会的重要基础。中国古代《礼记·曲礼》就有这样的论述："道德仁义，非礼不成；教训正俗，非礼不备；纷争辨讼，非礼不决。"所以礼是决定人伦关系、明辨是非的标准，是制定道德仁义的规范。礼不仅是一种思想，还是一系列行为的准则，它不仅制约着人们的伦理道德，还制约着人们的生活行为。有"礼"，才能使整个社会生活秩序化、和谐化。体育礼仪是指人们在体育比赛中，以道德为核心，按一定的程序和竞赛规则来体现公平竞争、律己敬人的行为准则和规范，它是现代体育文明的重要标志。现代体育礼仪的内涵是以文明和道德风尚来捍卫和弘扬"相互了解、友谊、团结和公平竞争"的体育精神。

2. 体育礼仪的功能

（1）促进和谐功能

体育礼仪是一种道德上的规范，它告诉我们在体育比赛中应该有什么样的言行举止。体育比赛大都是激烈、紧张，偶然性强，参与者的个性也比较张扬。只有运动员懂礼仪、自觉地践行礼仪，才能遵守规程、尊重裁判、尊重对手，从而最大限度地展示个人风采；赛场上的工作人员，包括裁判员、记者、志愿者等懂礼仪，才能做到训练有素、行为得体；观众懂礼仪、自觉地践行礼仪，才能按体育比赛的要求做到文明观赛。所以，大力提倡和发展体育礼仪是创建赛场文明与和谐不可或缺的因素。

（2）感召教化功能

一次大型的国际体育盛会特别是奥运会的举办，对一个国家来说是一次精神上的洗礼，如为了成功举办 2008 年北京奥运会，中国政府以"如何成功举办北京奥运"为主题有计划地采取一系列的措施。这些活动对普及奥运知识、提升全民道德素养等起到了积极的作用。事实上，在大型赛事的筹备和举行过程中都蕴含着丰富的体育礼仪。体育礼仪是通过赛场这一特定场所对整个社会进行文明教化。另外，赛场外的体育工作者们所表现出来的礼仪修养对人们也有较强的影响力，表现最明显的是作为公众人物的体坛明星，他们的一言一行对人们都有很大的影响和导向作用。

（3）塑造形象功能

体育运动的各种礼仪都是某种形象的展示。例如，奥运会的开闭幕式，它的礼仪表现反映了东道国的精神面貌和文化底蕴；在赛场上，运动员、教练员和观众的礼仪表现反映出的是他们素质的高低，也间接反映了他们所在国家的文明程度。所以我们说，当运动员代表国家出现在国际赛场上时，他不仅仅是一名运动员，还是一名弘扬民族精神文明的使者，他的一举一动都代表国家的形象，知礼、懂礼、行礼才能塑造美好形象。

3. 体育礼仪的宣传策略

（1）在全国积极地倡导体育礼仪

2008 年北京奥运会的成功举办，让我们向世界展示了中国的国力和运动水平。同时，北京奥运会也是一个巨型的展示会，全世界的目光都聚焦中国。在一定意义上来说，举办一届成功的奥运会，带给人们最有意义的存留是记忆的存留，最有意义的影响是精神的影响。人文奥运一个重要的内涵就是要展示中国人的风貌，所以，提高国民素质是我们成功举办体育比赛的需要。让国民了解体育知识，遵守赛场礼仪，提高欣赏比赛水平，为各类比赛的成功举办创造良好的人文环境。

（2）在学校开设专门的体育礼仪课程

要通过学校教育普及体育知识，传播奥林匹克理想，推动奥林匹克精神的本土化。各个学校应把体育文明礼仪知识纳入课堂教学，通过文明教学，普及礼仪知识。大学应在思想道德修养课中增加礼仪知识的教育内容，通过德育课程，让学生熟悉与掌握与自己日常生活和学习密切相关的校园礼仪、家庭礼仪、社会礼仪和国际交往礼仪等方面的知识。

（3）通过大众传媒传播体育礼仪

从体育赛事的主办方的角度讲，体育文化是以教育为核心的文化，可以极大地推动主办地的道德建设，有利于提高民众的整体素质。主办地利用大众传播的教育功能，传播与推广体育礼仪，是对全民进行文明礼仪教育。

第六章 田 径

第一节 田径概述

田径百科

一、田径的定义与发展

田径是世界上最为普及的体育运动之一，也是历史最悠久的体育运动。国际田径联合会将田径运动的定义为："田径运动是由田赛和径赛、公路赛、竞走和越野赛组成的运动项目。"在众多的田径单项比赛中，通常把在跑道或公路上举行的以时间计算成绩的比赛项目称为径赛，把在专门的场地上进行的以高度和远度计算成绩的比赛项目称为田赛。而全能运动是由部分跑、跳跃、投掷项目组成的以评分为办法计算成绩的综合比赛项目。

据史料记载，公元前776年，在古希腊奥林匹亚村举行了第1届古代奥运会，从那时起，田径运动就被列为正式比赛项目之一。1894年，在法国人皮埃尔·德·顾拜旦倡议下，在巴黎召开了国际体育代表大会，成立了国际奥林匹克委员会。1896年在希腊雅典召开了第1届现代奥林匹克运动会，确立了田径为奥运会的第一运动。第1届现代奥运会只有男子田径项目的比赛，直到1928年阿姆斯特丹奥运会才增设了女子田径项目。1912年，国际田径联合会在瑞典斯德哥尔摩成立。随后拟订了国际统一的田径竞赛项目和竞赛规则。国际田径联合会的成立，对于田径运动的发展，起了积极的推动作用。

20世纪初，外籍传教士将现代田径运动带进中国，当时只有在教会创办的学校之间开展田径比赛，后来逐渐普及到全国的学校。1932年洛杉矶奥运会，田径选手刘长春成为第一个参加奥运会比赛的中国人。1957年，女子跳高运动员郑凤荣以1.77米打破了当时1.76米的世界纪录，成为中国运动员打破田径世界纪录的第一人。1983年，在第5届全运会，朱建华以2.38米创造了他自己保持的2.37米的跳高世界纪录。同年，徐永久以43分13秒4的成绩创造了女子10公里竞走世界纪录，成为中国第一个在世界比赛中获得冠军的田径运动员。1992年第25届奥运会上，中国女子竞走运动员陈跃玲获得10公里竞走金牌，实现了中国奥运史上田径项目金牌"零"的突破。此后，中国女子运动员王军霞先后以29分31秒78和8分06秒41的成绩创造了10000米和3000米的世界纪录。曲云霞以3分50秒46的成绩创造了1500米的世界纪录。1996年第26届奥运会上王军霞又获得了5000米的金牌和10000米的银牌。进入新的世纪，2000年悉尼奥运会上中国运动员王丽萍获得了20公里竞走的金牌。2004年雅典奥运会上，刘翔以12秒91平世界纪录的成绩获得了男子110米栏金牌。这是中国男运动员在奥运会上夺得的第 1 枚田径金牌，翻开了中国田径历史新的一页。此次奥运会上，邢惠娜也在女子 1500 米比赛中获得了金牌。2006 年 7 月在瑞士洛桑田径大奖赛上，刘翔以 12 秒 88 的成绩打破了 12 秒 91 的 110 米栏世界纪录，为中国田径运动又竖起了一座新的丰碑。2015 年北京田径世锦赛上，中国男子接力队以 38 秒 01 的成绩获得 4×100 米接力银牌，创造了中国田径史上 4×100 米接力项目的最佳战绩，也创造亚洲田径史上在该项目上的最佳成绩。2016 年里约奥运会，刘虹获得女子 20 公里竞走冠军。2017 年伦敦田径世锦赛，巩立姣获得女子铅球冠军，杨家玉获得女子 20 公里竞走冠军。近 20 年是中国田径运动突飞猛进的时期，但总的来说，中国的田径运动水平与高水平世界田径运动行列仍有明显差距，提高田径运动水平的任务还是十分艰巨的。

二、田径的特点

（一）与生活密切相关

走、跑、跳、掷是人类生活的基本技能，是田径运动项目中最基本的运动形式。这些自然动作和技能对学习掌握田径运动各项技术有着十分密切的关系。

（二）具有广泛性

田径运动既具有个体性，又具有广泛的群众性。田径运动除接力跑外，都是以个人为单位参加比赛的运动项目，团体成绩和名次是由个人成绩和名次及接力跑成绩的名次的计分相加决定的。田径运动是体育运动中最大的一个项目，是任何大型运动会中比赛项目最多、参赛运动员最多的项目。

（三）简易可行

参加田径运动很少受到场地条件限制。男女老少都可以在平原、田野、草地、小道、公路、河滩、沙地、丘陵、上岗和公园等较宽敞安全的地带从事田径运动。

三、田径的锻炼价值

进行田径运动能提高走、跑、跳跃、投掷等基本活动能力，能促进人体正常的生长发育和各器官、系统机能的发展；提高人体对外界环境的适应能力；全面发展身体的力量、速度、耐力素质；增强体质、提高健康水平；培养学生和运动员勇敢、顽强、吃苦耐劳以及较强的组织性、纪律性和竞争意识等优良品质。

走、慢跑等有氧运动不仅可以提高心肺耐力，还可以燃烧脂肪。女子经常进行健身走或慢跑的有氧运动，能够保持健美的体型。

第二节　田径基本技术

一、跑

100 米跑

（一）短　跑

短跑包括 100 米、200 米和 400 米跑等项目。

1.100 米跑

（1）起 跑

田径竞赛规则规定，短跑比赛运动员必须采用蹲踞式起跑（图 6-2-1），必须使用起跑器，要按发令员的口令完成起跑动作。起跑器的安装方式主要有普通式和拉长式两种，运动员应根据个人的身高、体型、身体素质和技术水平等情况来选择起跑器的安装方式。

①普通式：前起跑器距起跑线一脚半长，后起跑器距前起跑器一脚半长。前、后起跑器的抵足板与地面夹角分别约成 45° 角和 75° 角，两起跑器的左右间隔约 15 厘米。

②拉长式：前起跑器距起跑线两脚长，后起跑器距前起跑器一脚长，起跑器的抵足板与地面的夹角及两起跑器左右间隔与普通式基本相同。

起跑技术包括"各就位""预备"和鸣枪三个阶段。

听到"各就位"口令后，运动员走到起跑器前，俯身，两手撑地，两脚依次蹬在前后起跑器的抵足板上，脚尖应触及地面，后腿膝关节跪地。接着两臂收回到起跑线后撑地，两臂伸直，两手间距离比肩稍宽，四指并拢与拇指成"八"字形，颈部自然放松，身体重量均匀地落在两手、前腿和后膝之间，注意听"预备"口令。

听到"预备"口令后，逐渐抬起臀部和后膝，臀部要稍高于肩部，身体重心适当向前上方移动，肩部稍超出起跑线，重心落在两臂和前腿上。两脚紧贴起跑器抵足板，集中注意力听枪声。

听到枪声后，两手迅速推离地面，两臂屈肘做积极、有力的前后摆动，同时两腿快速用力蹬起跑器，后腿快速蹬离起跑器后迅速屈膝向前上方摆出，前腿快速、有力地蹬伸。

（2）起跑后的加速跑

起跑后的加速跑是从蹬离起跑器到途中跑之间的一个跑段，一般为 30 米左右，其任务是尽快加速达到自己的最高速度。

起跑后第一步约三脚半长，第二步约为四脚至四脚半长，以后逐

图 6-2-1

渐增大，直至途中跑的步长。腿蹬离起跑器后，身体处于较大的前倾姿势，为了不使身体向前摔倒，要积极加快腿的蹬伸与臂的摆动，保持身体的平衡。

最初几步两脚着地点并非在一条直线上，随着速度的加快，两脚内侧着地点逐渐趋于一条直线上。

（3）途中跑

途中跑（图 6-2-2）在整个短跑中是最长的一段距离，其主要的任务是继续发展和保持较长距离的最高速度。其动作特点是前脚掌落在身体重心投影点的稍前面，脚触地后膝关节微屈，足踵下沉，使身体重心很快地移过垂直阶段；接着后腿的髋、膝、踝关节依次迅速伸展，完成快

图 6-2-2

速、有力地后蹬。后蹬的角度约为 50°，后蹬方向要正。随着腿的落地动作，摆动腿的大腿迅速前摆，小腿随惯性折叠。蹬地腿蹬地时，大腿积极向前上方摆动，并把同侧髋一起带出。落地前，大腿要迅速积极地下压，这时由于惯性缘故，小腿自然前伸，接着前脚掌迅速和有弹性地向下、向后做"扒地"动作。

途中跑时，头要正对前方，两眼要向前平视，上体保持正直或微向前倾。以肩关节为轴，两臂轻松而有力地向前摆动。前摆时，不超过身体中线和下颌，大小臂之间所成的角度约为90°；后摆时，肘关节要稍微向外。摆臂动作应以自然协调为原则。

（4）终点跑

终点跑是全程跑的最后一段，要求运动员在离终点线 15 ～ 20 米处时，尽力加快两臂摆动速度和力量，保持上体前倾角度，当离终点线一步距离时，上体急速前倾，双手后摆，用胸部或肩部冲向终点线，跑过终点后逐渐减速。

2. 200 米和 400 米跑

200 米和 400 米跑，有一半以上的距离是在弯道上进行的，弯道跑与直道跑的技术有区别。

200 米和 400 米跑

（1）弯道起跑和起跑后的加速跑

为了便于弯道起跑后能有一段直线距离进行加速跑，应将起跑器安装在弯道跑道的右侧，起跑器对着弯道的切线方向。弯道起跑后，前几步应沿着内侧分道线的切线跑进。加速跑的距离适当缩短，上体抬起较早。在进入弯道时，应尽可能地沿着跑道内侧跑，身体及时向内侧倾斜。

（2）弯道跑技术

运动员从直道进入弯道时，身体应有意识地向内倾斜，加大右侧腿和臂的摆动力量和幅度，身体应向圆心方向倾斜。后蹬时，右腿用前脚掌的内侧，左脚用前脚掌外侧蹬地。两腿摆动时，右腿膝关节稍向内摆动，左腿膝关节稍向外摆动。两臂摆动时，右臂前摆稍向左前方，后摆时肘关节稍偏向右后方；左臂稍离躯干做前后摆动。弯道跑的两腿蹬地与摆动方向都应与身体向圆心方向倾斜趋于一致。从弯道跑进直道时，应在弯道最后几步，身体逐渐减小内倾角度，自然跑几步，然后做一个进入直道的调整，按直道途中跑技术跑进。

（二）中长跑

中长跑项目包括 800 米、1500 米和 3000 米跑。

1. 起跑和起跑后的加速跑

中长跑采用站立式起跑，当运动员听到"各就位"的口令后，迅速走到起跑器后，习惯将力量较大的脚放在起跑线后，前后脚距约一脚长，左右脚距约半脚长，

中长跑

后脚掌触地，眼看起跑线 5 ～ 10 米处，两臂一前一后，身体保持稳定，集中注意听枪声。当听到枪声后，两腿迅速用力蹬地，两臂配合腿部动作做快速、有力地摆动，使身体迅速向前冲出，在短时间内获得较快的跑速，然后进入匀速、有节奏的途中跑。

2. 途中跑

途中跑的距离最长，是中长跑的主要部分。中长跑的强度小于短跑，跑速相对较慢，动作速度和用力程度相对较小，除了战术需要而改变跑的节奏外，一般多采用匀速跑，跑时要做到技术合理、速度均匀、节奏感强、全身动作协调有力。

3. 终点跑

终点跑是运动员在十分疲劳的情况下，竭尽全力进行最后一段距离的冲刺跑，在运动员实力接近的条件下，它将决定比赛的胜负。

什么时候开始终点冲刺，这要根据比赛项目、训练水平、战术要求和临场情况等因素决定。一般情况下，800 米可在最后 200 ～ 300 米，1500 米在最后 300 ～ 400 米，5000 米以上可以在最后 400 米或稍长的距离开始加速，长距离的项目加速距离可更长些。速度占优势的采取紧跟，在进入最后直道时，才开始做最后冲刺超越对手。

4. 中长跑的呼吸

中长跑时，应注意呼吸的节奏。呼吸应自然和有一定的深度，一般是跑两三步一呼气，跑两三步一吸气。随着跑速的提高，呼吸频率也相应加快。中长跑时，由于强度大、竞争激烈，为了提高呼吸效率可采用半张的口与鼻子同时呼吸，以最大限度地满足机体对氧气的需要。

中长跑时，跑一段距离后会不同程度地出现胸部发闷、呼吸困难、动作无力，迫使跑速降低的感觉，这种生理现象叫"极点"。当"极点"出现时，应适当降低跑速，深呼吸，特别是加深呼气，同时要以顽强的意志坚持下去。

（三）接力跑

接力跑竞赛项目一般为男、女 4×100 米接力跑和男、女 4×400 米接力跑。

接力跑

1. 4×100 米接力跑技术

（1）起 跑

① 持棒起跑（图 6-2-3 ①）：第一棒运动员采用蹲踞式起跑，其基本技术类同短跑起跑，通常右手持棒，接力棒不得触及起跑线及起跑线前面的地面。持棒的方法一般用中指、无名指和小指握住棒的末端，用拇指和食指分开撑地。

② 接棒人起跑：第二、三、四棒运动员多采用半蹲式或站立式起跑。第二、四棒选手站在跑道外侧，第三棒选手站在跑道内侧。接棒运动员起跑姿势的选择主要取决于能否快速起跑和进入加速跑，并能清晰地看到传棒选手以及设定的起动标志。

（2）传接棒

① 上挑式（图 6-2-3 ②）。接棒人手臂自然后伸，手臂与躯干成 40°～45° 角，掌心向后，虎口张开朝下。传棒人将棒由下向前上方"挑"送到接棒人手中。

② 下压式（图 6-2-3 ③）。接棒人手臂后伸，与躯干成 50°～60° 角，掌心向上，虎口向后，拇指向内。传棒人将棒的前端由上向下"压"送到接棒人手中。

① 持棒起跑　　② 上挑式　　③ 下压式

图 6-2-3

2. 4×400 米接力跑技术

4×400 米跑的传接棒技术相对简单，由于传棒人最后跑速已不快，所以接棒人应目视传棒人，顺其跑速接棒，然后再快速跑出。

（四）跨栏跑

1. 110 米跨栏跑技术

（1）起跑至第一栏技术

起跑至第一栏要求步数固定，步长稳定，准确地踏上起跨点。如采用 8 步，应将起跨腿放在前起跑器上，如跑 7 步，摆动腿放在前起跑器上。同短跑相比上体抬起较快，大约在第 6 步时身体姿势已接近短跑途中跑的姿势。

（2）途中跑技术

跨栏途中跑是由 9 个跨栏周期组成的，每个跨栏周期由一个跨栏步和栏间三步跑构成。

① 过栏技术（图 6-2-4）：过栏技术由起跨攻栏、腾空过栏和下栏着地构成。

起跨攻栏：起跨离地前身体重心积极前移，身体重心移过支点后，足跟提起，上体加速前移，在摆动腿屈膝折叠积极前摆的配合下完成后蹬，形成有利的攻栏姿势。快速高摆攻栏腿，加大两腿夹角。起跨腿着地时，摆动腿由体后向前摆动，足跟靠近臀部，膝向下，以髋为轴，大腿带动小腿积极向前上摆至膝超过腰部高度。

两腿蹬摆配合完成起跨动作过程中，上体随之加大前倾，摆动腿异侧臂屈肘向前上方摆出，肘关节达到肩的高度，另一臂屈肘摆至体侧，整个身体集中向前用力。

腾空过栏：起跨结束后，摆动腿继续向前上方高抬，异侧臂屈肘后摆，超过栏板高度后，摆动腿的小腿迅速前摆，几乎伸直，脚尖微微上翘，使大腿伸肌拉长准备积极下压着地。当摆动腿前摆的同时，异侧臂伸向栏板上方，与摆动腿基本平行。同侧臂后摆，加大上体前倾，躯干与摆动腿形成锐角，目视前方。

在摆动腿脚掌到达栏板之前，起跨腿一侧的髋关节保持伸展，大腿屈肌处于拉紧状态，小腿约与地面平行或膝略高于踝，两腿在过栏前形成120°以上的夹角。

下栏着地：摆动腿脚掌移过栏板的同时，起跨腿屈膝外展，小腿收紧抬平，脚尖勾起，足跟靠臀，以膝领先经腋下加速提拉，当脚掌过栏后，膝关节继续收紧向身体中线高抬，脚掌沿最短路线向前摆出，身体成高抬腿跑的姿势。

过栏时两腿剪绞换步动作是在两臂和躯干协调配合下完成的。摆动腿的异侧臂和经腋下向前提拉的起跨腿做相向运动，膝肘几乎相擦而过，臂的摆动积极、有力，摆过肩轴以后屈肘内收摆向体后，另一臂屈肘前摆，以维持身体平衡。

伸直下压的摆动腿在接近地面时，前脚掌做积极的扒地动作。脚落地后踝关节稍有缓冲，但足跟不触地面，膝、踝关节保持伸直，使身体重心保持较高的部位。躯干应保持一定前倾，起跨腿大幅度带髋提拉，两臂积极摆动，形成有利的跑进姿势。

图 6-2-4

② 栏间跑技术：用三步跑过，其三步的步长分别是：小、大、中。

第一步：为使跨跑紧密结合，在下栏着地时，应充分发挥踝关节及脚掌力量，借起跨腿的高抬快摆和两臂前后用力摆动，加速身体重心前移。

第二步：要高抬大腿用前脚掌着地，上体稍前倾，两臂积极前后摆动。

第三步：其动作特点与跨第一栏前的最后一步相同，形成一个快速的"短步"，摆动腿抬得不高，放脚积极而迅速。

合理的栏间跑技术表现为栏间三步步长比例合理，身体重心高、起伏小，频率快，节奏稳定，直线性强，更加接近平跑技术。

（3）全程跑技术

全程跑过栏技术与栏间跑技术要有机的结合，跨过最后一个栏架后，要像短跑一样冲刺。

2. 400 米跨栏跑技术

400 米跨栏跑距离较长，对节奏、速度、速度耐力有较高的要求。起跑技术与 400 米起跑技术基本相同。全程跑，一般固定步数过栏较好，但由于身体疲劳，最后几个栏步数可能增加，因此应该掌握两腿过栏技术，好的跨栏跑技术表现为跑速均匀、节奏准确、动作轻松。

二、跳

（一）跳 高

随着跳高技术的发展，在正式比赛中已经比较普遍采用背越式跳高（图 6-2-5），背越式跳高技术由助跑、起跳、过杆和落地四个部分组成。

1. 助 跑

一般助跑分为前段直线跑和后段弧线跑。助跑开始采用直线助跑，用前脚掌着地，富有弹性地跑；提高重心，步幅均匀，不断加速；进入弧线跑时，前脚掌沿弧线落地，外侧摆动腿有弹性地蹬地，上体逐步加大向弧线内侧倾斜。助跑的节奏要快，特别是助跑最后两步髋关节前送幅度要大，迈步时上体保持较垂直的姿势，摆动腿积极，充分后蹬，起跳腿快速前伸，髋部自然前送。助跑时两臂应积极、有力地前后摆动，弧线跑时外侧手臂摆动幅度应大于内侧手臂的摆动幅度。

2. 起 跳

起跳腿以大腿带动小腿积极下压着地，起跳脚脚跟外侧先着地，接着通过脚的外侧滚动至全脚掌，脚尖朝向弧线的切线方向。随着身体由内倾转为垂直，迅速地完成缓冲和蹬伸动作，运动员顺势向上跳起。

摆动腿蹬离地面以后，以髋发力加速向前摆大腿，同时以膝关节领先，屈膝折叠，当摆动腿摆过起跳腿前方后应向里转，而小腿和脚要稍外展。摆动腿沿着助跑弧线的延续方向加速上摆，直至减速制动。两臂的摆动要与摆动腿的摆动协调配合。

3. 过杆和落地

当起跳腿蹬离地面结束起跳以后，身体应保持伸展的姿势向上腾起，同时在摆动腿和同侧臂的带动下，围绕身体纵轴旋转，使身体转向背对横杆。当头和肩越过横杆以后，及时地仰头、倒肩和展体，并利用身体重心向上的速度，收腿挺髋，形成身体的背弓姿势。这时两腿屈膝稍后收，两臂置于体侧。当身体重心移过横杆时，则应做相反的补偿，即含胸收腹，控制上体继续下旋，同时以髋部发力，带动大腿和小腿加速向后上方甩腿，使整个身体脱离横杆。保持着屈髋伸膝的姿势下落，最后以上背部或背先落于海绵垫上。落在海绵垫后要做好缓冲控制，防止受伤。

图 6-2-5

（二）跳 远

跳远技术由助跑、起跳、腾空和落地四个部分组成。

1. 助 跑

助跑是为了获得理想的水平速度，并为准确踏板和快速、有力的起跳做好准备。助跑距离与运动员的年龄、运动水平和发挥速度的能力有关，助跑的距离一般为28～50米。男子助跑为16～24步，女子为14～18步。助跑过程注意身体重心、节奏的把握，最后一步达到助跑最高速度。

2.起 跳

助跑的倒数第二步摆动腿着地时，膝关节迅速前移，上体正直，起跳腿自然积极地前摆。在起跳腿的大腿前摆时，抬腿要比短跑时低些，并积极主动下压，用全脚掌踏上起跳板，然后，屈膝缓冲，身体重心稍降低，当身体重心移至起跳腿支点的垂直部位时，起跳腿迅速用力蹬伸，使髋、膝、踝三个关节迅速伸直，上体挺起，摆动腿的大腿积极向前上方摆至水平位置，小腿自然下垂，完成起跳动作。

起跳腿蹬伸充分的同侧臂屈肘向前上方摆起，异侧臂屈肘向侧摆起，当双臂肘关节摆至略低于肩或与肩同高时，突停，使身体借助于摆臂的惯性提肩、拔腰、挺胸、顶头，帮助身体重心提起，增大起跳效果。

3.腾 空

起跳腾空后的空中动作主要有挺身式、蹲踞式和走步式，以下介绍挺身式。（图6-2-6）

起跳腾空后，摆动腿的大腿积极下放，小腿随之向下、向后方摆动，留在体后的起跳腿与摆动腿靠拢。当达到腾空最高点时，身体充分伸展，形成"挺胸展髋"姿势。两臂上举或后摆，然后收腹团身，落地瞬间双腿前伸成落地动作。

4.落 地

落地前，上体不要过分前倾，大腿要尽量上举靠近胸部，将要落地时，小腿积极前伸，双脚接触沙面后，迅速屈膝缓冲，两臂积极向前挥摆，臀部前移，上体前倾，使身体重心迅速移过支撑面。为了避免落地时身体后坐，可采用以下两种落地姿势：前倒姿势，当脚跟着地后，前脚掌下压，两腿屈膝前跪，身体移过支撑点后继续向前移动，并向前倒下；侧倒姿势，当脚跟着地后，一腿紧张支撑，另一腿放松，身体向放松腿的前侧方倒下。

图6-2-6

（三）三级跳远

三级跳远（图6-2-7）由助跑、单足跳、跨步跳和跳跃四个部分组成。

三级跳远

1.助 跑

助跑是为了获得最快的速度和准确地踏上起跳板。三级跳远的助跑与跳远的助跑基本相同。

2.单足跳

起跳腿自然积极主动下压，用全脚掌踏上起跳板，然后，屈膝缓冲，身体重心稍降低，当身体重心移至起跳腿支点的垂直部位时，起跳腿迅速积极用力充分蹬伸，摆动腿的大腿积极向前上方摆至水平位置，然后开始做换腿动作，即摆动腿大腿带动小腿自然向下、向后摆动，同时起跳腿屈膝向前上方摆动，完成换步动作。

3.跨步跳

随着身体重心下降，前摆的起跳腿积极、有力地下压，小腿迅速前伸做积极、有力的扒地动作，着地后要及时屈膝缓冲并迅速滚动到前脚掌，同时摆动腿的大腿快速、有力地向前上方摆动至水平位置。

4. 跳　跃

随着身体重心下降，摆动腿的大腿积极下压、小腿前伸做有力地向下、向后快速的扒地动作。着地后适度屈膝、伸踝、积极缓冲，使身体快速前移。同时前两跳中的起跳腿此时成为摆动腿，与两臂积极配合，快速、有力、大幅度地向前上方摆出，及时完成第三跳的起跳动作。

图 6-2-7

三、投

以推铅球为例。

铅　球

滑步推铅球技术由握持球（图6-2-8）、预备姿势、滑步、最后用力和维持身体平衡五个部分组成。

（一）握球和持球

握球和持球的方法（以右手为例）：五指稍微分开，将球放在食指、中指、无名指指根处，拇指和小指扶在球的两侧，手腕背屈。握好球后，将球放在锁骨窝处，贴于颈部，右臂屈肘向外，掌心向内。

握　球　　持　球
图 6-2-8

（二）预备姿势

持球后，站在投掷圈的后部，背对投掷方向，右脚在前，贴近投掷圈，身体重心落在右脚掌上，左脚在后，以脚尖自然点地。身体从正直姿势开始向前屈体，待身体与地面平行时，屈膝下蹲，形成"团身"动作。

（三）滑　步

预备姿势完成后，臀部带动身体重心略向投掷方向移动，使其移离身体的支撑点（右脚），以便于滑步和避免身体重心起伏过大。接着，左腿以大腿带动小腿迅速向抵趾板方向摆出并外旋，右腿积极蹬伸，及时拉收并内旋，两腿摆蹬协调配合，推动身体向投掷方向快速移动。

（四）最后用力

最后用力是推铅球技术的重要环节。滑步结束后，左腿脚掌内侧着地支撑，右腿弯曲，支撑体重。左脚尖与右脚跟在一条直线上，肩轴与髋轴成扭紧状态，右腿积极蹬转，推动右髋向投掷方向转动，左臂由胸前向投掷方向牵引摆动，体重逐渐移至左腿，左膝被动微屈。左臂由上向身体左侧靠压制动，右臂向投掷方向转动，用力推球。铅球快离手时，手腕手指向外拨球。

（五）维持身体平衡

铅球离手后，两腿交换，降低重心，维持身体平衡。

第三节　田径比赛规则简介

一、场地及器材

国际比赛标准场地是 400 米。一般有 8 条跑道，每条道宽 1.22 或 1.25 米，两条道之间为 5 厘米宽的分道线。比赛按逆时针方向进行。

田赛场地：跳高区一般在北区端；跳远、三级跳远、撑竿跳高的助跑道沙坑、海绵坑一般设置在东、西跑道以外；铅球区设在南区端；铁饼和标枪的投掷方向由南向北或由北向南均可。

成年人比赛使用器材的重量为：男子铅球为 7.26 千克，女子铅球为 4 千克；男子标枪为 800 克，女子标枪为 600 克；男子铁饼为 2 千克，女子铁饼为 1 千克；男子链球为 7.26 千克。

二、成绩的计量

（一）径赛成绩的计量

径赛成绩是以小时、分、秒、1/10 秒、1/100 秒计量的，人工计时的最小计量单位是 1/10 秒。电动计时是以 1/100 秒计算，径赛成绩的计量是从发令员鸣枪开始到运动员的躯干触及终点线后沿垂直面为止。

（二）田赛成绩的计量

田赛成绩是以米（米）、厘米（厘米）为计量单位计量的。跳高、撑竿跳高、跳远、三级跳远和推铅球等项目是以 1 厘米为最小计量单位。铁饼、链球和标枪等项目是以 2 厘米为最小计量单位。跳高、撑竿跳高成绩的丈量应从地面到横杆上沿的最低点垂直丈量。跳远、三级跳远是从起跳线和起跳线的延长线成直角丈量至身体任何部分着地的最近点。铅球、铁饼、链球和标枪成绩的丈量，要从器械着地的最近点至投掷圈圆心直线丈量，以最近点到投掷圈内沿（或抵趾板内沿，起掷弧内沿）之间的距离为有效成绩。

（三）全能运动成绩的计量

全能运动的成绩是按各单项比赛的最优成绩，查全能评分表按各项得分之和计算成绩。

（四）成绩相等时的裁判

1. 径赛中出现成绩相等，如关系到是否能进入下一赛次，应尽可能地将成绩相等的运动员编入下一赛次，否则，应令其重赛。决赛中出现第一名成绩相等，裁判长有权决定安排这些成绩相等的运动员重新比赛。如不重赛，原成绩有效。其他名次成绩相等时，则并列。

2. 田赛项目中的成绩相等，如在跳高和撑竿跳高中出现成绩相等时，在出现成绩相等的高度中，试跳次数少者名次列前；如仍相等，在包括最后高度在内的全部试跳，试跳次数较少者名次列前；如仍然相等并涉及第一名时，则令成绩相等的运动员在其共同失败的高度上，每人再跳一次。如果仍不能判定，则将横杆升或降：跳高为 2 厘米，撑竿跳为 5 厘米，成绩相等的运动员在每个高度上试跳一次，直到决出名次为止。如在远度项目中成绩相等时，应以次优成绩判定名次。如次优成绩仍相等，则以第三优成绩判定，依此类推。如仍相等并涉及第一名时，则令成绩相等的运动员进行新的一轮试跳、试掷直到决出名次为止。

3. 在全能运动比赛中成绩相等，如在全能比赛中出现成绩相等，则以在较多单项中得分多者为优胜；如仍不能决出名次，则以任何一个单项得分高者为胜。

三、比赛中的犯规

（一）径赛中的犯规

在发令员鸣枪前或鸣枪的同时起跑，判为起跑犯规。除了全能项目之外，每项比赛都不允许起跑犯规，起跑犯规的运动员均将被取消该项目的比赛资格。全能比赛中，如果一名运动员两次起跑犯规，将被取消比赛资格。在分道跑或部分分道跑中，运动员跑出自己的跑道，影响其他运动员而获利，判为犯规。

在跨栏跑中有意识地推倒或踢倒栏架，或腿从栏外跨过，判为犯规。在接力跑比赛中掉棒后不是自己捡起；没有在接力区内完成交接棒（以接力棒的位置为准）；交接棒时有抛掷现象；交完棒退出跑道时影响其他运动员，均判为犯规。另外，运动员参加竞赛时必须按时检录，按规定佩戴号码布。

（二）田赛中的犯规

在田赛比赛中，运动员必须按时检录，按规定佩戴号码布，还必须在规定时间内完成试跳或掷。在跳远和三级跳远比赛中出现下列情况，则判运动员试跳失败：助跑或起跳时身体任何部分触及起跳线以外地面，从起跳板两端以外起跳；落地过程中触及落地区以外地面，而落地区外的触及点较落地区落地点离起跳线近；完成试跳后向后走出沙坑；采用任何空翻姿势。跳高比赛中运动员碰落横杆，或在越过横杆之前，身体任何部分触及立柱之间，横杆延长线垂直面以外的地面或落地区，判为试跳失败。在撑竿跳高比赛中，运动员试跳时碰落横杆；越过横杆以前，运动员身体和撑竿触及插斗前壁上沿垂直面以外的地面，包括落地区；起跳后，将原来握在下方的手移握到上方的手上或原来握在上方的手更向上移握，都判为试跳失败。在铅球、铁饼、链球比赛中，如触及投掷圈上沿（抵趾板上沿），或触圈外地面；器械落在落地区角度线以外或压在角度线上；完成投掷后从前半圆退出圈外；采用不符合规定的方法将器械掷出，都判为犯规。在投掷标枪时，运动员触及起掷弧或起掷弧以外的地面；标枪落在落地区角度线以外或落在角度线上；标枪落地时枪身的其他部分先于枪尖落地；旋转助跑或助跑时没有持枪在肩上将标枪掷出，均为犯规。

第七章 足 球

第一节 足球概述

足球百科

一、足球的起源

中国古代把脚踢球叫"蹴鞠"。早在 2000 多年前的春秋战国时代，就有了蹴鞠游戏。西汉时修建有"鞠城"，专供竞赛之用。而在西方，公元 10 世纪以后，法国、意大利、英国等一些国家有了足球游戏。到 15 世纪末有了"足球"之称，后逐渐发展成现代的足球运动。

1863 年 10 月 26 日，英国人在伦敦成立了世界上第一个足球运动组织——英国足球协会，并统一了足球规则。人们称这一天为现代足球的诞生日。这次制定的足球规则共 14 条。它是现今足球规则的基础。从 1900 年的第 2 届奥运会开始，足球被列为奥运会正式比赛项目，但它不允许职业运动员参加。1904 年 5 月 21 日，国际足联在巴黎成立。1930 年起，每四年举办一次世界足球锦标赛（又称世界杯足球赛），比赛取消了对职业运动员的限制。从此，现代足球运动日益发展。

二、足球的特点

1. 整体性。足球比赛每队由 11 人上场参赛。场上的 11 人思想统一，行动一致，攻则全动，守则全防，整体参战的意识要强。

2. 对抗性。足球运动是一项竞争激烈的对抗性项目。比赛中，双方为争夺控制权，达到将球攻进对方球门，而又不让球进入本方球门的目的，展开短兵相接的争斗。

3. 多变性。足球运动是一项技术上多彩多姿、战术上变幻莫测、胜负结局难以预测的非周期性运动项目。比赛中，运用技、战术时要受对方直接的干扰、限制和抵抗。

4. 强负荷。足球比赛中，运动员要在近 8000 平方米的场上奔跑 90 分钟。跑动距离少则 6000 米，多则 10000 米以上，而且还要伴随完成上百个有球和无球的技术动作。若平局后需决定胜负的比赛则要加时 30 分钟，如仍无结果，还需以踢点球决定胜负。因而运动员的能量消耗较大。

5. 易行性。足球竞赛规则比较简练，对器材设备要求也不高。

三、足球的锻炼价值

（一）有利于良好的心理品质及思想品德的形成

经常从事足球运动，不仅会对自身良好性格的形成产生巨大影响，还可以培养人的意志、自制力、责任感及勇敢顽强、机智果断、坚韧不拔、团结协作、密切配合、集体荣誉感、守纪律等思想品德。

（二）有利于增强体质、促进健康

足球运动是全面锻炼和健全体魄的良好手段，是全民健身活动中一项行之有效的体育运动项目。

（三）有利于精神文明建设

足球已成为中国许多城市中人们生活的一部分。人们从踢足球中得到情绪体验、从看足球中得到艺术享受、从谈论足球中得到思想交流，足球运动丰富了人们的业余文化活动，提高了人们的生活质量。

（四）有利于振奋民族精神

在重大国际足球比赛中，能激发本国人民团结拼搏、进取向上的精神和爱国主义热情。

第二节　足球基本技术

足球技术是指在比赛情况下，运动员所采取的操纵球、控制球与抢夺球的动作方法的总称。它包括无球技术和有球技术两个部分。

一、无球技术

无球技术是指队员在比赛中，在不持球的情况下所完成的各种技术。其中包括各种形式的起动、跑步、急停、转身和假动作等。

掌握好各种无球技术，在比赛中是很重要的。一名控制球能力较强的队员，在一场90分钟的比赛中，所能控球的时间也只有几分钟，其余的时间都是在无球情况下使用无球技术，或慢跑或突然起动或调整位置等。

发展队员的身体素质是提高无球技术的基础。因此，在无球技术的训练中要着重注意对身体素质的训练，诸如发展力量、速度和耐力等素质。

二、有球技术

（一）传接球技术

1.踢　球

踢球是指运动员有目的地用脚的某一部位将球击向预定的目标。

踢球包括脚内侧踢球（脚弓踢球）、脚背正面踢球（正脚背踢球）、脚背内侧踢球（内脚背踢球）、脚背外侧踢球（外脚背踢球）、脚尖踢球和脚跟踢球等。

踢球的方法很多，动作的要领也有所不同，但从技术动作结构上分析主要由：助跑、支撑脚的位置、踢球腿的摆动、脚与球接触的部位和踢球后的随前动作这五个部分组成。

（1）脚内侧踢球（又称脚弓踢球）

踢球时，助跑路线为直线，支撑脚踏在球的侧方15厘米左右处，脚尖与球的前沿平行，膝关节微屈。在支撑脚落地的同时摆动腿由后向前摆动，在前摆过程中髋关节外展，小腿加速前摆，脚掌平行于地面，脚尖稍翘起，踝关节紧张，用脚内侧部位击球的后中部。触击球后，身体跟随移动，髋关节向前送。（图7-2-1）

脚内侧踢球

（2）脚背正面踢球（又称正脚背踢球）

踢球时，直线助跑最后一步稍大并积极着地，支撑脚踏在球的侧方10～15厘米处，脚尖与球前沿平行并指向出球方向。膝关节微屈，摆动腿与髋关节为轴，大腿带动小腿迅速前摆。脚面绷直，膝关节紧张，脚趾紧扣，用脚背正面击球的中后部，踢球腿随之前摆。（图7-2-2）

脚背正面踢球

（3）脚背内侧踢球（又称内脚背踢球）

踢球时斜线助跑，助跑方向与出球方向约成45°角，支撑脚在球的侧后方20～25厘米处，膝关节微屈，在支撑的同时踢球腿已完成后摆，脚尖指向出球方向，身体向支撑腿一侧倾斜。在支撑腿着地的同时踢球腿以髋关节为轴，大腿带动小腿由后向前迅速摆动，触球一瞬间脚面迅速绷直，踝关节紧张，脚尖外转插向球的斜下方，用脚背内侧击球的后下部，踢球腿随球向斜上方前摆。（图7-2-3）

脚背内侧踢球

（4）脚背外侧踢球（又称外脚背踢球）

助跑、支撑脚站位及踢球腿摆动均与脚背正面踢球技术的三个环节相同，脚触球时用脚背外侧部位。此时要求膝关节和脚尖内转，脚背绷紧，脚趾紧屈并提膝，击球后身体随踢球腿的摆动前移。（图7-2-4）

脚背外侧踢球

（5）脚尖踢球（又称脚尖捅球）

脚尖踢球是一种用脚尖部位接触球的方法。由于脚尖踢球时出球异常迅速，雨天场地泥泞时多使用这种方法踢球。具体方法是用支撑腿跳跃上步，踢球腿屈膝前跨，髋关节尽量前送，两臂上摆协助身体向前，小腿前伸，在踢球脚落地前用脚尖捅球的后中部。（图7-2-5）

图 7-2-1　　　　图 7-2-2　　　　图 7-2-3　　　　图 7-2-4　　　　图 7-2-5

（6）脚跟踢球

脚跟踢球是用脚跟接触球的一种踢球方法。球在支撑脚外侧时，踢球脚在支撑脚前面交叉，摆到支撑脚外侧用脚跟击球；球在支撑脚内侧时，踢球脚后摆用脚跟踢球。

2. 停 球

停球是指足球运动员用身体的合理部位将球停挡在自己的控制范围内。停球包括脚内侧停球、脚背外侧停球、胸部停球、脚背正面停球、大腿停球和脚底停球等。

（1）脚内侧停球

① 停地滚球

脚接触球的面积大，停球稳，能准确停在自己的控制范围内。

身体正对来球方向，支撑脚膝关节微屈，停球脚稍提起，脚尖翘起，膝关节外转，脚内侧正对来球。脚与球接触的一刹那，停球腿稍有后撤以缓冲来球的力量，将球停在体前。（图7-2-6）

② 停反弹球

先判断好球的落点，支撑脚要在球落地的侧前方，膝关节弯曲。上体稍前倾对准球的反弹路线，停球腿放松，用脚内侧对准球的反弹角度，推压球的中上部，缓冲球的力量，将球控制好。

图 7-2-6

③ 停空中球

准确判断好来球方向、力量和高度，迎球前上。提腿用内侧对准来球，触球的一刹那，小腿放松、微撤，缓冲球的力量，将球停在自己的控制范围内。

（2）脚背外侧停球

① 脚背外侧停地滚球

将接球点放在接球腿一侧，支撑腿膝关节微屈。接球腿提起屈膝，脚内翻使小腿脚背外侧与地面成锐角，并对着接球后球运行的方向。脚离地面的高度应略等于球的半径，然后大腿接球后向球运行的方向推送，同时身体随球移动。

② 脚背外侧停反弹球

根据来球的落点及时移动到位，支撑脚站在来球落点的侧后方，除触球部位外，其他环节均与脚背外侧接地滚球相同。

（3）胸部停球

胸部既能停高球又能停空中平直球，是足球运动中较常见的技术之一。

① 缩胸停球

缩胸停球主要停齐胸高的平直球。面对来球，两脚前后开立，两臂自然张开，挺胸迎球收胸，当与球接触的一刹那，上体后移，迅速收胸，腹挡压球，缓冲来球力量，将球准确停在体前。

胸部停球

② 挺胸停球

挺胸停球主要停高于胸以上高空球。面向来球，两臂自然屈肘上举，当球与胸接触时，两腿蹬地，上体稍后仰，胸部向上挺出，将球弹起落在体前。（图7-2-7）

（4）脚背正面停球

脚背正面停球主要用于空中下落的球。面对来球，停球脚提起，用脚背正面迎空中下落的球的底部，踝关节及膝关节放松，接球一刹那脚背后下撤，缓冲球的力量，将球准确停在体前。（图7-2-8）

脚背正面停球

（5）大腿停球

大腿停球主要用于高空下落的球及平行于大腿高度的球。停球时，面对来球，停球腿抬起，以大腿中部对准下落的球，肌肉放松，当大腿与球接触时，大腿迅速后撤，将球准确停在体前。（图7-2-9）

（6）脚底停球

由于脚底停球技术便于掌握，易于将球停到位置，故常被用来接各种地滚球。

① 脚底停地滚球

身体正对来球方向，移动前迎，支撑脚站在球的侧面，脚尖正对来球方向，膝关节微屈，

同时接球腿提起，膝关节微屈，脚略背屈，使脚底与地面约小于45°，以前脚掌触球的上部为宜。（图7-2-10）

图7-2-7　　　　图7-2-8　　　　图7-2-9　　　　图7-2-10

② 脚底停反弹球

根据来球落点，及时前移迎球，支撑脚站在落点侧后方，脚尖正对来球方向，球落地瞬间，用前脚掌去触球的中上部，微伸膝，用脚掌将球停在体前。

脚底停反弹球

3. 头顶球

（1）原地顶球

正对来球，两脚前后开立，膝关节稍屈，上体后仰，身体重心放在后脚上，两臂自然张开，判断球的速度和力量；两脚用力蹬地，上体前摆，收腹，颈部紧张，快速向前甩头，用前额正面顶球的后中部，触球后上体继续随球前摆。（图7-2-11）

原地顶球

（2）跳起顶球

屈膝，重心下降，判断来球方向、速度和力量。两脚向上跳起的同时，收胸收腹，两臂自然张开。当跳到最高点时，身体成背弓，快速收腹前摆甩头，用前额将球顶出，缓冲落地。

跳起顶球

图7-2-11

（3）后蹭顶球

后蹭顶球分原地蹭顶与跳起蹭顶。第一环节分别与原地前额正面和跳起前额正面头顶球相同，当球运行到身体上空时，利用挺胸、展腹和仰下颌，身体向后上方伸展，用前额正面靠上的部位用力击球的下部，将球向后上方顶出。

4. 掷界外球

由于掷界外球时接球人不受越位规则的约束。因此，不仅用于恢复比赛，而且可以为进攻创造有利条件，尤其是在前场30米内掷界外球，将球直接掷入门前，可以给对方造成很大威胁。

（1）技术动作结构分析

① 掷界外球的动作是一个下端固定的爆发式的平摆运动，需要稳固的支撑。

② 根据身高和臂长，掌握合理的掷出角（不超过45°），它是影响远度的重要因素，一般球出手早掷出角大，反之则小。

③ 球出手速度快则掷得远，这需要力量基础和协调用力能力。

④ 充分利用助跑的初速度有助于将球掷远。

（2）掷界外球的方法

①原地掷界外球

面对出球方向，两脚前后或左右开立，膝关节弯曲，上体后仰成弓形，重心移到后脚上（左右开立时，重心在两脚间），两手自然张开，拇指相对，持球的侧后部，屈肘将球置于头后。

掷球时，后脚用力蹬地，两腿迅速伸直，身体重心由后脚移到前脚，屈体收腹，同时两臂急速前摆，当球摆到头上时用力甩腕将球掷入场内。掷球时后脚可沿地面向前滑动，两脚均不得离地或踏入场地（但允许踏在线上）。（图7-2-12）

②助跑掷界外球

双手持球于胸前，在助跑迈出最后一步时，上体后仰成背弓，同时将球上举至头后。掷球时的动作与原地掷界外球动作相同。（图7-2-13）

图7-2-12   图7-2-13

（二）运球技术

运球是指运动员在助跑中，用脚间断触球的技术，它是控制球能力的集中体现。

运球技术包括脚背正面运球、脚内侧运球、脚背外侧运球以及其他运球方式。

1. 脚背正面运球

脚背正面运球是利于向前跑动时快速运球。运球时，身体放松，上体前倾，两臂自然摆动，步幅不要太大，运球脚提起时，踝关节弯曲，脚尖下指，在向前迈步着地前，用脚背正面向前推拨球。（图7-2-14）

脚背正面运球

2. 脚内侧运球

要求在运球前进时支撑脚始终领先于球，位于球的侧前方，肩部指向运球方向，支撑腿膝关节微屈，重心放在支撑腿上，另一条腿提起屈膝，用脚内侧推球前进。（图7-2-15）

脚内侧运球

3. 脚背外侧运球

运球时身体持正常跑动姿势，上体稍前倾，步幅不宜过大，运球腿提起，膝关节稍屈，髋关节前送，提踵，使脚背外侧正对运球方向，在运球脚落地前用脚背外侧推拨球的后中部。（图7-2-16）

脚背外侧运球

图7-2-14   图7-2-15   图7-2-16

4. 其 他

（1）拨 球

利用踝关节向侧转动，以达到用脚背内侧或外侧触球，将球拨向身体的侧前方、侧方和侧后方。

（2）拉 球

将前脚掌放在球的上部或侧上部，另一只脚在球的侧后方支撑，然后触球脚向后下方用力将球拉回。

（3）扣 球

这种方法与拨球相同，不同的是它的用力是突然的并伴随着突然转身或急停，使对手在来不及调整重心的瞬间，突然从反方向推送球突破对手的防守。

（4）挑　球

用脚背触球的下部并突然向上方挑起，运球者迅速随球跟进。

（5）颠　球

运球过程中，有时球在空中或地面上跳动，根据对手抢截时所处位置或实施抢截的时间，用恰当的部位将球颠起，越过对手以达到过人的目的。

（三）守门员技术

守门员技术有位置选择、准备姿势、移动、接球、扑球、拳击球、运球、掷球和踢球等。

1. 位置选择

位置根据对方射门地点和射门角度来决定，通常站在两门柱与射门时球所处的位置所形成的分角线上。

2. 准备姿势

两脚左右开立，与肩同宽，两脚跟稍提起，身体重心落在前脚掌上，两腿屈膝，并稍内扣，上体稍前倾，两臂自然屈肘于体前，手指自然张开，目视来球。

3. 移　动

向左右调整位置的移动一般采用侧滑和交叉步两种办法。

（1）侧移步

侧移步常用于扑接两侧低平球。向左侧滑步时，先用右脚用力蹬地，左脚稍离地面并向左滑步，右脚快速跟上。向右侧滑步时，动作相同，方向相反。

（2）交叉步

交叉步多用于扑接两侧高球。向左侧交叉步移动时，身体先向左侧倾斜，同时右脚用力蹬地，并及时向左前方跨出一步成交叉步，然后左脚向左侧移动，右脚和左脚依次快速移动并蹬地跃出。向右侧交叉步移动时，动作相同，方向相反。

4. 接　球

（1）地面球

直腿式：身体对正来球，弯腰时两膝伸直，两腿分开，距离不得超过球的直径，两手掌心向上，前迎触球后将球抱于怀中。

跪撑式：用于向侧移步接球。接左侧球时，左腿屈，右腿跪撑于左脚附近，距离不得超过球的直径，其余动作与直腿式接球相同。接右边球时，动作相同，方向相反。

（2）平空球

平空球是指膝以上、胸以下的空中球。接球时面对来球，两手掌心向上，两手小指相靠，前迎接球。上体前屈，当手触球时微后撤以缓冲来球力量，将球抱于胸前。

（3）高空球

面对来球，两臂上伸，两手拇指相对成"八"字形，其余四指微屈，手掌对球。在最高点手触球瞬间，手指、手腕适当用力，缓冲来球并将球接住，顺势转腕屈肘，下引将球抱于胸前。

5. 扑　球

（1）扑两侧的低球

异侧脚用力蹬地，双手快速向侧伸出，一手置于球后，另一侧手置于球的侧上方，同时身体向同侧脚方向倒地，落地时以小腿、大腿、臀和肘外侧依次着地，落地后即团身。

（2）扑两侧平高球

完成这一动作时应注意空中展体，手指用力抓住球，接球后以球、肘、肩、上体、臀和腿外侧依次着地并迅速团身。

6.拳击球和托球

（1）拳击球

在守门员没有把握接住球或对方猛烈冲门的情况下，为了避免接球脱手，可采用拳击球。

准确判断来球运行路线，及时移动到位，握紧拳，在接近球的刹那，迅速出拳击球。拳击球有单、双拳击球，单拳击球动作灵活，摆动幅度大，击球力量大；双拳击球接触球面积大，准确性高。

（2）托　球

托球主要是在来球弧度较大，其落点又在球门横梁附近，守门员起跳接球把握性不大时运用。

7.掷　球

充分利用后腿蹬地，持球手臂后引，转体、挥臂和甩腕力量将球掷出。

第三节　足球基本战术

一、进攻战术

（一）局部进攻战术

局部进攻战术是指两人以上的战术配合行动。此战术可以丰富和完善全队的进攻战术，是实施全队战术的基础。常用的有：斜传直插二过一、直传斜插二过一和反切二过一等进攻配合。

1. 斜传直插二过一

⑦横传球给⑨，⑨斜线传球，⑦直线插入接球；⑥斜线传球给⑩，⑩斜线传球，⑥直线插入接球。（图7-3-1）

2. 直传斜插二过一

⑦横传球给⑨，⑦立即斜线插上接⑨的直传；⑩运球过人后传给⑧，然后立即斜线插上接⑧的直传。（图7-3-2）

3. 反切二过一

⑦回撤接⑨传球，如防守跟上紧逼时，⑦回传给⑨并转身切入，接⑨传至对手身后空当的球。（图7-3-3）

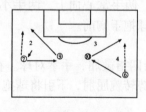 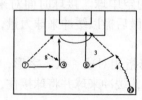 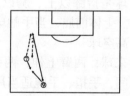

图7-3-1　　　　　　　图7-3-2　　　　　　　图7-3-3

（二）全队进攻战术

全队进攻战术由个人战术及局部战术组成。整体性战术的具体打法千变万化，大致可将其归纳为两类，即边路进攻和中路进攻。一次完整的进攻都由发动、发展和结束三个阶段组成。

发动阶段：可有两种方式发动进攻。一种是快速反击，另一种是逐步推进。

发展阶段：一般指中场附近到对方罚球区附近的进攻，通过中场要快，即是说发展阶段不要过多的横、回传。通过前方队员的交叉跑动而出现空当时，应立即将球传向空位，或自己快速运球突破，把球推向对方门前。

结束阶段：一般指在对方球门30米左右的进攻，这阶段的进攻拼抢激烈，防守人数众多，逼得又紧。所以，结束阶段的进攻要有快速突然的特点，并要有一点冒险精神。

1. 边路进攻

在对方半场两侧地区发展的进攻称边路进攻。一般是快速下底传中或回扣传中，中间包抄射门或跟进射门。（图7-3-4）

2. 中路进攻

在对方半场中间地带发展的进攻称中路进攻。罚球区外的远射是破密集防守的最好方法。（图7-3-5）

（三）定位球进攻战术

定位球可分为角球、球门球、点球、直接任意球、间接任意球、中圈开球和掷界外球等。进攻战术如下。

1. 直接射门

罚直接任意球时，如距球门较近，防守组织的"人墙"有漏洞或守门员位置不当时，可采用直接射门。（图7-3-6）

2. 配合射门

踢球队员把球传过"人墙"，同队队员快速插上射门。（图7-3-7）

图7-3-4　　　　　　图7-3-5

图7-3-6　　　　　　图7-3-7

二、防守战术

（一）选位与盯人

选位指防守队员在防守时占据合理的防守位置。防守队员的位置一般应处于对手与本方球门中心所构成的一条直线上。在回防过程中，防守队员应根据自己的防守范围与对手的情况，迅速选择有利位置，并朝着本方球门后退收缩，以便封锁对方的进攻路线。

盯人指防守队员在防范与限制进攻队员时所采取的行动。一般情况下，对有球队员及其附近队员应采用紧逼盯人，贴近对手，不给对手从容得球与处理球的机会；对离球远的对手可采用松动盯人的战术。

（二）保护、补位与围抢

保护指在同伴紧逼控球队员时，自己选择有利位置来保护同伴，防止对手突破的配合行动。保护是补位的前提，没有保护也就不可能做到有效的补位防守。在防守中，积极主动地逼抢控球队员是十分重要的，因此，防守队员之间必须进行相互保护。

补位指当距球较近的同伴逼抢对手时，临近的队员应撤到同伴的侧后方进行保护，对手一旦越过同伴的防守，便可随时补位。补位有两种：一种是补空位，如边后卫插上进攻时，同伴应暂时补他的位置，以防在插上进攻失误时，对方利用这一空当进行反击；另一种是相互补位，即交换防守，相互补位一般都是临近的两个防守队员之间互相交换防守，这样能减少漏洞。

围抢指几个防守队员同时围堵对方控制球队员的防守配合。围抢的出现与运用是现代足球比赛的特点。在防守中除提高个人防守能力外，可增加局部区域的人数，以多防少进行围抢来提高防守效果。

（三）全队防守战术

全队防守战术包括盯人防守、区域防守和混合防守。混合防守战术就是盯人防守和区域防守相结合的防守方法。混合防守是目前世界各国所采用的一种防守战术，它集中了盯人防守和区域防守两者的优点，从而在防守中能够根据场上情况进行逼抢、盯人和补位，以达到稳固防守的目的并延缓对方进攻；快速退守到位，保持防守层次；紧逼盯人，严密封堵球门前30米范围是全队集体防守的关键。

（四）定位球防守战术

定位球防守战术主要包括掷界外球、角球和任意球等战术。由于定位球战术是利用比赛开始或"死球"后重新开始比赛的机会所组织的攻守战术，因而对守方来说，具有一定的时间组织防守。目前定位球战术已被普遍重视。

1. 角球防守战术

对方踢角球时，前锋、前卫要快速回防，迅速组织防守。一般以顶球好的队员守住门前危险区，重点防守顶球好的进攻队，其他防守队员进行盯人防守，防止漏人；守门员的站位应稍靠近远端门柱附近，以利于观察并随时准备出击；由一名后卫站在近端门柱处，以防发向近端门柱的球。一名队员（边锋）应站在端线附近距角球区9.15米处，以防对方采用短传配合或低平传球，并起到对发球队员心理上的扰乱作用。当守门员出击接球时，要有两名队员及时退至球门线补守门员的位置。（图7-3-8）

2. 任意球的防守战术

无论是直接任意球还是间接任意球，守方的前锋、前卫应迅速退守。对有可能直接射门的任意球，要筑"人墙"。（图7-3-9）

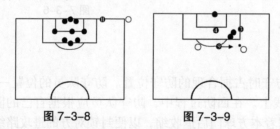

图7-3-8　　　　　　　　图7-3-9

3. 掷界外球的防守战术

当对方队员掷界外球时，防守队员要对离掷球位置较近的进攻队员进行紧逼、干扰，破坏对方完成掷界外球。战术配合中防守队员间注意互相保护。

三、比赛阵型

（一）比赛阵型发展简介

1. 起初阶段

足球比赛只是往前踢和往前跑，队员多集中在有球之处，只顾进攻不知防守。随着苏格兰队第一次在比赛中出现攻守分工开始，比赛阵型人数排列的进攻队员逐步减少，防守队员逐渐增加，直至"全面型"攻守的出现，这中间经历了100多年。从1863年英国制定第一个统一规则开始，比赛阵型由"九锋一卫制"到出现"一二七""二二六""一二三五"（塔式）阵型，攻守队员人数排列逐渐向平衡发展。

2. 第二阶段

1930 年英国创造的"WM"式阵型，第一次达到了攻守人数排列的平衡，这种阵型较长一段时间内为各国所采用，一直到 20 世纪 50 年代。

20 世纪 50 年代初，匈牙利队针对化"WM"式阵型的特点，为了加强进攻，突破"三后卫"的防线，创造了"四前锋"式，改变了"WM"式中一个中锋突前的进攻战术。

20 世纪 50 年代后期，巴西队吸取了匈牙利队进攻战术变革的成功经验，进一步改善了攻守关系，创造了"四二四"阵型。巴西队采用这种阵型于 1958 年的第 6 届世界杯比赛中获得了冠军，从而彻底动摇了"WM"式的比赛阵型。它既保持了"四前锋"的特点，又弥补了"三后卫"防守的缺陷，使攻守人数布局达到相对平衡。"四二四"阵型成为 20 世纪 60 年代世界基本阵型，被称为足球运动发展史中的第二次变革。

攻守这一对矛盾是推动足球技术、战术发展的动力，技术、战术、身体素质的发展提高，促进了阵型的变化。20 世纪 50 年代出现的"四前锋""四二四"阵型使足球比赛中进攻占了优势。20 世纪 60 年代出现了加强防守的趋势，反映在比赛中中场人数增多，门前 30 米危险区人数众多的密集防守，并出现了"四三三""四四二"等阵型。

3. 第三阶段

1974 年第 10 届世界杯比赛中，荷兰队和德意志联邦队采用了以多攻少的"全攻全守"打法，使足球比赛出现了崭新的面貌，体现了现代足球的最高水平，被称为足球运动发展中的第三次变革。

（二）"全攻全守"阵型特点

"全攻全守"打法通常采用的阵型有"四三三""四四二""一三三三""五三二"及"三五二"等。"全攻全守"打法的出现使人们对比赛阵型的认识和应用起了很大的变化，在这之前讲攻守平衡主要是指攻守人数在阵型排列上的平衡；而"全攻全守"则要求攻守人数在比赛过程中的实际上的平衡，即进攻时队员能上得去，防守时队员能退得回，通过队员的积极活动达到攻守力量的平衡，这种打法大大地加强了进攻的隐蔽性和突然性。

第四节 足球比赛规则简介

一、场　地

国际足联规定：足球比赛场地长 105 米，宽 68 米；线宽 12 厘米；球门宽 7.32 米，高 2.44 米（门柱内沿算起）；角旗高 1.5 米；角球区以 1 米为半径划弧。（图 7-4-1）

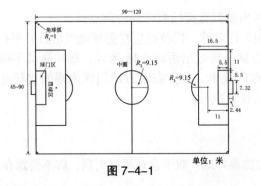

图 7-4-1

二、比赛用球

球圆周为 68～71 厘米，重 396～453 克，充气后压力为海拔 0.6～0.7 千克/厘米。

三、队　员

上场队员不得超过 11 人，必须设守门员 1 人，不足 7 人不得比赛。替换队员必须经裁判员同意后方可入场参加比赛。场上队员不得擅自离开比赛场地。

四、服　装

比赛服装每队应备齐两套，与对方有明显的颜色区别，守门员服装必须与双方的服装颜色有明显的区别。

五、比赛时间

上、下半场各 45 分钟，中间休息 15 分钟；加时赛上、下半场各为 15 分钟，中间不休息。如遇事故不能继续比赛，比赛结果全部无效。

六、点　球

守门员须站在球门线上球未罚双脚不得移动。点球由一队员主罚，其他双方队员退到罚球区外（包括罚球弧外）；点球决胜负，由双方各先出 5 个主罚；如仍然分不出胜负，则由各队每轮派一人主罚决定胜负。

七、越　位

进攻队员在接同队队员传球的一刹那，位于球的前边，而他与对方端线间，防守队员不足 2 人时并有干扰对方或企图从越位位置获得利益（队员仅仅处在越位位置，或直接接得球门球、角球、界外球掷球及在本方半场内，不应判越位）应判越位。

八、犯规与不正当行为

凡是踢人、拉人、撞人、绊人、推人、故意冲撞（目的不是得到球）、打对方队员和用手臂触球者为犯规，由对方罚直接任意球（可直接射门得分）。

如果阻挡、冲撞守门员，或对无球队员进行合理冲撞、危险动作及罚球违例及越位，由对方发间接任意球。

凡是守方在本方罚球区内被判直接任意球的应判点球。

如守方在球门区被判间接任意球，罚球点应在犯规地点最近并平行于端线的球门区线上。

凡在踢任意球时，对方队员需退出距球 9.15 米外，踢球队员不得连踢。在球门区内的间接任意球，守方队员可站在球门线上。攻方在对方球门区内踢间接任意球时，应在距犯规地点最近的与球门线平行的球门区线上执行。

九、掷界外球

罚球队员在球出界地点掷界外球，双手拿球举过头顶，脚不得踩在界内，不得离开地面。

第八章 篮 球

第一节 篮球概述

篮球百科

一、篮球的起源与发展

现代篮球运动的发源地在美国，它是由侨居美国的加拿大人詹姆斯·奈史密斯于1891年发明的。当时他所执教的青年会学校位于美国的马萨诸塞州普林菲尔德市，该地区盛产桃子，一些工人和儿童经常将桃子投向桃筐作为一种嬉戏，奈史密斯从中得到启发，创编了篮球游戏。他将两只桃篮分别钉在健身房的看台栏杆上，距离地面10英尺（3.05米）设篮板，用A型足球作为比赛工具向篮内投掷，以投进对方篮筐多的为胜方。1892年由奈史密斯组织该校教师队和学生队进行了一场篮球对抗赛，这场比赛被认为是篮球史上最早的正式比赛，并产生了最早的13条比赛规则。为了减少篮球投入篮筐后将球取出的麻烦，1913年才改用金属圈篮筐和无底球网，使篮球运动初具雏形。

篮球运动发明以后，很快就成了在美国大受欢迎的男子运动，并迅速向世界各地传播开来，19世纪末20世纪初相继传入加拿大、法国、巴西、俄罗斯、意大利、阿根廷、希腊、西班牙等国。1895年传入中国。1932年，瑞士、阿根廷、希腊等8国在瑞士日内瓦开会并组建了国际业余篮球联合会。1936年，国际业余篮球联合会成功争取到在第11届奥运会上将男子篮球列为正式比赛项目的机会，自此每4年举办一次。而女子篮球，直到1976年第21届奥运会才成为正式的比赛项目。1986年又通过了职业球员可以参加世界大赛的决议，这一重大改革将篮球运动推向了一个崭新的发展阶段。

1995—2007年，中国展开了波澜壮阔的中国男子篮球甲A联赛，12年间，CBA甲A联赛培养了一大批篮球明星，尤其是姚明等球员进军NBA美国职业联赛。2001年底，中国女篮也开始效仿男篮，举办了主客场联赛，即WCBA联赛。目前，篮球运动是中国全民健身运动的热门项目。1996年、2004年、2008年奥运会，中国男篮均进入八强。2011年和2015年男篮亚锦赛，中国队均获得冠军。2016年里约奥运会，中国男篮获得第12名。

二、现代篮球的特点

（一）人文性

世界范围内篮球竞技比赛职业化、商业化、观赏化气息的加重，人文色彩的充实，已使现代篮球运动成为社会文明进步和人们喜闻乐见的人文景观。它引出种种有趣的竞技史事和人物故事，成为在不同人群中进行社会性人文教育的直观课堂，进而达到促进社会和谐、人群博知广识、展现文化、讲究文明的目的，从而促进社会整体人文品位的提高。

（二）职业性

20世纪80年代至90年代，篮球职业化如雨后春笋般在美、欧、澳、亚各大洲迅速发展起来。特别是在国际奥委会同意美国NBA职业球员参加国际大赛后，篮球职业化已成为一种新兴的产业化趋势，优秀球队和球星效应的社会商业化价值发生了新的变化，反映出新世纪篮球运动发展的又一新特点。

（三）商业性

篮球运动商业化的重要特征是篮球运动的组织体制、竞赛赛制、管理机制的商业化气息浓厚，以及运动技能能力价值观的变更。这一系列的变革，一方面促进了篮球运动向更高的竞技水平发展；另一方面又有力地推动了篮球运动向商业化、产业化方向发展。这已成为21世纪世界篮球运动的发展趋势，其社会价值和经济价值还将呈现新的景象。

（四）智谋性

智慧、技艺、体能和默契的配合是当代篮球运动拼争日趋激烈的基础。如何扬长避短、克敌制胜，除需要身材条件、体能素质、技能能力和意志作风等作保障外，更需要篮球文化品位、人文修养、智慧、计谋和精湛的技艺等作保障。因此，从事篮球运动需要在技艺上精益求精，使自己达到"艺高人胆大，胆大艺更高"的境地。

（五）协同性

篮球运动是以两队成员相互协同攻守对抗的形式进行的，集整体的智慧和个人的技术能力为一体，协同配合，反映和谐互助的团队精神和协作风格，并以此获得最佳成效。

（六）凶悍性

篮球运动的攻守对抗是在狭小的场地范围内快速、凶悍地贴身进行的身体对抗。获球与反获球的追击、抢夺，拼智、拼技、拼体，这不但需要具备聪颖的智慧，还需要具备特殊的体能、彪悍的作风和顽强的意志。篮球竞赛的过程，即是强化这种作风的过程。

（七）综合性

当代篮球运动集社会学、人文学、军事学、生物学、科技学、管理学、体育学、竞技学和教育学等学科门类于一体，成为多学科交叉的、多元化的新型边缘性运动，进而有利于广大篮球运动者形成其特有的运动意识、气质、修养、品德、体能和技能，达到强健身体的目的。

（八）转换性

篮球运动当代化的特点之一是突出体现在"快"字上，即快速转换攻守对抗过程。篮球竞赛规则规定，以进攻得分多少定输赢，正如中国大书法家欧阳中石先生，在纪念世界篮球运动100周年诞辰题词所述"百战争高下，一球定输赢"。但进攻又有时间规定攻后必守、守后必攻，攻守不断转换，转换又在瞬间，瞬间变化无常，使比赛始终在快速而和谐的高节奏下进行，给人以悬念，增添观赏乐趣，增智养心。

（九）高空性

篮球比赛是在一定的时间内围绕空间的球和篮展开的攻守对抗，因此，在竞赛过程中必须重视身体的绝对高度与滞空性特点，并有高度的时空观念；时刻强调时间与空间意识，运用各种形式、方法和手段去争夺时间，拼夺空间优势，组合成各种惊奇的战术配合，从而使比赛更具时空性和观赏性。

第二节　篮球基本技术

一、传接球

传接球是篮球比赛中队员之间有目的地转移球，是组织进攻配合和实现战术的基础。

（一）持　球

正确的持球姿势是一切传球技术动作的前提。持球时，双手自然分开，拇指相对成"八"字形，用指根以上部位握住球的两侧后下方，手心空出，两臂弯曲，肘关节下垂，持球于胸前。（图 8-2-1）

图 8-2-1

（二）双手胸前传球

动作要点：手臂伸向传球方向，后脚蹬地，身体重心前移，两手腕下压、外翻，快速地抖腕、拨指将球传出。出球后，手心和拇指向下，其余手指向前。（图 8-2-2）

运用：常用于快速传球推进、阵地进攻时外围队员转移球，以及不同距离的传球。双手胸前传球便于同投篮、突破等技术结合运用。

双手胸前传球

（三）双手头上传球

动作要点：两手握球于头上，前臂稍前摆，利用手腕和手指短促、快速地抖动将球传出。

运用：多用于高个队员转移球给中锋或传给切入篮下的队员。在抢到后场篮板球后，为避免对方封堵，可跳起用双手头上传球。

双手头上传球

（四）双手击地传球

动作要点：与双手胸前传球基本相同，两臂向前下方用力，腕、指快速抖动传球。球的击地点和力量大小要以球反弹后接球队员能顺利接到球为宜。（图 8-2-3）

运用：多用于向内线传球，突破分球，快攻一传和结束段的传球。

双手击地传球

图 8-2-2   图 8-2-3

（五）单手肩上传球

动作要点：以右手传球为例。传球前，左脚向前跨半步，向右转体将球引至右肩侧上方。传球时，上体向左转动并带动肩肘，前臂快速前摆，扣腕，手指用力将球传出。（图 8-2-4）

单手肩上传球

运用：多用于中、远距离传球。在抢到防守篮板球后快攻第一传和接应队员把球传给跑向篮下的队员时，经常运用单手肩上传球。

（六）单手胸前传球

动作要点：持球方法与双手胸前传球相同。传球时，传球手的前臂快速前伸，手腕急促前扣，手腕、手指用力将球传出。（图 8-2-5）

运用：用于近距离和快速传球。如果与防守队员较近，可以突然将球从防守队员头顶或耳旁传过。单手胸前传球便于和双手胸前投篮、运球突破结合运用。

图 8-2-4   图 8-2-5

（七）单手反弹传球

动作要点：单手反弹向前传球的手法与单手胸前传球基本相同，只是手臂向前下方用力，球击地后，反弹给同伴。

运用：这是小个子队员对付高大队员的传球方法。向内线队员和向空切篮下队员传球时，也多用此种传球方式。

二、投　篮

投篮是篮球运动中一项关键技术，是唯一的得分手段。队员多在移动中接球，利用假动作、时间差，或改变方向，或紧贴对手投篮。投篮应与突破、传球等技术相结合，投篮方式多、变化多、出手点高。

（一）原地双手胸前投篮

动作要点：双手持球于胸前，肘关节自然下垂，上体稍前倾，两腿微屈。投篮时，两脚蹬地，腰腹伸

图 8-2-6

展，两臂向前方伸出，手腕同时外翻，最后用拇指、食指和中指将球投出。

运用：此投篮方法能够充分发挥身体和臂部力量，适用于远距离投篮，女生运用较多，罚球中也常用此方法。其特点是握球牢，便于与突破、传球相结合。

原地双手胸前投篮

（二）原地单手肩上投篮

动作要点：以右手投篮为例，右手五指自然分开，向后屈腕、屈肘，持球于肩上；左手扶球，右脚在前，左脚在后，重心放在两腿之间，上体稍前倾，两腿微屈。投篮时，两脚用力蹬地，腰腹伸展从下向上发力，同时提肘且手臂向前上方充分伸展，最后通过食指、中指指端将球投出。球出手后，手腕前屈，手指向下。（图8-2-6）

原地单手
肩上投篮

运用：适用于中、远距离投篮。其特点是出手点高，变化多，较为灵活。

（三）行进间单手高手投篮

动作要点：以右手投篮为例，接球和运球上篮时，在右脚跨出一大步的同时，双手持球，左脚紧接着跨出一小步，用力蹬地起跳。当身体接近最高点时，右手手指向后，掌心向上，托球的下部向球篮的方向伸臂，用食指、中指以柔和力量拨球，将球从指端投出。（图8-2-7）

运用：多在快攻和切入篮下时运用。这种投篮的优点在于出手点高，易用身体保护。

图8-2-7

（四）行进间单手低手上篮

动作要点：以右手投篮为例，接球和运球上篮时，在右脚跨出一大步的同时，双手持球，左脚紧接着跨出一小步，用力蹬地起跳，腾空时间要短。当身体接近最高点时，右手手指向前，掌心向上，托球的下部向上伸展。当接近篮筐时，用食指、中指、无名指以柔和力量向上拨球，将球从指端投出。（图8-2-8）

行进间单手
低手投篮

运用：在快攻、突破中已经超越对手时，多用低手上篮。它具有伸展距离长、出手点离篮筐近的特点。

图8-2-8

（五）原地跳起单手肩上投篮

动作要点：以右手投篮为例，投篮时屈膝降低重心，两脚掌用力蹬地向上

原地跳起单手
肩上投篮

起跳。同时双手举球至肩上，右手托球，左手扶球的左侧方。当身体接近最高点时，左手离球，右臂向前上方伸展，手腕用力前屈，通过食指、中指力量将球投出。球出手后，指、腕自然前屈。落地时，屈膝缓冲。（图8-2-9）

运用：当防守队员离持球队员较近时，持球队员运用传球、突破等假动作，诱使防守队员失去重心而突然起跳投篮。

（六）急停跳起投篮

接球急停跳起投篮动作要点：移动中跳起腾空接球后，两脚同时或先后落地，脚尖对篮筐，两膝弯曲，迅速跳起投篮，投篮出手动作同原地跳起单手肩上投篮。（图8-2-10）

接球急停
跳起投篮

图 8-2-9 　　　　　　　　　　　　　　　　　　图 8-2-10

运球急停跳起投篮动作要点：运球过程中及时降低重心，用跨步急停或跳步急停，持球屈膝跳起投篮，投篮出手动作同原地跳起单手肩上投篮。（图8-2-11）

运用：进攻队员向篮下移动中接球或运球突破时，利用防守队员向后移动防守的惯性，果断运用急停跳投，可达到良好的效果。

运球急停
跳起投篮

图 8-2-11

三、运　球

持球队员在原地或移动中用单手连续按拍和迎引从地面反弹起来的球叫运球。运球是篮球比赛中个人控制球、支配球、突破防守的重要手段，是组织全队进攻配合的桥梁。

（一）高运球

动作要点：抬头，目视前方，上体稍前倾，以肘关节为轴手按拍球的后上方，球的落点在身体的侧前方，球反弹高度约在腰胸之间。

运用：多用于快速直线推进，如以后场向前场推进、快攻接应后的快速推进、摆脱防守接球后加速运球上篮等。

高运球

（二）低运球

动作要点：抬头，目视前方，两膝深屈，身体半蹲，重心下降，上体前倾，手按拍球的后上部，球的落点在身体侧面，球的反弹高度在膝部以下。

低运球

运用：在防守密集、接近防守队员或防守队员抢球时，可运用低运球。

（三）运球急停急起

动作要点：快速运球中运用两步急停，同时按拍球的前上方，用臂、身体和腿保护球，目视前方。急起时，后脚（异侧脚）用力蹬地，上体迅速前倾，手按拍球的后上方，快速起动，加速超越对手。（图 8-2-12）

运球急停急起

运用：当运球队员被防守得很紧时，可利用运球急停—急起—急停的速度变化摆脱对手。

图 8-2-12

（四）体前变向换手运球

动作要点：运球队员在防守队员右侧变向时，用右手按拍球的右侧后上方，使球反弹至左手外侧，右脚迅速向左前跨步，向左侧转体探肩，及时换手继续向前运球。（图 8-2-13）

体前变向
换手运球

运用：当防守队员堵截运球队员进攻路线或运球队员运球接近防守队员时，为了摆脱和突破对手，可运球体前变方向。

图 8-2-13

（五）后转身运球

动作要点：以右手运球为例，右手运球后转身时，把球运到身体后侧，按拍球的右侧前上方，左脚向前跨一步，以左脚的前脚掌为轴，右脚用力蹬地后撤做后转身动作，同时右手向后拉球，然后换左手运球。（图 8-2-14）

后转身运球

运用：当运球队员向防守队员一侧突破被堵截，而且与对手距离较近又无法改用变方向运球时，可用运球后转身从另一侧突破。当运球队员从防守队员右侧突破时，可先主动靠近防守队员左侧，然后用运球后转身突破。

图 8-2-14

（六）背后变向运球

动作要点：运球队员在防守队员右侧变向，变向前开始运球时，要把球控制于身体右侧后方，左脚前跨，右手按拍球侧后方，球经身后拍到左前方，右脚迅速前跨，换用左手运球继续前进，也可用胯下换手运球。

背后变向
运球

运用：当防守队员堵截运球队员，而且与运球队员距离较近时，运球队员为了突破对方而主动靠近对手后，可以运用运球背后变向。

四、持球突破

持球突破是持球队员运用脚步动作与运球技术的结合快速超越对手的一项攻击性很强的进攻技术。

（一）原地持球交叉步突破技术

以左脚为中枢脚，从防守队员右侧突破。两脚左右开立，两膝微屈，持球于腹前，突破前，先做瞄篮或其他假动作。突破时，右脚内侧蹬地，并向左前方迈出一大步，上体左转，右肩向前下压，将球引至左侧，在左脚离地前，用左手推拍球于迈出脚的侧前方。同时，左脚用力蹬地，迅速超越对手。（图8-2-15）

原地持球交
叉步突破

图 8-2-15

（二）原地持球同侧步突破技术

以左脚为中枢脚，从防守队员左侧突破。准备姿势与原地持球交叉步突破相同。突破时，左脚向内侧蹬地，右脚迅速向防守队员左侧跨出，上体稍右转，同时探肩，重心前移。在左脚离地前，用右手推拍球于右脚的侧前方。同时，左脚用力蹬地，加速超越对手。

原地持球同
侧步突破

（三）跳步急停持球突破技术

跳步持球前，应根据自己与防守队员的位置、同伴的传球方向调整好准备姿势，向前或向侧面跳步急停。接球时，要向来球方向伸臂迎球。同时，用一脚蹬地，向前或向侧跃出，在空中接球（一般使用移动方向异侧脚）。然后两脚前后或平行落地，两腿微屈，重心落在前脚掌上。根据防守队员情况，用交叉步或同侧步超越。

跳步急停
持球突破

五、抢篮板球

篮球比赛中，抢篮板球是获得控球权的重要手段之一。一个球队对抢篮板球技术掌握的好坏对在比赛中的主动与被动、胜利与失败有着很重要的影响。抢篮板球的要点如下。

1. 当对方或同伴投篮时，必须想到可能不中，要积极地抢篮板球。
2. 防守时抢篮板球，必须把对手挡在外面，挡人方法如下。

抢进攻　　抢防守
篮板球　　篮板球

（1）前转身挡人：当对手与你的距离稍远、动作很快时，用前转身挡人，前转身挡人比后转身快，但占据面积小。

（2）后转身挡人（图8-2-16）：对方离身体较近，为抢占较大面积，多用后转身挡人。后转身挡人应注意：① 必须贴紧对方，最好用臀部、腰部顶住对方；② 挡住人以后，稍停1秒，再冲到篮下去抢篮板球，因为中距离投篮时，一般球在空中运行1～2秒；③ 要冲到篮下抢占投篮方向的对面，因为球碰到篮圈后，有70%的概率球反弹后落在对面。到篮下立即屈臂，两臂要张开，占据较大空间，腿和腰及全身要用力起跳。要求技术动作力量强，起跳迅速，即使被对方冲撞也不能失去平衡，仍然能跳起来。抢前场篮板球时，只要能挤进一条腿、一只手臂，就要跳起来拼抢。只要手指触到球，就要用力抓紧、下拉，以便控制住球。在空中要转身观察同伴的接应情况，并抓住球，保护好球，将球举到头上，不要拿在胸前。落地同时要向边线一侧后转身，同时观察接应同伴所处位置，以最快的速度一传。一传出手后，借后转身的动作把和自己争抢篮板球的对手挡在后面，立即起动快跑跟进参加快攻。

图 8-2-16

第三节　篮球基本战术

一、进攻战术

（一）传切配合

传切配合是进攻队员之间利用传球和切入技术组成的简单配合。配合要点是切入队员要善于掌握时机，持球队员要及时准确将球传出。

示例：④传球给⑤后，立即摆脱对手的防守，向篮下切入，接⑤的回传球投篮。（图8-3-1）

（二）掩护配合

掩护配合是进攻队员有目的地去选择最适当的位置，运用合理的技术动作，用身体挡住同伴防守者的移动路线，使同伴借以摆脱防守的一种配合。（图8-3-2）

（三）突分配合

突分配合是持球队员运用突破打乱防守部署或吸引防守，并及时将球传给同伴，使同伴获得进攻机会的配合方法。

如图8-3-3所示，⑤突破5的防守欲上篮时，4及时补防，这时⑤将球分给移向空当处的4，④接球后跳投。

（四）策应配合

策应配合是指进攻队员背对或侧对篮筐接球后，与同伴相互配合而形成的里应外合的进攻方法。

如图 8-3-4 所示：⑤ 将球传 ④ 后，向底线做切入的假动作，突然摆脱 5 跑到罚球线后接 ④ 的回传球作策应。④ 传球后摆脱跑到 ⑤ 面前接 ④ 的传球跳投或上篮。

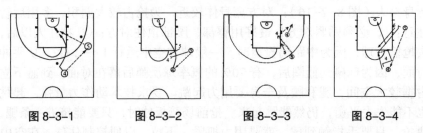

图 8-3-1   图 8-3-2   图 8-3-3   图 8-3-4

二、防守战术

（一）半场人盯人防守

半场人盯人防守是由攻转守时，全队有组织地退回后半场，每个防守队员盯住一个进攻队员，同时协助同伴完成集体防守任务的全队防守战术。它的特点是防守任务明确，机动灵活，能有效地控制对方进攻重点，但它容易被进攻队在局部击破。防守的基本要求是根据对手、球和篮筐来选位。以盯人为主，近球紧，远球松，积极移动，抢占有利位置，破坏对方进攻配合，加强防守的集体性。

防持球队员时，要逼近对手，积极干扰对手的投篮、传球和运球，不让对手持球任意行动。防无球队员时，应切断对手接球路线和防止对手空切篮下，及时调整位置，人、球兼顾，注意协防。

（二）区域联防

区域联防是一种半场防守的全队战术，是指由攻转守时，防守队员退回半场，每人分工负责防守一个区域，严密防守进入该区域的球和进攻队员，并与同伴协同防守的集体防守战术。它的基本要求是在分工负责防守区域基础上，5 个队员必须协同一致，积极随球移动，以防球为主，人、球兼顾。

防持球队员时，要按人盯人防守的要求。防无球队员时，离球近的防守队员要抢占有利的防守位置，减少对手在有威胁的区域内接球的机会，同时还要协助同伴进行"关门""补防"等防守配合。离球远的防守队员要防其"背插""溜底线"。

"2-1-2"联防是区域联防的基本形式。5 个队员的位置分布均匀，移动距离短，便于相互协作。"2-1-2"联防适用于防守外围运球突破和夹击中锋。同时也便于控制后场篮板球发动快攻（图 8-3-5）。防守的薄弱环节是防区的衔接处，即图 8-3-6 中的阴影部分。

   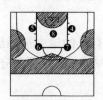

图 8-3-5   图 8-3-6

第四节 篮球比赛规则简介

一、比赛时间

国际篮联规定比赛应由 4 节组成，每节 10 分钟。在第 1 节和第 2 节（上半时）之间，第 3 节和第 4 节（下半时）之间以及每一次决胜期之间应有 2 分钟的比赛休息时间。半场比赛休息时间为 15 分钟。如果在第 4 节时间终了时比分相同，需要一个或多个 5 分钟的决胜期延续比赛，直至决出胜负。

二、比赛场地

国际篮联的主要正式比赛所规定的篮球场是长 28 米，宽 15 米，球场的丈量是从界线的内沿量起，场地总面积为 420 平方米。（图 8-4-1）

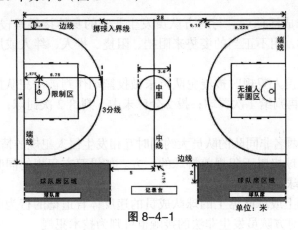

图 8-4-1

三、暂 停

每队在 4 节比赛中共可请求 5 次暂停。其中，上半时的任何时间每队可准予两次暂停；下半时任何时间每队可准予 3 次暂停。每一决胜期的任何时间可准予 1 次暂停，未使用的暂停不得用在下一个决胜期。

四、替换队员

在宣判争球、犯规时，请求暂停被允许时，队员受伤或其他原因裁判员中断比赛时，双方可替换队员，在一次替换机会中替换队员的人数不限。一位替补队员有权要求替换，他应亲自到记录台用手势请求替换，然后在指定的替换位置上等待替换机会，替换应以最快的速度完成。

五、违 例

违例是违反规则的行为。发生违例时应将球判给对方在就近的线外掷界外球。下列情况应为违例。

1. 两次运球、带球跑、脚踢球和拳击球。

2. 控制球队的队员在对方限制区内持续停留超过 3 秒。

3. 持球队员被严密防守，持球后在 5 秒内没有传球、运球或投篮。

4. 进攻队从后场控球开始，在 8 秒内没有将球带入前场。

5. 控球球队的队员在前场使球回后场。

6. 进攻队在场上从控球开始，在 24 秒内没有出手投篮。

7. 跳球时，球未到最高点，跳球队员触球或离开自己的位置，球未拍击前，非跳球队员进去跳球圈。

8. 掷界外球时，掷球的队员跑进场地或球离手前消耗时间超过 5 秒，在球触及另一队员前掷界外球的队员在场内与球接触。

9. 罚球时罚球队员踩踏罚球线；罚球队员在 5 秒内未出手投篮，最后一次罚球未成功时球未触及篮圈；非罚球队员触及罚球区或干扰罚球队员。

六、犯　规

犯规是对规则的违犯含有非法身体接触和不道德行为的举止。队员每次犯规都应进行登记，并按相关规则进行处罚。

1. 侵人犯规：在球成活球后，与对方队员发生非法的身体接触是侵人犯规。队员伸展臂、肩、髋或过分弯曲身体，用不正当的姿势来阻挡、阻挠、推人、绊人或用粗野的动作发生的身体接触都属于侵人犯规。

罚则：如果在发生侵人犯规时被侵犯队员未做投篮动作判被侵犯队掷界外球。如果有投篮动作，投中得分有效，再判给 1 次罚球；投 2 分球未中，判给 2 次罚球；投 3 分球未中，判给 3 次罚球。

2. 双方犯规：是指两名非同队的队员大约同时互相发生侵人犯规的情况。

罚则：双方犯规后球权属于犯规前持球的一方。如果双方犯规的同时有投篮，投中得分有效，对方在端线掷界外球。

3. 技术犯规：对场上或球队席上的球队成员的违反体育道德的行为或违例的处罚是技术犯规。在球成活球前，与对方队员发生非法的接触也可判为技术犯规。

罚则：被侵犯方罚球之后在记录台对面的中线延长线部分掷界外球。

4. 违反体育道德犯规：一名队员不是在规则的精神和意图的范围内试图去直接抢球，发生的身体接触犯规属于违反体育道德犯规。

罚则：被侵犯方罚球之后在记录台对面的中线延长线部分掷界外球。

5. 取消比赛资格的犯规：凡属十分恶劣的不道德行为（包括队员、替补队员、教练员或随从人员任何恶劣的违反体育道德的行为）以及两次违反体育道德犯规属于取消比赛资格的犯规。

罚则：犯规者被取消比赛资格，并不能停留在队伍的替补席和场地内，被侵犯方罚球之后在记录台对面的中线延长线部分掷界外球。

6. 队员全场犯规累计达 5 次，必须自动退出比赛。

7. 在一节比赛中某队全队累计犯规达到 4 次时，第 5 次发生的对未做投篮动作的队员的侵人犯规应被判罚 2 次罚球，在决胜期内犯规次数应在第 4 节结束时犯规总次数的基础上进行累计。

第九章 排 球

第一节 排球概述

排球百科

一、排球的起源

排球发明于 1895 年，最初叫作"mintonette（小网子）"。有记录的第一场比赛于 1896 年在美国马萨诸塞州的斯普林菲尔德大学举行。20 世纪早期，排球运动在北美洲流行开来。1949 年，首届排球锦标赛在捷克布拉格举行。1924 年，排球作为表演项目亮相巴黎奥运会，并于 1964 年成为正式奥运项目。

排球是一项高体能的、在两支各 6 人的队伍之间进行的比赛。目的是击球过网使对方在球落地之前不能有效回球以得分。防守队员全场跑动救球并将球传给其他处于进攻状态的队友，进攻球员跳起将球猛扣过网。排球也是一项受欢迎的休闲运动，各年龄段、各种水平的人均可参与。据统计，全世界有超过 8 亿人每周至少打一次排球，因此，有人称排球是世界上最受欢迎的运动之一。

二、排球的锻炼价值

打排球会刺激手指上分布的三阴三阳经，对人体的脾、心、肺和肾等脏器会产生积极影响。

打排球能有效地增强腰背肌力，缓解腰背部肌肉劳损，是一项适宜久坐、久立职业工作者的体育运动；排球也是一项上下肢参与较多的运动，它能提高人的空间预判能力。建筑施工、烹饪、机械制造和汽车运用与维修等专业的学生常常参加排球运动，有利于身体素质的提高。

经常参加排球运动有利于学生们养成协作配合和遵守规则的良好习惯，有助于他们学会与同伴友好相处，提高表达和有效沟通的技巧。

第二节 排球基本技术

排球的基本技术包括准备姿势与移动、传球、垫球、发球、扣球和拦网 6 大类。

一、准备姿势与移动

（一）准备姿势（图 9-2-1）

两脚左右开立，比肩稍宽（或一脚稍前），两脚尖适当内扣，脚跟稍抬起，膝关节弯曲，上体自然前倾，重心稍靠前，两臂放松弯曲置于腹前，眼看球，两脚始终保持微动。准备姿势主要用于一般的垫球、接发球等，当接扣球和接拦回球时膝关节弯曲的程度要更大。按照身体重心的高中低，准备姿势可分为稍蹲、半蹲和低蹲。

准备姿势

图 9-2-1

（二）移 动

移动是为了迅速接近球，保持好人与球的位置关系，以保证击球动作的合理，便于击球。迅速的移动可占据有利的位置，争取时间和空间的优势。比赛中常用的移动步法有并步、滑步、交叉步、跨步、跑步和后退步。

移 动

1. 并步与滑步

当身体距来球一步左右的距离时采用并步，主要用于传球、垫球和拦网等技术。如向左移动，首先右脚蹬地，左脚先向左侧跨出，右脚迅速并上成击球前的准备姿势。当来球距离身体较远时，可做连续快速并步接近来球，连续并步被称为滑步。

2. 交叉步

当身体距离来球 2 ~ 3 米的距离时采用交叉步。如向左移动，身体稍向左侧转动，右脚先向左脚前方交叉跨出一步，然后左脚再向左跨出，同时身体转向来球方向，保持击球前的姿势。（图 9-2-2）

3. 跨 步

当来球较低，距离身体 1 米左右时采用跨步。跨步可单独使用，也可与滑步、交叉步和跑步的最后一步结合使用。采用跨步移动时，一脚用力蹬地，另一脚向来球方向跨出一大步，同时膝部弯曲，上体前倾，身体重心下降并移至跨出腿上。（图 9-2-3）

图 9-2-2　　　　　　　　　　　　　图 9-2-3

4. 跑　步

当身体距离来球较远时采用跑步。首先判断好来球的方向，两臂用力迅速摆动，逐步加大步幅，加快步频。在接近来球时，降低重心并减速制动，做好击球准备。

5. 后退步

当来球在身体背后时，来不及迅速转身时采用。移动时，身体重心适当降低，两脚迅速交替向后退步，上体不要后仰。

二、垫　球

垫球技术是接发球、接扣球以及后排防守的主要技术动作，是组织反攻战术的基础，有正面双手垫球、体侧双手垫球、背向双手垫球、单手垫球、跨步垫球、让垫球和挡球等。

垫　球

（一）正面双手垫球

正面双手垫球是最基本、最常用的垫球技术。垫球时，两手臂对准垫球方向伸直插向球下手交叉重叠合掌互握，两拇指平行向前，两手根靠紧，两臂夹紧，手腕下压，两小臂外旋，使前臂腕关节以上 10 厘米处形成垫击球的平面。击球时，借助蹬地、提腰、提肩、抬臂、压腕的协调力将球击出。（图 9-2-4）

（二）体侧双手垫球

当来球在体侧时，可采用体侧垫球技术。左侧垫球时，先以右脚前脚掌内侧蹬地，左脚向左跨出一步，重心移至左脚，并保持两膝弯曲。与此同时，两臂伸直向左侧伸出，使左臂高于右臂，右臂微向下，击球时用右转体和收腹的动作，配合提肩、抬臂，在身体左侧稍前的位置截住球，两臂垫击球的后下部。来球在右侧时，以相反方向的动作击球。（图 9-2-5）

图 9-2-4　　　　　　　　　　　图 9-2-5

（三）背向双手垫球

常在接应同伴来球或第三次处理过网球时采用背向双手垫球。背垫时要判断好球的飞行方向，迅速移动到球的落点处，背对出球方向，两臂夹紧伸直，插在球下。击球时，蹬腿抬头挺胸，展腹后仰，直臂向后上方摆动抬送球。

85

（四）单手垫球

当来球快速飞向体侧较远距离，来不及用双手垫球时可采用单手垫球。单手垫球动作快，手臂伸得远，击球范围大。但由于触球面积小，控制球的能力比双手垫球差，所以能用双手垫球时，尽量不用单手垫球。运用单手垫球时用前臂内侧、掌根下部。如来球低，也可用手背插入球下做铲球动作将球垫起。

（五）跨步垫球

队员向前或向侧跨出一步的垫球方法被称为跨步垫球。适合于来球距身体1米左右，来球弧度较低或速度较快，来不及正对来球时使用。

判断来球的落点，及时向前或向侧跨出一大步，屈膝制动，重心落在跨出腿上，上体前倾，臀部下降，两臂插入球下击球的后下部。

（六）让垫球

当来球弧度平、速度快，前冲而追胸时，将身体向侧移动，正面避开来球的飞行路线，让球飞向体侧，用体侧垫球的方法将球垫起叫作让垫。让垫技术主要运用在接弧度较高的冲飘球时。

（七）挡　球

当来球高、速度快、力量大，不便于垫球和传球时，可用双手或单手在胸前以上挡击来球。双手挡球的手型有抱拳式和并掌式两种。

抱拳式是由两肘弯曲，一手半握拳，另一手外抱，两手掌外侧所形成的平面朝前；并掌式是由两肘弯曲，两手虎口交叉，两手掌外侧合并成勺形的击球面朝前。挡球时，手臂屈肘上举，肘部朝前，手腕后屈，以手掌外侧和根部所组成的平面挡击球的后下部。手腕要紧张，用适度的力量将球向前上方挡起，击球点一般在脸额或两肩的前上方。

单手挡球时手臂屈肘上举，肘部向前，手腕后仰，用掌根或拳心平面击球的后下部，击球瞬间手腕要紧张。如球体位置较高，还可以跳起挡球。

（八）其他部位垫球

当来球速度快，非常突然，来不及移步、降低重心、伸臂击球和侧身让球时，可用身体其他部位来垫球，如体侧屈肘垫球（主要利用上臂外侧部位）、胸部垫球、头顶球等击球技术。因规则的变化，使得身体各部位都有可能触及球体的技术逐步发展，丰富了垫球技术的多样性。

脚垫球主要是当来球远而低、变化突然、时间短促，无法用其他垫球技术来击球时采用，属应急性技术动作。脚垫球主要有脚背垫球和脚内侧垫球两种。

1. 脚背垫球：动作方法以一脚为支撑，另一脚迅速向来球方向伸去，利用伸大腿、摆小腿的动作，使脚背插入球下。击球，利用小腿继续上摆、脚踝上挑的动作，以脚背上部触球的下部（或侧下部）将球垫起。脚背垫球后，若身体失去平衡，可采侧倒地或后倒坐地等动作进行自我保护。

2. 脚内侧垫球：动作方法与脚背垫球相似，但在击球时后脚尖要上翘，脚踝紧张，以脚内侧部位垫球的后下部。

三、传　球

传球是排球比赛中的一项重要技术，也是排球比赛中的防守和反攻的衔接技术，它的好坏直接影响战术配合的质量，关系到扣球效果，包括正面传球、背向传球、侧向传球和跳起传球四种。

传　球

（一）正面传球

1. 准备姿势

正对来球，两脚开立，两膝稍弯曲，上体挺起，仰头看球，两手自然抬起，屈肘，两手成传球手型。

2. 手 型

双手自然张开微屈成半球形，手腕后仰，拇指相对成近似"一"字形置于额前，以拇指内侧，食指全部，中指的二、三指节触球的后下部，无名指和小指在球的两侧辅助控制球的方向。（图9-2-6）

3. 传 球

传球时，主要以蹬地、伸膝、伸臂的协调动作和手指、手腕的弹力将球传出。击球点在额前上方一球距离处。（图9-2-7）

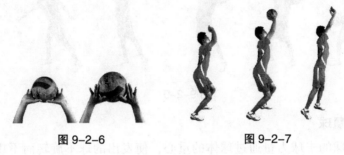

图9-2-6　　　　　　　　　图9-2-7

（二）背 传

背对传球目标的传球被称为背传，主要用于组织进攻。传球前背对传球目标，上体保持正直或稍后仰，击球点比正面传球要高，迎球时，微仰头挺胸，在下肢蹬地的同时，上体向后上方伸展，击球时手腕适当后仰，掌心向上，拇指击球的下部，利用抬臂、送肘的动作和手指、手腕的弹力将球向后上方传出。

四、发 球

发球是比赛的开始，也是进攻的开始，还是主要得分手段。发球技术包括正面下手发球、侧面下手发球、正面上手发球、正面上手发飘球、勾手发飘球、勾手大力发球、跳发球等。

（一）正面下手发球

正面下手发球动作较简单，容易掌握，准确性高。但球速较慢，力量小，攻击性较差，一般适用于初学者。发球时面对球网，两脚前后站立，左脚在前，两膝弯曲，上体前倾，左手持球于腹前右下方。左手将球平稳抛起在体前右侧，球离手一球左右高度，同时右臂伸直，以肩为轴向身体后方摆动，右脚蹬地，身体重心随右臂由后向前摆动而前移，在腹前用全掌或掌根击球的后下方。（图9-2-8）

正面下手发球

图9-2-8

（二）正面上手发球

正面上手发球便于观察对方，发球的准确性大，易控制落点。发球时，能利用身体动作，加大发球的力量和速度，具有一定的攻击性。面对球网站立，左脚在前，左手托球于体前。将球平稳地抛向右肩前上方，高度适中，同时，右臂抬起屈肘后引，肘与肩平，上体稍向右转，抬头挺胸展腹，手掌自然张开。利用蹬地、转体、收腹带动手臂向前上方快速挥动，在右肩前上方伸直手臂的最高点处，用全掌击球的中下部。击球时，手指和手掌要张开与球吻合，手腕要迅速做推压动作，使球上旋飞行。击球后，随着重心前移，迅速入场。（图9-2-9）

图9-2-9

（三）正面上手飘球

由于正面上手飘球的击球力量通过球体的重心，使发出的球不旋转而不规则地飘晃飞行，使接球者难以判断其飞行路线和落点，所以攻击性和准确性较高，在各类比赛中均被男女队员广泛采用。正面上手飘球的准备姿势近似上手发球，但左手持球的位置较高，约在胸前，左手将球平稳地抛至右肩前上方，高度应稍低于正面上手发球，并稍靠前些。同时右臂屈肘抬起并后引，肘高于肩，当球上升至最高点时，收小腹带动手臂快速挥动，以掌根坚硬平面击球的后中下部，使作用力通过球体重心。击球时，五指并拢，掌心向前，手腕紧绷并稍后仰，用力快速、突然、短促，击球后要有突停动作。

五、扣　球

扣球是进攻中最积极、最有效的得分手段，也是衡量一个球队进攻能力和比赛能否取胜的重要因素之一。扣球的威力体现在速度、力量、高度、变化和技巧等方面。扣球由准备姿势、助跑、起跳、空中击球和落地动作衔接而成，主要有正面扣球、扣快球、单脚起跳扣球、调整扣球和自我掩护扣球。

（一）正面扣球

正面扣球是扣球技术中最基本的一种方法。初学者必须掌握好正面扣球后，再学习其他扣球技术。（图9-2-10）

1. 准备姿势

助跑前采用稍蹲姿势，两臂自然下垂，在离网3米左右处，观察判断，做好向各个方向助跑起跳的准备。

2. 助　跑

助跑的步数要视球的远近和个人习惯采用一步、两步、三步等不同的步法。扣球助跑可采用并步起跳、跨跳起跳。一般采用两步助跑。助跑时，左脚先向前迈出第一步，紧接着右脚跨出一大步，左脚及时并上，踏在右脚前，两脚尖稍内扣，准备起跳。

3. 起 跳

在助跑跨出最后一步，左脚并上踏地制动的同时，两臂自后积极向前摆动，随着双腿蹬地向上起跳，两臂配合起跳有力地向上摆动。

4. 空中击球

起跳后，挺胸展腹，上体稍向右转，右臂屈肘上举后引，置于头的右侧后方，身体成反弓形。挥臂时，以迅速转体、收腹动作发力，依次带动肩、肘、腕向前上方成鞭甩动作挥动。击球时五指微张，以全手掌包满球，在手臂伸直的最高点前上方击球的后中部，同时主动用力屈腕屈指向前推压，使球产生上旋飞行。

5. 落 地

击球后，顺势收臂以免触网。落地时，双脚前脚掌先着地，然后过渡到全脚掌。着地的同时，顺势屈膝、收腹，缓冲下落力量。

图 9-2-10

（二）单脚起跳扣球

单脚起跳扣球比双脚起跳扣球动作要快 0.2 秒左右，还能充分利用助跑速度，比双脚起跳扣球冲得更远、跳得更高，兼有位置差和时间差的特点，对突破和避开拦网有较大作用。单脚起跳扣球可采用一步、两步或多步助跑，助跑的路线与球网的夹角宜小，以免造成前冲力过大而碰网或过中线犯规。助跑的最后一步以左脚向扣球点位置跨出一大步，身体重心稍后仰，在右脚向上摆动时，左脚用力蹬地起跳，两臂积极配合上摆，起跳后的扣球动作与正面扣球基本相似。

六、拦 网

拦网是防守的第一道防线，也是反攻的重要环节。成功的拦网可以直接拦死或拦回对方的扣球，直接得分或使本方由被动变为主动，削弱对方的进攻力量，减轻本方防守的压力。目前，随着扣球技术朝着力量、高度、速度等方面发展，更加突出了拦网的重要性。

拦 网

拦网有单人拦网和集体拦网。拦网由准备姿势、移动、起跳、空中击球和落地动作衔接而成。

（一）单人拦网（图 9-2-11）

1. 准备姿势

面对球网，两脚左右开立，约与肩同宽，距网 30 ～ 40 厘米，两膝微屈，两臂屈肘置于胸前。

2. 移 动

通常采用沿中线的平行并步或交叉步移动，在距球较远时可采用跑步法移动。

3. 起 跳

起跳时重心降低，两膝弯曲，用力蹬地，使身体垂直起跳，两臂以肩发力贴近身体向上摆动，帮助身体跳起。两手从额前沿球网向上方伸出，两臂伸直并平行，肩上提。

4.空中击球

拦网时，两臂应伸过网去接近球。两手自然张开，屈指、屈腕成勺形。当手触球时，两手要突然张开，手腕下压盖在球的前上方。拦网后要做含胸动作，以保持身体平衡。

5.落 地

手臂要先后摆或上提，从网上收回至本方上空，再屈肘向下收臂，以免触网。同时屈膝缓冲，双脚落地。随即转身面向后，做下一个动作的准备。

图 9-2-11

（二）集体拦网

集体拦网有双人拦网和三人拦网两种。集体拦网技术动作除要求具备个人拦网技术要求外，还应着重注意互相配合。以双人拦网为例，双人拦网是集体拦网的主要形式，常由 2、3 号位或 3、4 号位队员组成双人拦网，针对中路进攻，则可能组成 3 号、2 号与 4 号位队员的 3 人拦网。

第三节 排球基本战术

排球战术是队员在比赛中根据排球规则和排球运动特点，以彼我双方的具体情况和临场的发展变化为依据，有意识地运用技术配合所采取的有组织、有目的、有预见性的行动，一般分为个人战术和集体战术两大部分。

一、排球阵容配备

阵容配备就是合理地使用本队队员的一种组织手段。目的在于把全队的力量有效地组织起来，最大限度地发挥每一个队员的特长和作用，发挥总体优势。基本形式主要有"4-2"配备、"5-1"配备两种类型。

（一）"4-2"配备

"4-2"配备即安排 2 个二传手站在对角的位置上，2 个主攻手和 2 个副攻手分别站成两个对角，使前排在任何时候都能保持 1 个二传手和 2 个进攻手，以充分发挥攻击力量。

（二）"5-1"配备

"5-1"配备即安排 1 个二传手和 5 个进攻手，这种配备攻击性强，容易组织快速多变的进攻战术。

二、交换位置

为了有效地发挥每个队员的特长,加强攻防力量,弥补阵容配备上的某些缺陷,在规则允许的条件下,可以采用换位的方法。当发球队员击球后,双方可以在本方场区任意交换位置。一般有下列几种情况。

(一)前排队员之间的换位

1.为了便于组织进攻,可把二传换到 2 号位或 3 号位。

2.为了加强进攻力量,可把进攻力量最强的队员换到 4、2 号位,善于扣快球的队员换到 3 号位。

3.为了加强拦网,可把拦网能力强的队员换到 3 号位或对方主攻队员相应的位置上。

(二)后排队员之间的换位

1.为了发挥个人的特长,可采用专位防守,把后排队员换到各自专守的区域内。

2.为了在比赛中便于运用"插上"战术,可把二传换到 1 号位或 6 号位,以缩短插上的时间。

三、基本战术

(一)进攻战术

1."中二三"进攻战术

由前排中间 3 号位做二传手,将球传给 4、2 号位或后排 3 名队员进攻的组织形式。

2."边二三"进攻战术

由前排 2 号位做二传手,将球传给 3、4 号位或后排 3 名队员进攻的组织形式。

3."插三二"进攻战术

由后排 1 名队员在对方发球后,从后排插上到网前 2、3 号位之间做二传,将球传给前排 3 名队员或后排 2 名队员进攻的形式。有 1、6、5 号位插上三种方法。这种进攻最大的特点是前排保持 3 点进攻,战术变化多,但对二传的要求较高。

(二)防守战术

1.五人接发球战术

除 1 名二传在网前站立或后排插上外,其余 5 名队员担负一传任务:①"中、边一二"进攻阵型:前排中或前排边队员作二传将球传给其他 2 名前排队员扣球的进攻阵型;②"插上"进攻阵型:后排队员插到前排作二传,将球传给前排 3 名队员扣球的进攻阵型。(图 9-3-1)

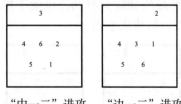

"中一二"进攻　　"边一二"进攻

图 9-3-1

2.接发球站位阵型

(1)5 人接发球站位阵型及负责区域(图 9-3-2)

①"一三二"阵型,也称"W"形。其是初学者进行比赛的最基本站位阵型。其特点是 5 名队员分布均衡,前面 3 人接前区球,后面 2 人接后区球,职责分明。但由于队员之间的交界

点相应增多，会出现相互干扰和互抢互让的现象。

②"一二一二"阵型，也称"M"形。其特点是5名队员分布均衡，分工明确，前面2人接前区球，中间的人接中区球，后面2人接后区球，有利于接落点分散、弧度高、速度慢的球。但不利于接落点集中在场地两腰及后区的大力球和平冲飘球。

③"一"字形站位阵型。其是对付跳发球、大力发球、平冲飘球的有效站位阵型。这几种发球的落点大多集中在球场中后区，接发球时，5名队员"一"字形排开，左右距离较近，每人守一条线，互不干扰。

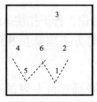 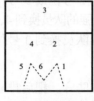 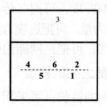

"W"形站位阵型　　"M"形站位阵型　　"一"字形站位阵型

图9-3-2

（2）4人接发球站位阵型及负责区域（图9-3-3）

 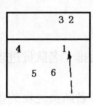 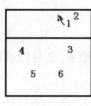 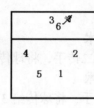 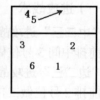

图9-3-3

此外还有3人及2人接发球站位阵型。

3.接扣球站位阵型（图9-3-4）

主要介绍双人拦网时的防守阵型。

（1）"边跟进"防守阵型：也称为"马蹄形"，对防守对方大力扣球及多变战术有利，其弱点是球场中间空隙较大，可采用灵活跟进来解决这个问题。

（2）"心跟进"防守阵型：由6号位队员跟进防吊球及前区球，称为"心跟进"防守阵型。如对方4号位进攻时，本方2、3号位队员拦网，4号位队员撤到4米左右防守，6号位队员跟至拦网队员3米附近防守，5、1号位队员防守后场，每人负责一个防区。

此站位阵型对接吊球和拦网弹起的球较为有利，也便于接应和组织反攻，但后场只有2人防守，空隙较大，后场中央和两腰容易造成空当。

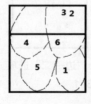 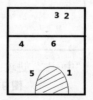

图9-3-4

（三）进攻打法

1. 强攻：强攻指在没有同伴掩护的情况下，在对方有准备的拦防情况下，强行突破的进攻。强攻的二传球较高，根据不同的二传球位置，可以分为集中进攻、拉开进攻、围绕进攻、调整进攻等，后排队员的高球进攻也属于强攻的打法。

2. 快攻：快攻指扣二传传出的各种平快球。以及利用这些平快球作掩护所组成的各种战术配合，可以分为平快球进攻、自我掩护进攻和快球掩护进攻三类。平快球分为近体快、短平快、背快、背平快、平拉开、背溜、调整快、远网快、后排快和单脚起跳快等。自我掩护进攻分为"时间差"进攻、"位置差"进攻、"空间差"进攻，其中"空间差"进攻包括"前飞""背飞""拉三""拉"等。快球掩护进攻包括交叉进攻（如前交叉、后交叉、背交叉、反交叉和假交叉）；梯次进攻；夹塞进攻；双快和三快进攻；双快一跑动进攻；"立体"进攻。

第四节　排球比赛规则简介

一、场　地

排比赛场区为 18 米 × 9 米的长方形，其四周至少有 3 米宽的无障碍区。比赛场区上空的无障碍空间从地面量起至少高 7 米，其间不得有任何障碍物。国际排联组织的正规比赛：无障碍区应是自边线以外 5 米，自端线以外至少 6.5 米，比赛空间则应自地面以至少 12.5 米没有任何障碍物。所有的线宽 5 厘米，其颜色应该是与地面以及其他画线不同的浅色。（图 9-4-1）

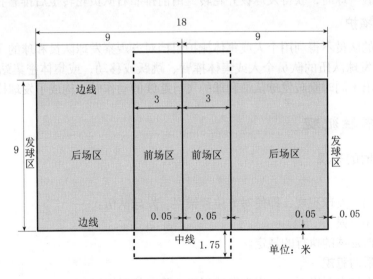

图 9-4-1

二、队员的替换

比间断是完整的比赛过程后至下一次裁判员鸣哨发球之间的时间。常规的比赛间断只有暂停和换人。每局比赛中，每支队伍最多可以请求两次暂停和六人次换人。

合法比赛间断次序：

1. 在同一次比赛间断中，可以请求一次或两次暂停，一个队伍请求换人后，另一个队伍也可以请求换人。

2. 在同一次比赛间断中，同一队伍不得连续提出换人请求。但在同一次换人请求中可以替换两名或更多的队员。

3. 同一队伍再次请求换人必须经过一次完整的比赛过程（因受伤或被判罚出场或取消比赛资格造成的强制替换除外）。

请求合法比赛间断：

1. 只有教练或教练缺席时场上队长可以请求正常比赛间断。

2. 一局开始前请求换人是允许的，但应该计算在该局的正常换人次数之内。

三、发球规则

自后排靠右的队员在发球区内将球击出而进入比赛的行动是发球。

（一）首先发球

第1局和第5局由抽签选定发球权的队伍首先发球。其他各局由前一局未首先发球的队伍首先发球。

（二）发球次序

1. 队员发球的次序按位置表上的顺序进行。

2. 一局的首先发球之后，队员按下列规定进行发球：

当发球队胜一球时，原发球队员（或其替补队员）继续发球。

当接发球队胜一球时，获得发球权并轮转，由前排靠右队员轮转至后排靠右位置发球。

（三）发球掩护

1. 发球队伍的队员不得利用个人或集体掩护阻挡对方观察发球队员和球的飞行路线。

2. 发球时，发球队伍的队员个人或集体挥臂、跳跃或移动，或集体密集站立并在球通过球网垂直平面前做出了同时隐蔽发球队员和球的飞行路线的动作时，构成了发球掩护。

四、技术性犯规

（一）发球时的犯规

1. 发球犯规

下列犯规应判为发球犯规，即使对方位置错误。发球队伍：

（1）发球次序错误。

（2）没有遵循发球的执行的规定。

2. 发球击球后的犯规

（1）球被击出后出现以下情况仍为发球犯规（除非位置错误）：

（2）球触及发球队伍队员或球的整体没有从过网区通过球网垂直平面。

（3）界外球。

（4）球越过发球掩护。

（二）击球时的犯规

1. 4 次击球：一个队伍连续击球 4 次。
2. 借助击球：队员在比赛场地内借助同伴或任何物体的支持进行击球。
3. 持球：球被接住和／或抛出，而不是被弹击出。
4. 连击：一名队员连续击球两次，或者球连续触及身体不同部位。

（三）触网犯规

1. 击球行为触及标志杆以内部分即为犯规。
2. 击球行为包括（但不限于）起跳、击球（或试图击球）、落地至准备下一个动作。
3. 队员可以触及网柱、网绳或标志杆以外的其他任何物体，但不得干扰比赛。
4. 由于球击入球网而造成的球网触及队员，不为犯规。

（四）进攻性击球的犯规

1. 在对方空间击球。
2. 击球出界。
3. 后排队员在前场区完成进攻性击球，并且击球时球的整体高于球网上沿。
4. 在前场区内对高于球网上沿的对方发球完成进攻性击球。
5. 自由防守队员对高于球网上沿的球完成进攻性击球。
6. 队员在高于球网处，对同队伍自由防守队员在前场区用上手传出的球完成进攻性击球。

（五）拦网犯规

1. 在对方的进攻性击球前或者击球的同时，在对方空间完成拦网。
2. 后排队员或自由防守队员完成拦网或者参加了完成拦网的集体。
3. 拦对方的发球。
4. 拦网出界。
5. 从标志杆以外伸入对方空间拦网。
6. 自由防守队员试图进行个人或参加集体拦网。

五、界外球

下列情况为界外球。
1. 球接触地面的所有部分全部在界线之外。
2. 球触及场外物体、天花板或非场上比赛队员。
3. 球触及标志杆、网绳、网柱或球网标志带以外的部分。
4. 球的整体或部分从过网区以外过网（球通过球网时可以触及球网除外）。
5. 球的整体从网下空间穿过。

第五节 气排球

一、气排球概述

气排球运动是一项集运动、休闲、娱乐为一体的群众性体育项目，作为一项新的体育运动项目，如今已经受到越来越多老年朋友的青睐。气排球由软塑料制成，比赛用球重约120克，比普通排球轻100～150克；圆周为74～76厘米，比普通排球圆周长15～18厘米；比赛场地为13.4米×6.1米（采用羽毛球场地即可），比普通场地长宽各少5米和3米；比赛网高男子2.1米，女子1.90米，混合网2.00米。参赛队员为5人。球的颜色为黄色，其打法和记分方法与竞技排球基本相同。

（一）气排球的起源与发展

排球运动对于中国人来说并不陌生，但竞技排球终究对技战术和参赛选手的各项素质要求非常之高，在平民百姓中推广普及有着一定的难度。

气排球是中国土生土长的一项群众性排球活动。1984年，呼和浩特铁路局集宁分局为了开展老年人体育活动，在没有规则限制的情况下，组织离退休职工用气球在排球场上打着玩。由于气球过轻且易爆，他们将两个气球套在一起打，最后又改用儿童软塑球。随后又参照6人排球规则制定了简单的比赛规则，并将这种活动形式取名为气排球。

气排球作为全国老年体协的五大竞技项目之一，自从中国火车头老年体协首先推出该项目以来，先后在浙江、福建、上海、江苏、湖南、广西、重庆等地得到了很好的推广，打球健身的老年人越来越多，尤其以广西最为普及。

气排球由于运动适量、不激烈，男女都可以混合进场参与，适合各个年龄层次的人进行强身健体活动。

（二）气排球的特点

1. 球质软，富有弹性，手感舒适，不易伤人。
2. 球体大，圆周为75～78厘米，重量轻，120～125克。
3. 球网低，男高2.10米，女高1.90米，混合网高2.00米。
4. 可以采用羽毛球场地。全场长13.4米，宽6.1米，室内外均可开展活动。

气排球属于一项老少皆宜的群众性体育运动，简单易学。每个场只需要10个人就可以开始运动。集体性极强，必须协调配合，有利于表现团结奋进和展现道德风范。规则宽，人体任何部位触球都可以，有时候为了救球，手来不及的情况下，可以用脚踢，只要按规则要求，将球打到对方场内地面上空为有效。气排球好学易懂，是一项老少皆宜的群众性运动。

二、气排球比赛规则简介

（一）队 员

1. 每队最多可有8名队员，队员上衣必须有号码，应是在1号至8号之间。身前号码10平方厘米，身后号码15平方厘米。场上队长应在上衣胸前有一明显标志。

2. 教练员和队员应了解并遵守规则，以良好的体育道德作风服从裁判员的判定。如有疑问只有场上队长可向裁判员请求解释，教练员不得对判定提问异议或要求解释。

3. 教练员和队员必须尊重裁判和对方队员，不得以任何行为影响裁判的判断。不得以任何行动和表现去拖延死球时间或被认为有意延误比赛。

（二）进 行

1. 队员场上位置：双方队员各分为前排三名，后排两名。前排左边为 4 号位，中间为 3 号位，右边为 2 号位，后排左边为 5 号位，右边为 1 号位。每局比赛开始，场上队员必须按位置表排定的次序站位，在该局中不得调换。在新的一局中，每个队上场队员的位置可重新安排。

2. 暂停：每局比赛中，每个队可请求 2 次暂停，每次暂停时间为 1 分钟。只有成死球时经教练员或场上队长向第二或第一裁判员请求后才准予暂停。第一裁判员鸣哨后，比赛应立即继续进行。某队请求第三次暂停，应予拒绝，并提出警告。第一裁判员已鸣哨发球，队员尚未将球发出或与鸣哨的同时请求暂停，均应拒绝。如第二裁判员在此时间错误鸣哨允许暂停，第一裁判员也不得同意，应再次鸣哨发球。

3. 换人：每局每队最多可替换 6 人次，一下一上为 1 人次。某队换人时应由教练员或场上队长在死球时向第二或第一裁判员提出要求，并说明替换人数和队员的号码。裁判员准许换人时，上场队员应已做好准备并从前场区上下场，如队员未做好准备，则判罚该队一次暂停。

（三）比赛方法

1. 胜一场

比赛采用三局两胜制，胜两局的队为胜一场。如果 1：1 平局时，进行决胜局（第三局）的比赛。

2. 胜一局

第 1、第 2 局先得 21 分胜一局，第 3 局为决胜局，比赛先得 15 分为胜一局。决胜局比赛进行到 8 分钟时双方队员交换场地。

3. 得一分

球成功地落在对方场区；对方犯规；对方受到判罚。

4. 弃权和阵容不完整

某队被召唤后拒绝比赛，则宣布该队为弃权。对方以每局 21：0 的比分和 2：0 的比局获胜。某队无正当理由而未准时到达比赛场地，则宣布该队为弃权。某队被宣布一局或一场比赛阵容不完整时，则输掉该局或该场比赛，判给对方胜该局或该场比赛所必要的分数和局数。阵容不完整的队保留其所得分数和局数。

（四）动作和犯规

1. 发 球

（1）发球队胜一球或接发球队取得发球权时，该队队员必须按顺时针方向轮转一个位置，由轮转到 1 号位的队员发球，如没有按发球次序轮转发球，则为轮转错误，必须立即纠正，并判失去发球权。

（2）发球队员必须在第一裁判员鸣哨发球后 8 秒钟内将球发出，球被抛出发球队员未击球，球也未触及发球队员而落地，允许继续发球。

（3）发球队的队员不得以任何方式阻挡对方观察发球队员和球的飞行路线。

（4）发球时判断队员的位置错误，应以队员身体着地部分为依据。在发球队员击球的一刹那，球未击出前，同排队员的站位不得左右超越或平行，前后排队员不得前后超越或平行。即 4

号位队员不得站在 3、2 位队员的右边，2 号队员不得站在 2、3、4 位队员的前面或平行。否则，应判失球权或对方得分。发球队员与本方 5 号位队员不受站位的限制。

（5）发球触网算违例，发球和比赛过程中球触网按违例处理。

2. 击球队员击球时

有意或无意地把球接住停在手中或用双臂将球夹住停留时间较长或用手将球顺势冲至停留时间较长再将球送出，判击球犯规。队员身体任何部位连续触球多于一次，则判连击犯规（拦网除外）。

3. 过中线和触网比赛进行中

队员踏越中线，应判过中线犯规。队员身体任何部位触及球网，判触网犯规。因对方击球入网而使网触及本方队员时，不算触网犯规。

4. 进攻性击球

（1）队员在后场区可以对任何高度的球做进攻性击球，但在起跳时不得踏及或踏越限制线，否则即为违例犯规。

（2）队员有前场区，采用攻击力强的扣、抹、压吊动作，将高于球网上沿的球击入对方区，则判犯规。如采用攻击力小的传、顶、挑的动作，击球的底部或下半部，使球具有一定向上的弧度过网不算犯规。

（3）队员有前场区，对低于球网上沿的球，可用任何击球动作将球击入对方区。

5. 拦网与过网

（1）后排 2 名队员不得拦网。如有参加拦网并起到拦网作用时应判犯规。

（2）拦网不算一次击球，还可再击球 3 次。

（3）不得拦对方的发球和对方队员进入前场区直接击过网的球，只允许拦对方队员在后场区直接击过网的球。

（4）甲方队员完成直接向对方击球前，乙方的手触及甲方地区上空的球时，应判乙方队员过网犯规。

三、气排球运动技术

气排球运动技术与硬式排球相近，可以参考本章第二节排球基本技术。

第十章 网 球

第一节 网球概述

网球百科

一、网球的起源与发展

网球是一项优美而激烈的运动，网球运动的由来和发展可以用四句话来概括：孕育在法国，诞生在英国，开始普及和形成在美国，现在盛行于全世界，被称为世界第二大球类运动。

现代网球运动一般包括室内网球和室外网球两种形式。网球运动最早起源于12—13世纪，法国传教士在教堂回廊里用手掌击球的一种游戏。后来成为宫廷里的一种室内消遣娱乐活动。也有人认为，网球运动的起源应追溯到"百年战争"（1337—1453年英法两国战争），以前在法国民间流传的一种名叫海欧·德·巴乌麦的球类游戏。据说这种游戏是两个人进行的，每人各执一个球拍，球场的周围筑有围墙，球撞到墙上后被弹回去后过网。因此，无论从使用的场地和器具上，还是从进行游戏的方法上，它与现代网球运动有许多相似之处，所以有人把它看作是网球运动的最初形态。

现代网球运动的历史是从1873年开始的。那年，英国人沃尔特·克洛普顿·温菲尔德将早期的网球打法加以改进，使之成为夏天在草坪上进行的一种体育活动，并取名"草地网球"，因此，温菲尔德被称为"近代网球的创始人"。此后网球便成为一项室内、户外都能进行的体育项目，同时在英国各地建立网球运动俱乐部。1875年，全英网球运动俱乐部成立。这个俱乐部建造了世界上的第一个网球场地，并于1877年举办了全英草地网球男子单打锦标赛，即后来闻名于世的温布尔登网球赛。在1876年，由一些地区的著名网球运动俱乐部派出代表，一起开会研究和讨论制定一个全英统一的网球规则。经过多次协商，各方代表终于对网球运动的场地、设备、打法和比赛等方面取得了一致的意见，并形成了一个统一的规则。大约在1878年以后，英国大多数网球俱乐部都逐渐按照新的打法开展活动，进行训练和比赛。

1896年在雅典举行的现代第1届奥运会上，网球的男子单打与双打被列为正式比赛项目。后来，由于国际奥委会和国际网球联合会在"业余运动员"问题上有分歧，已经进行了连续七届的奥运会网球比赛项目被取消。直到1984年的洛杉矶奥运会上，网球才被列为表演项目。到1988年的汉城奥运会上，网球重新被列为正式比赛项目。

二、中国网球

1885 年，网球运动传入中国。1910 年，网球被列为第 1 届"全国运动会"的正式比赛项目。新中国成立后，网球运动在起点低、基础差、交流少的情况下逐渐发展，1953 年，天津首次举办了包括网球在内的四项球类（篮球、排球、网球、羽毛球）运动会，1956 年举办全国网球锦标赛。1994 年，中国大学生网球协会成立，它标志着中国大学生网球运动的发展有了新起点。中国大学生网球协会决定从 1994 年起每年 7 月或 8 月举办一届网球比赛。2004 年雅典奥运会，李婷、孙甜甜夺得女子双打冠军。2006 年澳大利亚网球公开赛上，郑洁、晏紫夺得女子双打冠军。2014 年澳大利亚网球公开赛上，李娜获得女子单打冠军，她成为亚洲第一位大满贯女子单打冠军得主，亚洲女单世界排名最高选手。2015 年第 12 届女排世界杯，中国女子排球队第四次将世界杯冠军的奖杯收入囊中。2016 年 3 月 25 日，中国女排获得"影响世界华人大奖"。2016 年，在里约奥运会上，郎平带领的中国女排时隔 12 年再次登上奥运冠军的宝座。

第二节　网球基本技术

一、握拍方法

要掌握好握拍方法，首先要找到各种握拍方式。

（一）东方式正手握拍

将手平放在球拍面上，然后下滑握住拍柄；将球拍平放在桌面上，闭上眼，抓起球拍；或者和拍柄握手。通常东方式握拍用来学习正手。它很灵活，让球手能够轻易击出上旋球或更有威力的平击球或穿越球。（图 10-2-1）

东方式握拍

（二）大陆式握拍

大陆式握拍主要用于发球、网前球、过顶球、削切球以及防御性击球。大陆式握拍就是将你的食指指根放在第一个斜边上，使虎口的"V"型在拍柄上部，如果是左手，则把食指根放在第四个斜边上。（图 10-2-2）

大陆式握拍

（三）半西方式正手握拍

从东方式握拍顺时针转动（左手握拍逆时针转动）手，直到食指根放在下一条斜边上，这时的握拍就是半西方式握拍。半西方式握拍比东方式握拍能击出更强烈的上旋球，使击球更为保险和受控，特别是在放高球和小斜线球时。用这种握法可打出制胜的平击或者穿越球，但是难以打低球。（图 10-2-3）

半西方式
正手握拍

（四）西方式正手握拍

从半西方式握拍顺时针转动（左手握拍逆时针转动）手，直到食指根放在下一条斜边上，这时的握拍就是西方式握拍。从拍柄方向看过去，食指根放在拍柄的底边上。这使得手掌几乎完全位于拍柄下方。这种握拍是红土场专家或者喜欢打上旋球选手的最爱。（图 10-2-4）

西方式正手握拍

食指根部关节：
右手：右边
左手：左边

图 10-2-1

食指根部关节：
右手：斜边1
左边：斜边4

图 10-2-2

食指根部关节：
右边：斜边2
左边：斜边3

图 10-2-3

食指根部关节：
右手：底部
左手：底部

图 10-2-4

（五）东方式反手握拍

从大陆式握拍逆时针转动手（左手握拍请顺时针转动），将食指指根放在第 4 个斜边上，手几乎都在拍柄的上方。就像东方式正手握拍，这是一种有很好手腕稳定性的、灵活的握拍方式。它既可以被用于打出一定的上旋球，也可以打出富有穿透力的平击。（图 10-2-5）

（六）半西方式反手握拍

其与西方式正手握拍对应，从东方式反手握拍开始，手反时针转动（左手握拍请顺时针转动），直到食指指根移动到拍柄的下一条边上。这种握法有利于处理高球，而且也容易打出带上旋的回球。但不适合处理低球。（图 10-2-6）

（七）双手反手握拍

毫无疑问，这是最流行的握拍方式，但关于双手的握法仍有一些争议。广为接受的方式是支配手用大陆式握拍，然后非支配手在支配手上方用半西方式握拍。它能够击出比单手反握拍更扎实的球，还适合处理低球，而且在回球时力量很足。但缺点是很难应付大角度回球，对步法的要求较高。（图 10-2-7）

双手反手握拍

食指根部关节：
右手：顶部
左手：顶部

图 10-2-5

食指根部关节：
右手：斜边4
左手：斜边1

图 10-2-6

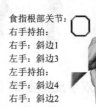
食指根部关节：
右手持拍：
右手：斜边1
左手：斜边3
左手持拍：
左手：斜边4
右手：斜边2

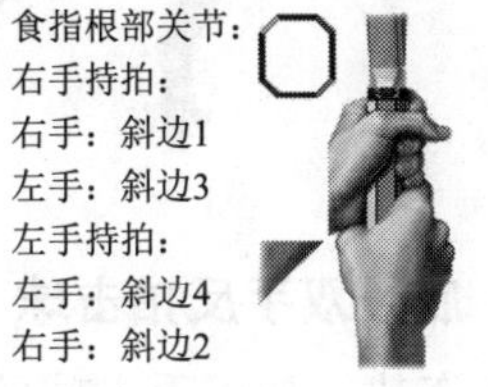

图 10-2-7

二、基本技术

（一）底线正拍击球（图 10-2-8）

1. 准备姿势：面对球网，双脚与肩同宽，双膝微屈，身体略向前倾，重心落在双脚前脚掌上，右手握拍，左手轻托拍颈，双肘微屈，两眼注视对方来球，做好击球准备。

底线正拍击球

2. 侧身拉拍：转动双脚，左脚跟抬起并向右前方上步，右脚向右转 90° 与底线平行，同时转肩转髋带动右手向后摆动引拍，拍头低于膝盖，后摆引拍时身体重心移向右脚，左肩对着右侧的网柱，手腕固定，挥拍转动约 180°，拍头指向后挡网。

3. 击球：从后摆进而向前挥动时紧握球拍，手腕后伸，转动身体和挥拍，击球点在身体的右侧前方不超过腰的高度，击球挥拍时拍头自上而下挥动，使球稍带上旋。

4. 随挥：球触拍后，使拍面平行于网的时间尽量长些，挥拍沿着球飞行的方向前送，重心前移落在左脚，身体也随着转向球网，挥拍动作在左肩上方结束，拍头指向上方高出头部。随挥跟进结束，立即恢复准备姿势，准备下一次击球。

图 10-2-8

（二）底线单手反拍击球（图 10-2-9）

反拍击球

1. 准备姿势：与正手击球的准备姿势基本相同。

2. 侧身拉拍：右脚向左侧前方上步，转肩、转髋侧身对球网。同时握拍右手向左边后摆拉拍，拍柄底部对着来球，拍头低于来球的高度。

3. 击球：击球点在身体的左侧前方、腰以下膝关节以上的高度。眼睛盯住来球，保持拍面击球时与地面垂直，由下向上挥动。

4. 随挥：在击球后，球拍应随球继续向右前方挥动（由低向高），完成在右肩的高度，左手臂可以自然向后摆放，左脚鞋底抬起刚好对向后面档网，并保持好身体的平衡。随挥结束后，即恢复到前面的准备姿势，随时准备回击下一个来球。

图 10-2-9

（三）底线双手反拍击球（图 10-2-10）

1. 准备姿势：与正手击球的准备姿势基本相同。

2. 侧身拉拍：移动到来球位置，最后一步要保持右脚在前，身体右侧朝向来球方向。这时双手握拍充分伸展向左后挥摆，拍头翘起。

3. 击球：向前挥拍至身体左前方击球，高度保持在腰与肩之间。拍触球时，拍面垂直或稍前倾，手腕固定握紧球拍，挥臂与转体动作配合，身体重心从左脚逐渐移到右脚。

4. 随挥：击球后球拍随势挥至身体的右肩，完成动作后迅速还原成准备姿势。

图 10-2-10

（四）网前正拍截击（图 10-2-11）

网前截击

1. 准备姿势：与正手击球的准备姿势基本相同。

2.侧身举拍：侧身向右转肩同时转颈，左肩对球网；同时握拍右手向右侧举拍。

3.上步击球：左脚向右侧前方上步击球，击球点在身体的右侧前方。眼睛盯住来球，在腰以上的高度，拍面略向上对着来球，拍头高于来球的高度，由右上方向身体左前下挥动，随挥要短。在随挥结束后，即恢复到前面的准备姿势，随时准备回击下一个来球。

图 10-2-11

（五）网前反拍截击（图 10-2-12）

1.准备姿势：与正手击球的准备姿势基本相同。

2.侧身举拍：侧身向左转肩同时转髋，右肩对球网。同时握拍右手向左侧举拍。

3.上步击球：右脚向左侧前方上步击球。击球点在身体的左侧前方。眼睛盯住来球，在腰以上的高度，拍面略向上对着来球，拍头高于来球的高度，由左上方向身体右前下挥动，随挥要短。在随挥结束后，即恢复到前面的准备姿势，随时准备回击下一个来球。

图 10-2-12

（六）网前高压球（图 10-2-13）

1.准备姿势：与正手击球的准备姿势基本相同。

2.侧身举拍：侧身向右，转肩同时转肘，左肩对球网。同时握拍右手向后侧举拍，左手指向来球。

3.击球：身体重心在右脚前脚掌上，转肩同时转髋，右手向上伸展击球。眼睛盯住来球，击球点在身体的右侧前上方。击球后，球拍向身体的左前下方挥动。右肩和身体重心随右脚向前。在随挥结束后，即恢复到前面的准备姿势，随时准备回击下一个来球。

图 10-2-13

（七）发球（图 10-2-14）

1.准备姿势：侧身左肩对球网，两脚自然开立约与肩同宽，身体重心在两脚中

发 球

间。在端线侧身站立，右脚与底线平行，左脚尖对右网柱。右手握拍，左手持球。

2. 抛球举拍：左手由下向上抛球，同时握拍右手向后侧举拍。

3. 击球：身体重心由右脚转到左脚前脚掌上，转肩同时转体，持拍右手向上伸展击球。眼睛盯住抛球，击球点在身体的右侧前上方。

4. 随挥：击球后，球拍向身体的左前下方挥动。右肩和身体重心随右脚向前。在随挥结束后，即恢复到前面的准备姿势，随时准备回击下一个来球。

图 10-2-14

第三节　网球基本战术

一、单打战术

（一）发球上网

发球时发出质量较高的球，使对方的回球不至于力量太凶猛或落点刁钻。自己应果断上网，移动到发球线与网之间，利于发挥速度和角度造成对方失误。如果机会不是很好，第一次截击可将球打深，落点在对方的弱侧，以第二次截击得分。

（二）底线打法

底线打法首先要将球打深，球落在端线前而不是发球线附近。同时利用落点调动对方，或者抓住对方的弱点作为突破。在有机会的情况下也可上网截击。

（三）综合打法

根据对手的情况，采用不同的打法。如对方频频上网，可采用挑高球迫使他退回去；如对方底线技术很好，可适当放一些小球诱使他上前，再用力将球打深来调动他。综合打法就是将底线和上网两种打法结合起来，根据场上情况，随机应变。

二、双打战术

（一）双打的站位

双打比赛，一般是控制网前的队员赢分。发球员和接球员都应做好击球后上网的准备。双打时一般让技术水平较高的选手站在左区，或者由正拍技术较好的选手站在右区，反拍技术较好的选手站在左区。发球和接发球时的站位一般是：发球员站在中点与单打线的中间，发球员的同伴站在发球线和球网之间，并稍偏向单打边线些。接球员站在右区端线靠近单打线处，接球员的同伴站在发球线前边，略靠近中线。

（二）双打的配合

双打要求两个队员配合得像一个人，才能发挥出最好水平。比赛中，两人相互间的距离保持在3.5米以内，以利于并肩战斗。当同伴移动到自己区域截击时，自己应迅速补位；当同伴退到底线接高球时，自己也不应继续留在网前，而应后退，使两人处于最佳防守位置；当对方上网时，自己可以挑进攻性高球，迫使对方退回后场。

（三）发球的策略

一般由发球好的人先发球，第一，发球命中非常重要；第二，发球则应让球保持侧旋，尽量减少失误。水平一般的选手反拍都比较差，所以发球应以其反拍为攻击目标。在右区发球时发向对手的内角，在左区发球时发向对手的外角，但偶尔也要有变化。

（四）接发球的策略

双打接发球常常是以打斜线球为主，但如果对方站在网前不时地抢拦击接发球时，可以打一些直线球。如果对方发球角度比较大，自己被拉开得很远，可以进行挑高球，让自己有充裕的时间回位，并迫使对手离开网前的控制位置。

（五）网前截击策略

第一板截击球要深。当发球后向网前冲时，如果对手回球较高，这将是最好的位置，能直接向下击球到对手的脚下。但如果对手的回球又低又斜，自己只能被迫向上击球时，则视接球员的反应而定；如果接球员不上网，仍在端线，就对着他打深的截击球，迫使他继续留在后面；如果接球员上前来了，则不必发力击球，让球落在他的脚下，使他难以回击。

第四节　网球比赛规则简介

一、场地及设施

双打场地的标准尺寸是：23.77米×10.97米；单打场地的标准尺寸是：23.77米×8.23米。在端线、边线后应分别留有不小于6.4米、3.66米的空余地。两个网柱间的距离是12.80米。网柱顶端距地平面是1.07米，球网中心上沿距地平面是0.914米。（图10-4-1）

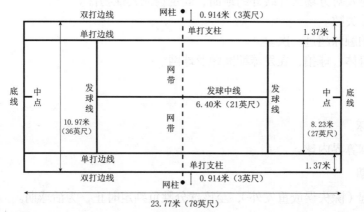

图10-4-1

二、规则简介

（一）场地和发球的选择

场地的选择及第1局中作为发球员还是接球员的权利在准备活动前由掷硬币来决定。掷币获胜的一方可以选择。

1. 在第1局比赛中作为发球员或接球员，在这种情况下应由对方选择在比赛的第1局所处的场地。

2. 比赛的第1局拥有场地选择权，在这种情况下应由对方选择第1局作为发球员或接球员。

3. 要求对手作出上述中的一个选择。

（二）发　球

发球员在马上开始发球动作前应双脚站在端线后（即远离球网的一侧）、中心标志的假定延长线和边线之内；接着发球员应用手将球抛向空中的任何方向，并在球触地前用球拍将球击出；在球拍与球相接触或没击中球的那一时刻，发球动作即被认为已经结束。只能使用一只手臂的运动员，可以用球拍抛送球。

（三）交换发球

1. 每一发球局结束后，接发球员在下一局中成为发球员，而发球员则成为接发球员。

2. 在双打比赛中，每一盘的第1局先发球的那对选手应该决定由哪一名运动员先发球。同样，对手也应该在第2局前作出由谁发球的决定。第1局先发球的运动员的队友在第3局发球；第2局发球的运动员的队友在第4局发球。在这一盘以后的比赛中都按照这样的顺序来发球。

（四）交换场地

1. 运动员应该在每一盘中的第1局、第3局以及后面的单数局结束后交换场地。

2. 运动员也应在每盘结束后双方所得局数之和为奇数时交换场地。如果一盘结束后双方局数相加之和为偶数，则在下一盘第1局结束后再交换场地。

3. 在平局的决胜局中，运动员应在每6分后交换场地。

（五）失　分

发生下列任何一种情况，均判失分。

1. 在球第二次着地前，未能还击过网。

2. 还击的球触及对方场区界线外的地面、固定物或其他物件。

3. 还击空中球失败。

4. 故意用球拍触球超过一次。

5. 运动员的身体、球拍，在发球期间触及球网。

6. 过网击球。

7. 抛拍击球。

（六）压线球

落在线上的球算界内球。

（七）活球期

自球发出时起（除失误或重发外），至该球分胜负判定时止，为活球期。

第十一章 羽毛球

第一节 羽毛球概述

羽毛球百科

一、羽毛球的起源

现代羽毛球运动诞生于英国，大约在 1800 年，由网球派生而来。起初，羽毛球运动并没有一致的形式。羽毛球游戏刚兴起时，没有人数、分数和场地的限制，练习者只需要互相对击，现代羽毛球从伯明顿庄园开始，有了一定的分数、场地、人数限制。直到 1875 年，第一本写羽毛球规则的书在英国问世。当时的规则很简单，只规定了场地呈长方形，中间挂网的高度，双方对击的要求，并没有单打、双打的区别。随着人们观赏水平的提高及技术、战术的发展，规则也随之变化，才出现了单、双打场地区别及发球区的规定，发球得分及发球得分后的换区等规则，为了使比赛激烈、精彩，又规定了双方打满 13 平、14 平（女子单打打成 9 平、10 平）时要进行加分比赛。国际羽联正在制定新的规则，特别是对决胜局的比赛时间加以限制，力求使羽毛球比赛更加紧张激烈、精彩纷呈。

现代羽毛球运动约于 1910 年传入中国，最早在上海，随后在广州、天津、北京、成都等城市的基督教青年会和学校中有所开展。新中国成立后，党和政府十分关心人民群众的健康，体育运动得到了蓬勃的发展，羽毛球运动也逐渐为群众所喜爱，并作为中国重点开展的项目之一。

二、羽毛球的特点

（一）全身运动项目

无论是进行有规则的羽毛球比赛，还是作为一般性的健身活动，都要在场地上不停地进行脚步移动、跳跃、转体和挥拍，合理地运用各种击球技术和步法将球在场上往返对击，从而增大了上肢、下肢和腰部肌肉的力量，加快了锻炼者全身的血液循环，增强了心血管系统和呼吸系统的功能。此外，羽毛球运动要求练习者在短时间内对瞬息万变的球路作出判断，果断地进行反击。因此，它能提高人体神经系统的灵敏性和协调性。

（二）简便性

1. 不受场地的限制

羽毛球活动对设备的基本要求比较简单，只需两个球拍、一个球和一条绳索即可。它不仅可以在正规的室内运动场进行，也可以在公园、生活小区等处广泛地开展。

2. 集体、个人皆宜

羽毛球运动既可单兵作战（两人对练），又可集体会战（双打练习或三人对三人对练）单人对练时，练习者可以随心所欲地打出任何弧线、远度、力量、速度的球；集体会战则可以使练习者养成协调配合的习惯，培养集体主义精神。

（三）游戏性较强，运动量可大可小

不同年龄、不同性别以及不同体质的人都能在羽毛球运动中找到乐趣。

三、羽毛球的赛事

（一）世界重大羽毛球赛事

世界重大羽毛球赛事主要有：① 汤姆斯杯赛；② 尤伯杯赛；③ 世界羽毛球锦标赛；④ 苏迪曼杯；⑤ 世界杯羽毛球赛；⑥ 全英羽毛球锦标赛；⑦ 世界羽毛球大奖赛总决赛；⑧ 国际系列大奖赛；⑨ 国际奥林匹克运动会羽毛球比赛；⑩ 羽毛球系列大奖赛；⑪ 世界青年羽毛球锦标赛。

（二）国内羽毛球赛事

目前，中国主要的常规羽毛球比赛有如下几项：① 全国羽毛球锦标赛；② 全国青年羽毛球锦标赛；③ 全国少年羽毛球锦标赛；④ 全国羽毛球双打比赛；⑤ 全运会、全国城市运动会等全国性综合运动会羽毛球比赛。

四、羽毛球的锻炼价值

（一）娱乐性

1. 自娱性

羽毛球作为一种娱乐活动，参与者在球的对击过程中，通过不停地奔跑和身体的变化，努力地去把球击到对方场地。每当击球者在击出一个好球或赢得一个球时都能使自己兴奋并感受到一种成功的喜悦。

2. 观赏性

羽毛球技术的千变万化，使羽毛球运动具有很高的观赏性。

（二）提高眼球功能

在连续不断的击球、回球中，眼球中的关键部分如睫状肌、晶状体和悬韧带都得到了锻炼，对遏制弱视与近视的发展势头，甚至对治疗内视眼（对眼），都有一定的辅助疗效。

（三）增强体质，丰富思想

从事羽毛球运动有助于培养人们勇敢顽强、机智灵活、沉着果断的优良品质和作风，提高自身修养和素质，还能丰富人的思想，使人产生新的灵感和想法。

第二节　羽毛球基本技术

一、握拍方法

羽毛球的握拍方法有正手握拍和反手握拍两种，但握拍一定要"活"，即打什么球握什么拍，只有灵活多变，才能充分发挥击球的力量，控制和变化击球的方向。

（一）正手握拍法

首先用左手拿住拍杆，使拍面与地面成垂直状，然后，张开右手成握手状，把拍柄握住，使手掌小鱼肌部分靠在球拍握柄底把，虎口对着拍柄窄面内侧的小棱边，拇指与食指自然地贴在拍柄两面的宽面上。中指、无名指和小指自然并拢握住拍柄，食指与中指稍微分开，掌心不要贴紧拍柄，要留有空隙，这样有利于手腕力量和手指力量的发力及灵活运用。（图11-2-1）

正手握拍法

图 11-2-1

（二）反手握拍法

在正手握拍的基础上，把球拍稍微外旋，拇指上提，食指收拢，形成拇指压住拍框的内侧小棱边上，食指、中指、无名指和小指并拢。（图11-2-2）

反手握拍法

图 11-2-2

二、发球方法

发球一般有发高远球、发平高球和发网前球，球的飞行速度和飞行线路都不同。

（一）发高远球

发高远球主要是把球发得又高又远，使球飞行到对方底线上空时，几乎垂直下落，球的落点在对方场内端线附近。

站在靠中线、距前发球线1米之内，有时也可站在近前发球线，发后再退至中心位置。

发高远球

左脚在前，左脚尖朝向球网，右脚在后，右脚尖朝向右斜前方，两脚间距离约与肩同宽，重心在两脚之间，自然放松站立，身体稍侧向球网。右手正手握拍，自然屈肘举于身体右侧；

左手以拇指、食指和中指轻持球，举在胸前，两眼注视对手的站位、姿势、表情。

动作要领：身体稍向右转，形成左肩向球网。两脚重心转移至右脚；右臂向右后上方摆起。完成引拍动作。完成引拍动作之后，紧接着两脚重心随着上体由侧对前方转向正对前方而前移至左脚，右脚跟提起，上体微微前倾，右前臂向侧下方挥动至上体由侧面转向正面时，松开使球自然下落，此时，腕部动作尽量伸展，做最后的击球动作，右前臂完成向下方挥动后，紧接着往上方挥动，此时前臂内旋，使腕部动作由伸展至微屈，击球瞬间，手指紧握球拍，完成闪腕动作，球拍击到球时拍面成正拍面击球，完成挥拍击球动作。出球飞行弧度与地面仰角一般大于45°。完成击球动作之后，右前臂继续内旋，并随着挥拍的惯性，自然向左肩上方挥动，然后回收动作至胸前，并将握拍调整成正手握拍形式。（图11-2-3）

图11-2-3

（二）发网前球

发网前短球是把球发至对方发球区内前发球线附近，球的飞行速度较慢，飞行弧度较低，使球贴网而过，是双打比赛常用的发球方式。

发网前球

正手发网前球动作要领：站位比发高远球较靠前发球线，准备姿势、引拍、挥拍、击球与发高远球基本一致，但整个动作幅度较小，击球瞬间不需紧握拍柄，而是利用手腕和手指的力量从右向左横切推送，将球轻轻发出，使球贴网而过，飞行过网后即向下落下，落点在前发球线内。

反手发网前球动作要领：准备时面向球网，右脚在前，左脚在后，脚跟提起，重心放在右脚，上体稍微前倾，右手反手握拍，左手捏住羽毛，球托向下，斜放在拍面前面；挥拍击球时，球拍稍微向后摆，并不停顿地接着向前挥动，前臂向前上方推送，同时带动手腕由屈到微伸而向前摆动，并利用拇指的顶力，轻轻地"切"击球托的侧后部；击球后，前臂上摆到一定的高度即停止，使球贴网而过，飞行过网后即向下落下，落点在前发球线内。（图11-2-4）

（三）发平高球

平高球在空中的飞行弧度稍低于高远球，而飞行速度稍快于高远球，球较快地超过对方身体落在对方场内端线附近，发平高球是发球抢攻的手段之一。

发平高球

动作要领：持球与准备姿势同发高远球。挥拍击球时不要紧握拍柄，利用小臂挥动力量带动手腕、手指向前上方击球。拍面稍向前推送，使球仰角小于45°，球运行到制高点后逐渐下落至对方场内端线附近。

图11-2-4

三、击球方法

（一）后场击高远球

后场击高远球技术是击打来自对方的高球使球越过对方的拦截，落到对方的
底线内。

后场击高远球

准备时，判断对方来求得方向和落点，侧身后退使球在自己右肩上方的位置，左脚在前，
右脚在后，身体侧对球网，重心落在右脚上，左臂屈肘，左手自然上举，右手持拍于右肩后方，
两眼注视来球。

动作要领：击球时，由准备动作开始，上臂后引，肘关节上提高于肩部，将球拍后引至脑
后，手腕外展后伸，然后在后脚蹬地、转体和腰腹的协调用力下，以肩为轴，上臂带动前臂快
速向前上方甩动手腕，在手臂伸直的最高点击球。击球后，持拍手臂随惯性往左下方减速摆动，
并收拍至胸前，与此同时，左脚后撤，右脚向前迈出，身体重心由后脚移至前脚。（图11-2-5）

图 11-2-5

（二）后场吊球

吊球是指把对方击来的高球从后场区还击到对方的前区，吊球是调动对方、打乱
对方阵脚、组织战术配合的一种击球技术。虽然吊球用力较小，但却需要有很高的准
确性。

后场吊球

根据来球的不同路线和高度，吊球可采用正手或反手、高手或低手来打。高手吊
球按球的飞行弧线和击球动作的不同可分为劈吊、轻吊和拦截吊三种。

动作要领：准备姿势与击高球、扣杀球相似，只是击球时用力不同。在挥动球拍时，拍面
成半弧形，击球瞬间前臂突然减速，快速"闪"动手腕击球托的偏右侧。打对角吊球时，当对
方来球较高，手腕向下切削的角度要大些，力量稍大些。当对方来球较平时，手腕向前推的动
作要大些，向下切削的力量要小一些，吊直线球时，拍面正对前方，向前下压。

（三）后场扣杀球

扣杀球是把对方击来的中后场高球，在尽量高的击球点上用较大的力量和速度，以向下
的线路往对方场区压下去，将球回击到对方的中后场区，是主动进攻与得分的重
要战术。

后场扣杀球

杀球准备姿势、击球动作与正手击高球大致相同，不同的是在击球瞬间需用全
力，充分利用右腿的蹬力、腰腹力、手臂腕力及重心的转移，快速将球向前下方击
出。球拍触球时拍面前倾向前下方用力，手握紧球拍，击球点在右肩前上方。击球后
球拍随惯性向左下方摆动，身体重心由右脚移至左脚。（图11-2-6）

图 11-2-6

（四）网前挑球

网前挑高球是指运动员把对方击来的吊球或网前球自下而上地挑高回击到对方后场底线上空的击球方法。

正手挑高球动作要领：判断来球，快速上网，左脚积极蹬地前移，采用垫步，使右脚向正手网前跨一大步，右脚尖稍朝外，到位。球拍前伸，前臂外旋，手腕伸展把拍子引至右侧下方，左臂自然后伸起平衡作用。击球时，前臂内旋，手腕微屈发力，球以正拍面击中球托后下部，并向前上方提拉挥动。击中球之后，球拍向前上方挥动并制动，采用垫步步法迅速回动至中心位置。

反手挑高球动作要领：判断来球，快速上网，左脚向左前移一小步，同时上体稍侧左转，左脚后蹬，右脚向左前方跨一大步到位。球拍由身前引向左下方，拍面朝上，上体前倾。击球时，左脚跟进一小步，形成稳定的弓箭步，手腕由外展至内收，由微屈至伸，手臂由下向上挥动击球。击中球之后，左脚跟进一小步，身体重心上提，球拍随惯性向前上方挥动并制动，采用垫步步法迅速回动至中心位置使身体恢复至准备动作时的姿势。

（五）网前搓球

搓球是一种近网击球技术，是羽毛球技术中特别细腻的一种击球方法。

正手搓球动作要领：上网步法要快，左脚蹬地右脚向网前跨成弓箭步中，侧身对网，重心在右脚。持拍手臂向前伸出，出手要快，握拍手腕和手指自然放松。击球时，前臂稍外旋，拍面与球网成夹角向前，用手指控制好拍面并发力。使搓出的球尽可能贴网而过。（图 11-2-7）

正手搓球

反手搓球动作要领：上网步法要快，左脚蹬地右脚向网前跨成弓箭步，侧身背对网，重心在右脚，握拍手臂向前伸出，出手要快，手腕、手指自然放松，前臂稍上举，手腕前屈，握拍手部高于拍面，反拍迎球。击球时，主要靠前臂的前伸外旋和手腕由内收至展腕的合力，搓击球托的侧底部，使球成上旋翻滚过网。

反手搓球

图 11-2-7

（六）网前钩对角球

网前钩球有正手、反手钩球两种，是把在本方左（右）边网前球击到对方的左（右）边网前处去，称之为钩球。

正手钩球动作要领：看准来球快速上网，侧身对网，重心在右脚。握拍小臂前伸稍有外旋，手腕稍后伸，手腕、手指自然放松。拍柄稍向外捻动，拇指贴在拍柄宽面，食指第二指节在拍柄背面宽面，拍柄不触掌心，击球时，小臂稍内旋，手腕由稍后伸至内收闪腕，肘部略回收，拍面朝对方右网前拔击球托侧底部，球沿网的对角线飞越过网（反手钩球同理）。

（七）网前推球

推球是指在网前较高的击球点，以比较低平的弧线，用直线或斜线将来球还击到对方场区端线附近两角的一种进攻性技术。

正手推球

动作要领：正手推球时前臂内旋，手腕稍背伸，然后迅速伸直闪腕，食指前压，小指、无名指突然握紧拍柄，使得拍子急速地由右前经上到左推击球托的右下侧面，使球快速飞向对方底角。反手推球时，前臂伸直稍外旋，手腕微屈，然后伸直闪腕，中指、无名指和小指突然握紧拍柄，拇指顶压，推击球的左侧面，使球快速飞向对方底角。

（八）网前扑球

扑球是指快速上网，将对方击来的刚过网的、高度仍在网沿上的球快速挥击下压过去。由于扑球速度快，球飞行的路线短，往往使对方来不及挽救，所以扑球是威力最大的进攻技术。

正手扑球　反手扑球

动作要领：一经判断来球，即采用蹬跨步或跳步快速起动上网，拍面前倾，在网前高于网的位置，以前臂带动手腕闪击。（图11-2-8）

图 11-2-8

（九）中场抽球

将位于身体左或右侧高度在肩以下、腰以上的来球平抽过去，有正手抽球和反手抽球两种。

中场抽球

动作要领：击球时，以腰为竖轴，以转髋发力开始，紧接着手臂快速摆动到抖腕，发挥手腕爆发力击球。

（十）中场挡球

挡球是将对方击过来的贴身球，用前臂、手腕和手指发力击球，击球技术略似抽球，球飞行的形式也与抽球相同，但行程较短，常击于对方前场或中场。

动作要领：击球时，以腰为竖轴，以转髋发力开始，紧接着手臂快速摆动到抖腕，发挥手腕爆发力击球。

四、步　法

步　法

羽毛球一方场地面积为40平方米，比赛中运动员需在场地上快速变向奔跑将对方击过来落在场地上不同位置的球还击回去，只有娴熟到位的步法才能充分发挥击球技术，否则是打不到球的，所以说步法是羽毛球运动的灵魂。

羽毛球步法分为上网步法、后退步法、两侧移动步法和前后连贯步法等。但不管哪种步法，都包括从中心位置的准备姿势开始的起动、移动、协助完成击球动作和回动四个技术环节。

（一）准备姿势

准备姿势分为两种：一种是接发球准备姿势，即左脚在前，右脚在后，侧身对网，重心在左脚，右脚跟离地，双膝微屈，收腹含胸，放松提拍，屈肘举在胸前，双眼注视对方发球动作；另一种是双方对击过程中的准备姿势，即右脚在前，左脚在后，前脚掌着地，脚跟提起，膝关节微屈，上体稍前倾，重心落在两脚之间，持拍于腹前，随时准备起动。

（二）步法的四个技术环节

起动：对来球做出反应判断，迅速从接球的准备姿势转为向击球位置出发。

移动：指从重心位置起动后快速运动到击球位置。移动的基本步法有垫步、交叉步、小碎步、并步、蹬跨步、蹬转步和腾跳步等，根据移动的距离，可一步、两步或三步，也可以由不同的步法结合移动。

协助完成击球动作：指运动员根据不同的击球方式运行到最合适、最有利的击球位置上，使击球动作能协调地发力。羽毛球的击球动作（上肢挥拍击球），需要下肢的移动配合共同发力来完成的，移动与挥拍击球是步法结构的关键部分。

回动：击球后要快速回到场区中心位置，做好准备姿势准备迎接下一来球，回动应根据现场的具体情况和战术的需要来移动。

（三）上网步法

从场区中心位置向网前移动的步法叫上网步法。上网步法分为前交叉跨步上网、垫步上网和蹬跳步上网，这里重点介绍前交叉跨步上网步法。

前交叉跨步上网动作要领：起动后，右脚先向球的方向垫一步，左脚再迈一步，紧接着左脚后蹬，侧身将右脚向球的方向跨一大步，用正手击球。上网步法技术重点是蹬跨有力，落地脚指向上网方向并在远端落地。

（四）后退步法

从场区中心位置退到底线的步法叫后退步法，主要有侧向并步后退步法和侧向交叉步后退步法。

侧向并步后退步法动作要领：在对方击球前刹那间，脚跟提起轻跳，迅速调整重心至右脚。接着右脚蹬地快速向右后撤一小步，上体右转侧身对网，紧接着左脚并步靠近右脚，右脚再向后移至来球位置。在移动中做好手部动作准备，待来球在右肩上方下落时做正手底线原地击球或跳起击球。多用于右后上方来球的正手击球。

交叉步后退步法动作要领：与侧向并步后退步法大致相同，只是右脚蹬地后撤向后方或左后方，上体转动幅度较正手后退大，且稍有后仰并倒向左后场区。左脚从体后（或体前）交叉一步，右脚移至来球下方的位置，做头顶原地击球或跳起击球（用于左后上方来球的头顶击球，右后上方的来球也可用前交叉后退步法）。

（五）两侧移动步法

两侧移动步法多用于接对方的杀球和击来的半场低平球。其站位和准备姿势与上网步法基本相同。

两侧移动步法动作要领：向右侧移动时，两脚左右开立，脚跟稍提起，根据来球，调整重心，上体稍倒向右侧，左脚掌内侧用力起蹬，右脚同时向右转跨大步成弓步。向左侧移动时，根据来球，调整重心，上体稍向右侧倾，右脚掌内侧用力起蹬，左脚同时向左侧转跨大步。来球较远时，左脚先向左侧移半步，上体向左转身的同时右脚向左前交叉跨大步成弓步。

（六）前后连贯步法

连贯步法是指两个或两个以上的击球动作之间的移动是连贯的，其有后场至前场的连贯步法和前场至后场的连贯步法两种。

后场至前场的连贯步法是在后场完成击球动作，身体姿势复原后，以交叉步冲向网前做上网移动动作，一般从后场到网前只需三至四步。

前场至后场的连贯步法是在网前完成击球动作，身体姿势复原后，左脚蹬地，右髋向右后转动，右脚后撤，以并步或交叉步移至后场。

前后场连贯步法的练习通常使用"十字步法训练法"，即结合上网步法和后退步法，连续向右前、左前、右后、左后四个方向连贯移动的方法。

第三节　羽毛球基本战术

羽毛球战术目的都是把球击到对方场区内，落在地上或触到对方的身体，不让对方接到，或造成对方击球失误。羽毛球战术非常多，按参与的人数可分为单打战术、双打战术；按发球、接发球可分为发球战术、接发球战术；按球路可分为拉开战术、四方球战术、重复球战术、下压战术和追身球战术等，这里从羽毛球的单打、双打来介绍战术。

一、单打战术

（一）控制后场，高球压底

这种打法主要是力量和后场的高、吊、杀技术的较量。从发球开始运用高远球或进攻性的平高球压对方后场底线，迫使对方后退，当对回球不够后时，以扣杀球制胜；当对方疏于前场防守时，以轻吊、搓球等在网前轻取。轻吊必须在若干次高远球大力压住后场，对方又不能及时回到前场的基础上进行。

（二）打四角球，高短结合

这种打法要有较强的控制球落点的能力和灵活快速的步法。在后场，以高远球、平高球和吊球为主，在前场则以放网前球、推球和挑球准确地攻击对方场区前后左右四个角落，调动对方前后左右奔跑，向空当部位进攻制胜。

（三）下压为主，控制网前

这种打法是进攻型打法，能够快速上网高点控制网前，速度耐力和力量耐力也要求较高。先发制人，然后快速上网以搓、推、扑、钩等技术控制网前，通常也称"杀上网"。体力消耗较大，体力就往往成为成败的关键因素。

（四）快拉快吊，前后结合

一种积极主动、快速进攻的打法。需要身体素质好，速度耐力好，技术熟练，具备突击进攻的特长。以平高球快压对方后场两底线，配合快吊网前两角（或运用劈杀）引对方上网，当对方被动回击网前球时，迅速控制网前，以网前搓、钩球结合推后场底线两角，迫使对方疲于应付，为前场扑杀和中、后场大力扣杀创造机会，突然进攻。

（五）守中反攻，攻守兼备

一种以攻中有守、守中有攻的打法。以平高球和快吊球击向对方前后左右四个角，以快速灵活的步法、多变的球路调动对方，诱使对方在进攻中匆忙移动，勉强扣杀；或当对方回球质量较差时，抓住有利战机，并奋起反击。需要具备优良的速度耐力、灵活的步法、准确快速的反应和判断应变能力、顽强拼搏精神和良好的心理素质，才能在逆境中保持沉着冷静，反败为胜。

二、双打战术

（一）前后站位打法

前后站位打法是发球方处于发球时所采用。充分运用快攻压网前搓、吊、推、扑技术，寻找空隙，一举打乱对方站位；当发球员发球后立即举拍封堵前场区，另一名队员负责中场或后场的各种来球。通过后攻前扑，后场连续大力扣杀，前场积极封堵，当回球在网前附近时，一举给予致命打击。

（二）左右站位打法

左右站位打法是处于接发球状态和受到下压进攻时所采用。两人各负责左右半场区的防守，以平抽、平打压住对方后场底线两角，造成对方回球无力。当对方发来或打来的平高球处于后场，从原来的前后站位转换为左右站位，在对方扣杀球时也能以平抽球反击或挑高远球至两底角，一举扣杀或吊球成功。

（三）轮换站位打法

在比赛中，攻守根据情况不断地在前后和左右变换站位。

变换的方法一种是前后站位时，当对方回击高球至后场偏一侧进攻时，前面队员要直线后退，后方的队员看清情况移动，变成左右站位。

另一种是左右平行站位时，在对击过程中，一旦有机会进行下压进攻时，一名球员快速上网封堵，另一人快速移动到后场进行大力扣杀、吊球，导致对方处于被动地位。

第四节　羽毛球比赛规则简介

一、场　地

场地应是一个长方形，用宽40毫米的线画出（图11-4-1）。线的颜色应是白色、黄色或其他容易辨别的颜色。所有的线都是它所界定区域的组成部分。

从场地地面起，网柱高1.55米。当球被拉紧时，网柱应与地面保持垂直。不论是单打还是双打比赛，网柱都应放置在双打边线上。网柱及其支撑物不得延伸进入除边线外的场地内。

球网应用深色优质的细绳编织而成。网孔为均匀分布的方形，各边长为15～20毫米，球网上下宽为760毫米，全长至少6.1米。球网的上沿是用75毫米宽的白带对折而成的夹层，用绳索或钢丝从中穿过。夹层的上沿必须紧贴绳索或钢丝。绳索与钢丝应牢固地拉紧，并与网柱顶齐平。球网高度分别是中央网高1.524米，双打边线处网高1.55米。球网两端与网柱之间不应有空隙。

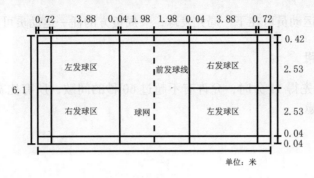

图 11-4-1

二、计 分

1. 除非另有规定，一场比赛应以三局两胜定胜负。
2. 除 4、5 的情况外，先得 21 分的一方胜一局。
3. 对方"违例"或触球及对方场区内的地面成死球，则本方胜这一回合并得一分。
4. 20 平后，领先得 2 分的一方胜该局。
5. 29 平后，先到 30 分的一方胜该局。
6. 一局的胜方在下一局首先发球。

三、站 位

（一）单 打

1. 发球区和接发球区。当发球员得分数为 0 或双数时，双方运动员均应在各自的右发球区发球或接发球；当发球员的分数为单数时，双方运动员均应在各自的左发球区发球或接发球。
2. 击球顺序和位置。一回合中，球应由由发球员和接球员交替从各自所在场区一边的任何位置击出，直至成死球为止。
3. 得分和发球。发球员胜一回合则得一分。随后，发球员再从另一发球区发球；接发球员胜一回合则得一分。随后，接发球员成为新发球员。

（二）双 打

1. 发球区和接发球区。一局中，发球方的分数为 0 或双数时，发球方均应从右发球区发球；一局中，发球方的分数为单数时，发球方均应从左发球区发球。接发球方上一回合最后一次发球的运动员应在原发球区。其同伴的站位与其相反；接发球员应是站在发球员斜对角发球区的运动员；发球方每得一分，原发球员则变换发球区再发球。
2. 击球顺序和位置。每一回合发球被回击后，由发球方的任何一人和接球方的任何一人，交替在各自场区一边的任何位置击球，如此往返直至死球。
3. 得分和发球。发球方胜一回合则得一分。随后发球员继续发球；接发球方胜一回合则得一分。随后接发球方成为新发球方。
4. 发球顺序。每局比赛的发球权必须如下传递：首先是由首先发球员从右发球区发球；其次足首先接发球员的同伴，从左发球区发球；然后是首先发球员的同伴；接着是首先接发球员；再接着是首先发球员，依此传递。
5. 运动员在比赛中不得有发球、接发球顺序错误或在一局比赛中连续两次接发球。

6.一局胜方的任一运动员可在下一局先发球；一局负方的任一运动员可在下一局先接发球。

四、比赛间隙

每局比赛，当一方先得 11 分时，允许有不超过 60 秒的间歇；所有比赛中，局与局之间允许有不超过 120 秒的间歇。

五、违　例

以下情况均属违例。

1.不合法发球。

2.球发出后：停在网顶；过网后挂在网上；被接发球员的同伴击中。

3.比赛进行中，球：落在场地界线外（即未落在界线上或界线内）；未从网上越过；触及天花板或四周墙壁；触及运动员的身体或衣服；触及场地外其他物体或人；被击时停滞在球拍上，紧接着被拖带抛出；被同一运动员两次挥拍连续两次击中，但一次击球动作中球被拍框和拍弦面击中不属违例；被同方两名运动员连续击中；触及运动员球拍，而未飞向对方场区。

4.比赛进行中，运动员：球拍、身体或衣服，触及球网或球网的支撑物；球拍或身体，从网上侵入对方场区；球拍或身体，从网下侵入对方场区，导致妨碍对方或分散对方的注意力；妨碍对方，即阻挡对方紧靠球网的合法击球；故意分散对方注意力的任何举动，如喊叫、做手势等。

六、重发球

由裁判员或运动员（未设裁判员时）宣报"重发球"，用以中断比赛。

1.发球员在接发球员未做好准备时发球，判重发球。

2.在发球过程中，发球员和接发球员都被判违例，判重发球。

3.发出的球被回击后，球过网后挂在网上或球停在网顶，判重发球。

4.比赛进行中，球托与球的其他部分完全分离，判重发球。

5.裁判员认为比赛被干扰或教练员干扰了对方运动员的比赛，判重发球。

6.司线员未能看清，裁判员也不能作出判决时，判重发球。

7.遇到不可遇见的意外情况，判重发球。

七、交换场区

以下情况，运动员应交换场区。

1.第一局结束。

2.第二局结束（如果有第三局）。

3.在第三局比赛中，一方先得 11 分时。

如果运动员未按规则规定交换场区，一经发现，在死球后立即交换，已得比分有效。

八、死　球

球撞网或网柱后，开始向击球者网这方的地面落下。球触及地面。宣报了"违例"或"重发球"。

第十二章　乒乓球

第一节　乒乓球概述

乒乓球百科

一、中国乒乓球的起源与发展

1904年，上海四马路一家文具店的经理王道平，从日本买来10套乒乓球器材：球台、球网、球和带洞眼的球拍，摆设在店中，并亲自表演打球和介绍在日本看到的打乒乓球的情况，从而中国开始有了乒乓球活动。1916年，上海基督教青年会童子部添设了乒乓球房和球台，学生中也开展了乒乓球活动。以后在北京、天津、广州几个大城市也开展了该项活动，但参加的人数不多。

1925年，上海举行了各种杯赛，其中有中华队与旅华日侨之间的秋山杯赛；1927年，中华队赴日进行访问比赛，同年8月参加了在上海举行的第8届远东运动会中日乒乓球表演赛；1930年，参加了在东京举行的第九届远东运动会乒乓球的比赛。不过由于技术水平不高，负多胜少。1935年，中华全国乒乓球协进会成立，发起并组织全国性乒乓球竞赛大会，但实际参加比赛的只有上海、天津、浙江、江苏、南京、青岛、香港、澳门等几个队。1935年1月，国际乒联主席曾电邀中国加入国际乒联和参加第9届世界乒乓球锦标赛，但由于经费无着落，因此未能实现。

1949年中华人民共和国成立后，在中国共产党和人民政府的重视和关怀下，中国乒乓球运动获得了新生。1952年10月，首都北京举行了由六大行政区（中南、华北、东北、西南、西北和华东）和铁路系统体协的62名男、女选手参加的"第一次全国乒乓球比赛大会"，揭开了新中国乒乓球运动发展史上新的一页。与此同时，中华全国体育总会乒乓球部加入了国际乒联。从此，全国乒乓球群众活动迅速发展起来，每年都要举行各种全国性的乒乓球比赛。

二、乒乓球的特点

1. 器材设备简单，室内室外都可以进行，运动量可大可小，不同年龄、性别和身体条件的人都可以参加，很容易被大众所接受。

2. 乒乓球速度快，变化多，要求练习者在短时间内对瞬息万变的击球有较强的反应能力和应变能力。它能提高人体神经系统的灵敏性、协调性。

3. 乒乓球项目有单项、双打、团体项目。团体项目通过个体来实现，所以乒乓球项目可以培养独立思考、单独作战和集体主义的精神。

三、乒乓球的锻炼价值

（一）可以有效地提高人的身体素质

长期参加乒乓球运动，随着水平的不断提高，活动范围的加大，运动量的加大，不仅相应地提高了速度素质、力量素质和身体的灵敏性、协调性，而且使肌肉发达、结实、健壮，关节更加灵活稳固。

（二）可以调节、改善神经系统的灵活性，增强中枢神经系统对其他系统与器官的调节能力，提高反应速度，改善视力

打乒乓球时，球在空中飞行的速度是很快的，正手攻球只需 0.15 秒就可到达对方台面。在这样短暂的时间内，要求运动员对高速运动的来球方向、旋转、力量、落点等进行全面观察，迅速作出判断，并及时采取对策，迅速移动步法，调整击球的位置与拍面角度，进行合理的还击，而这一切活动都是在大脑指挥下进行的，因此，经常从事乒乓球练习，可大大提高神经系统的反应速度。打乒乓球是提高手、眼配合的最好途径。打乒乓球对保护视力、恢复视力有十分重要的帮助。打乒乓球时，睫状肌随乒乓球的来往穿梭不停地放松和收缩，眼睛需要快速追随乒乓球运动轨迹变化。这对眼球功能的完善有意想不到的好处，并能促进眼球组织的血液循环和代谢，从而消除和减轻眼睛的疲劳，有改善视力、预防视力下降的作用。同时，眼睛跟随小球忽远忽近、起起落落，对晶状体周围悬韧带的强健是一种很好的锻炼，长期坚持可预防青少年近视。

（三）可以改善心血管系统和呼吸系统的功能

经常参加乒乓球运动，能使心血管系统的结构和机能得到改善，心肌变得发达有力，心容量加大，每搏输出量增多。一般健康成年男子安静时心率在 65～75 次/分，成年女子为 75～85 次/分；而受过乒乓球训练的运动员，安静时，男子心率为 55～65 次/分，女子为 70 次/分左右。心搏徐缓和血压降低，提高心脏的工作效率，有利于身体的新陈代谢，可提高整体的机能水平。

（四）可以提高心理素质

乒乓球是竞技运动，由于激烈的竞争，成功和失败的条件经常转换，参赛者的情绪状态也非常复杂，参赛者会经受这些变幻莫测、胜负难料的激烈竞争的锻炼，体验了种种情绪；同时，在比赛中要对对方战术意图进行揣摩，把握自己的战术应用，因此，使练习者的心理素质得到了很好的锻炼。

（五）可以促进交流，增加友谊

通过参加乒乓球运动，可以相互交流经验，切磋球技，达到相互学习、共同提高、建立良好人际关系的目的。

（六）可以使人心情舒畅，精神愉快

打乒乓球是一种高尚的文化娱乐活动，能使人们在精神上得到一种乐趣和享受，具有锻炼意志、调节感情之功效。

第二节　乒乓球基本技术

乒乓球技术

一、握拍方法

握拍方法有两种：一种是直握球拍法，另一种是横球拍握法。

（一）直握球拍法

优缺点：直拍握法击球出手快，手腕灵活，发球变化多，台内球容易处理，利于以速度和球路变化取得主动；但反手攻球时受身体所限不易发力，防守时照顾面积较小。

动作要领：用拇指和食指握住球拍拍柄与拍面的结合部位。拍前，以食指第二指关节和拇指第一指关节扣拍；拍后，三指弯曲贴于拍的1/3上端，这种握法简称中钳式。（图12-2-1）

（二）横握球拍法

优缺点：横拍握法照顾范围大，击球时便于发力，利于攻削结合；但手腕不太灵活，摆速较慢，台内球较难处理。

动作要领：虎口贴拍，拇指在球拍的正面，食指自然伸直放于球拍的反手面，其他三手指自然地握住拍柄，这种握法又被称为"八"字式。正手攻球时，食指稍向上移动；反手攻球时，拇指稍向上移动。（图12-2-2）

图12-2-1　　　　　　　　　　　图12-2-2

二、身体姿势和站位

（一）身体姿势

动作要领：两脚开立，稍宽于肩，前脚掌着地，脚跟稍提起，两膝微屈，上体略前倾，重心在两脚中间；下颌略内收，两眼注视来球；两臂自然弯曲置于身体略前两侧，执拍手手腕适当放松。（图12-2-3）

（二）运动员打法类型及相应站位

图12-2-3

动作要领：

1.快攻打法和弧圈球打法基本站在中间偏左处。

2.左推右攻打法，基本站于近台偏左处。

3.攻削结合打法基本站在中台附近。

4.以削为主打法的运动员，基本站在中远台附近。

三、基本步法

在基本技术中，没有灵活的步法，就不可能及时抢占击球位置，有效地还击来球。步法的训练必须与技术训练紧密结合。

（一）单　步

动作要领：以一脚为轴，另一只脚向前后、左右不同方向移动，身体重心也随之落到移动脚上。（图12-2-4）

（二）跨　步

动作要领：以一脚蹬地，另一脚向左右的来球方向跨出一大步，身体重心随即移至该脚上，另一脚迅速跟上半步或一小步，也称换步。（图12-2-5）

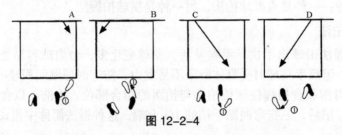

图12-2-4

（三）并　步

动作要领：移动时，先以与来球异方向的脚向另一脚并一步，与来球同方向的脚再向来球的方向迈一步迎击来球。由于并步移动范围大，有利于保持重心稳定。（图12-2-6）

（四）跳　步

动作要领：来球异方向的脚先蹬地，两脚几乎同时离地向左或向右移动，先离地的脚先落地，另一脚再跟着落地、跳步，若来球落点较远或较近，其移动方向可偏后或偏前。（图12-2-7）

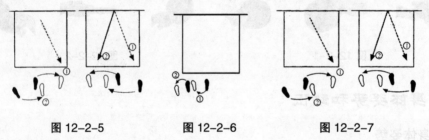

图12-2-5　　　　　图12-2-6　　　　　图12-2-7

四、发球技术

发球是乒乓球比赛中每一分球的开始。它是唯一不受对方来球制约的技术，易于取得比赛的主动权。正因如此，它具有很大的潜力。

发球的作用：造成对方接发球失误而直接得分，为收球抢攻创造条件，发挥自己的技术风格，破坏对方战术，限制对方发挥，造成对方心理恐惧，增强自己获胜的信心。

（一）正手平击发球

特点：速度一般，略带上旋；是初学者最基本的发球方法，也是掌握其他发球技术的基础。

动作要领：左脚稍前，身体略向右转，左手掌心托球，置于身体右前方；将球向上抛起，当球下降到稍高于球网时击球中上部，向左前方发力，第一落点在球台中央。（图12-2-8）

图 12-2-8

（二）正手发右侧上旋急长球（奔球）

动作要领：左脚稍前，身体略向右转，左手将球向上抛起，同时右臂内旋，使拍面稍前倾；当球下降到近于网高时，擦击球的右侧部，手腕向左上方发力，第一落点接近端线。

（三）正手发下旋加转球与不转球

发加转球动作要领：左脚稍前，身体略向右转，左手将球向上抛起，同时右臂旋外，使拍面后仰；当球下降至稍高于球网时，快屈手腕配合前臂发力，触球中下部并向底部摩擦。第一落点接近球网。（图 12-2-9）

图 12-2-9

发不转球动作要领：发不转球的动作方法与发加转球方法大致相同，主要区别是手臂外旋幅度小，减少拍面后仰角度，击球中部或中下部，减少向下摩擦球的力量，稍加向前推送的力量，使其作用力接近球心。

（四）正手发左侧上、下旋球

动作要领：站位左半台，左脚稍前，身体略向右转，左手将球向上抛起；当球下降至接近网高时，前臂加速向左前方挥摆。若发左侧下旋球，触球时向左侧上方摩擦；若发左侧下旋球，触球时向左侧下方摩擦。

（五）反手发右侧上、下旋球

动作要领：站位左半台，右脚稍前，身体略向左转；左手掌心托球置于身体左前方，将球向上抛起；当球下降至接近球网高时，前臂加速向前方挥摆。若发右侧上旋球，触球时向右侧上方摩擦；若发右侧下旋球，触球时向右侧下方摩擦。（图 12-2-10）

图 12-2-10

（六）反手发轻球（短球）

动作要领：发球时，左手将球轻轻上抛，右手将球拍位置向后上方略提高。当球下降时，前臂迅速向前下方迎球。球拍将触球时，前臂突然内旋，不再往前发力，使球拍后仰，顺着前臂往前的余力，在球约与网同高时，摩擦球的中下部。轻球的第一落点在本方球台中段，第二落点在对方近网处。

五、接发球

接发球技术通常由点、拨、带、拉、攻、推、搓、削、摆短和撇等各种技术综合组成。

（一）接急球

发过来的球速快，带上旋。左方急球一般用反手推挡回接，右方急球一般用正手快攻借力回接。如果用反手攻或弧圈球，削球回击，则必须移步后退，等来球力量减弱时回接。

（二）接下旋球

发过来的球速度较慢，触拍后向下反弹。用搓球回接时，注意拍面后仰，增加向前发力。用快攻或弧圈球回接时，一定要增加向上提拉的力量。

（三）接侧上旋球

这种发球是侧旋与上旋相结合的旋转球。一般采用推、攻回接为主，击球时拍面要稍前倾，并朝左方或右方偏斜，以抵消来球的上旋力和侧旋力。用弧圈球回接时，要加大拍面前倾角度，多向前发力，少向上提拉。

（四）接侧下旋球

这种发球是侧旋与下旋相结合的旋转球。一般采用搓、削回接为主。回接时，拍面要稍后仰，并朝左方或右方偏斜，以抵消来球的下旋力和侧旋力。用推、攻回接，除注意拍面角度外，还要加大向上摩擦球的力量；用弧圈球回接时，拍面不要过于前倾，要多向上提拉，少向前发力。

（五）接短球

由于对方发的是近网短球，回击时要注意及时上前，以取得最合适的击球位置，同时要控制好身体的前冲力。接发球后，要迅速还原准备下一板击球。回接短球时，受台面阻碍而影响引拍，这时要靠前臂和手腕发力为主，根据来球的旋转性能，注意调节拍面角度、击球部位、击球时间和用力方向。

六、攻球技术

攻球力量大，速度快，攻击性强，是争取主动和克敌制胜的重要手段。

（一）正手攻球

1. 正手近台攻球

动作要领：左脚稍前，身体离球台40厘米左右。击球前，执拍手臂要右前伸迎球，前臂自然放松，球拍成半横状。当球从台面弹起时，前臂和手腕向前上方挥动，并配合内旋转腕的动作，使拍形前倾，在上升期击球中上部。拍触球刹那，拇指压迫，同时加快手腕内旋速度，使拍面沿球体做弧形挥动。击球后，挥拍至头部高度。（图12-2-11）

图12-2-11

横拍击球时，手臂要自然弯曲，手腕与前臂近乎成直线并约与地面平行，前臂和手腕稍向前上方用力。击球时间、部位和拍形与直拍基本相同。（图 12-2-12）

图 12-2-12

2. 正手中远台攻球

动作要领：左脚稍前，身体离球台 1 米左右。击球前，执拍手臂向右后方引拍，球拍成半横状，拍形稍后仰。击球时，手臂由后向前挥动。球拍触球前，前臂在上臂带动下向前上方用力，手腕边挥边转使拍形逐渐前倾；在球下降前期，击球中部并向上摩擦，上臂带动前臂继续向左前上方挥动，腰髋转动配合发力，同时上体左转，重心移至左脚。（图 12-2-13）

图 12-2-13

横拍正手攻球时，手臂向后引拍，手腕稍下沉，球拍成横状，然后手臂向前上方用力。击球时间、部位和拍形与直拍基本相同。

3. 杀高球

动作要领：左脚在前，身体离台略远，手臂内旋使拍面前倾，向身体右后方引拍，增大球拍与来球的距离；当来球下降至头肩高度时，右脚蹬地腰髋向左转动。击球中上部，整个手臂加速向左前下方挥动，腰髋配合发力。

（二）推挡球

推挡是中国直拍快攻打法的基本技术之一，具有站位近、动作小和速度快等特点。

1. 挡　球

动作要领：两脚平行站立，身体离球台约 50 厘米。击球前，前臂与台面平行伸向来球。拍触球时，前臂和手腕稍向前移动，主要是借助对方来球的反弹力将球挡回。在上升期，击球的中部，拍形与台面接近垂直。击球后，迅速收回球拍，还原成击球前的准备姿势。（图 12-2-14）

图 12-2-14

2. 直拍快推

动作要领：右脚稍前或两脚平行，自然开立，身体离球台约 50 厘米。执拍手上臂和肘关节内收，前臂略向外旋。击球时，前臂开始向前推击，同时手腕外旋。食指压拍，拇指放松使拍

形前倾。在上升期，击球中上部，将球快推回去。击球后，手臂继续前送，手腕配合外旋使球拍下压。（图12-2-15）

图12-2-15

3.加力推

动作要领：右脚稍前，身体离球台约50厘米。手臂自然弯曲并做外旋，使拍面角度稍前倾，前臂提起。当来球跳至上升后期或高点期，击球中上部，上臂、前臂、手腕加速向前下方推压，击球后迅速还原成击球前的准备姿势。

4.横拍快拨

动作要领：两脚平行开立或左脚稍前，正对来球方向，身体离球台约40厘米。前臂回收，手腕略下垂，肘关节略抬起，将球拍引至腹部。当球从台面反弹时，前臂带动手腕向前方挥动，在球上升期击球的中上部位，以击打为主结合摩擦球。击球后迅速还原成击球前的准备姿势。（图12-2-16）

图12-2-16

七、搓球技术

搓球是近台还击下旋球的一种基本技术。比赛中用该技术不给对方攻球机会及为自己攻球和弧圈球创造条件，形成搓攻战术。搓球还可用于接发球，必要时用它作为过渡。

（一）反手快搓

动作要领：右脚稍前，身体离球台约50厘米，手臂自然弯曲，拍面稍后仰，前臂向左上方提起，在来球上升期时击球的中下部，前臂手腕向右前平方用力。（图12-2-17）

图12-2-17

（二）反手慢搓

动作要领：右脚稍前，身体离球台约50厘米，执拍手臂向左上引拍。击球时，前臂和手腕向前下方用力，拍形后仰，在球下降后期击球的中下部。击球后，前臂随势前送。

横拍搓球时，拍形略竖一些，击球后前臂向右下方挥摆。击球时间、部位和拍形，与直拍

基本相同。（图 12-2-18）

图 12-2-18

八、弧圈球技术

弧圈球是一种上旋力很强的进攻技术。它能产生适宜的弧线，可获得比攻球更多的发力击球时机。

（一）正手前冲弧圈球

动作要领：左脚稍前，根据来球选择站位远近，手臂内旋，使拍面前倾角度大些，腰髋右转，手臂接近伸直，将球拍引至身体右后下方。在来球高点期或下降前期，摩擦击球中上部，上臂带动前臂向前上方挥动，同时手腕伸展配合发力。（图 12-2-19）

图 12-2-19

（二）正手侧旋弧圈球

动作要领：两脚开立，右脚稍后，身体略向右转，两膝微屈，重心放在右脚上。击球时，拍面成半横立状并略向右侧，上臂带动前臂和手腕，结合腰部向左转动的力量，在球下降期用拍摩擦球的右中部或右中上部，使球带有强烈右侧上旋。击球后，重心移至左脚。

九、削球技术

削球是一种积极性的防御技术。它以旋转、落点的变化制约和控制对方。

（一）中远台正手削球

动作要领：左脚稍前，双膝微屈。向后上引拍至右肩上方并横立，身体向后转动。挥拍击球时，球拍向前下方挥动，在身体腰侧方摩擦下降前期球的中下部。触球时要用腰臂一同发力，身体重心同时向前下移动。击球完后，球拍向前送出并还原。（图 12-2-20）

图 12-2-20

（二）中远台反手削球

动作要领：选择好站位，右脚稍前，双膝微屈。向后上引拍至左肩上方并横立，身体向左后转动。挥拍击球时，球拍向右前下方挥动，在身体腰左侧方摩擦下降前期球的中下部。触球时要用腰臂一同发力，身体重心同时向前下移动，击球完后，球拍向前送出并还原。（图 12-2-21）

图 12-2-21

第三节 乒乓球基本战术

一、快攻型打法的基本战术

（一）发球抢攻

1. 反手发右侧上、下旋球，发至对方中路靠右近网处，伺机攻对方左方。

2. 发追身急球（球速越快越好），使对方不能发挥其正反手攻球的威力，然后侧身进攻对方中路或两角。这种战术对付两面攻比较有效。

3. 发急下旋长球至对方左角，配合近网短球，然后侧身抢攻，主要是针对对方弱点进行攻击。这种战术对付弧圈和快攻较为有效。

4. 正手中高抛球发左（右）侧上、下旋至对方左角（角度越大越好），配合发右方急球进行抢攻。这种战术对付善于采用搓球接发球的选手最为有效。

（二）推挡侧身抢攻

1. 在对推中，以力量、速度和落点控制对方，伺机侧身抢攻。

2. 在对推中，用反手攻球做配合寻找机会，伺机侧身抢攻。

3. 在对推中突然加力推或推下旋球，迫使对方回球较高，然后立即侧身抢攻。

4. 如推挡技术强于对方，可推压对方反手，伺机侧身抢攻。

（三）推挡变线

1. 先用推挡连压对方左角取得主动时，突然变推直线袭击其右角空当。

2. 遇连续打侧身抢攻的选手，以推变直线来加以牵制。

3. 当对方用反手进攻或侧身进攻时，用变直线来反击其空当。

4. 变线前，要用加力推压住对手，或者推出大角度球，使对方身体向左移动或采用侧身时突然变线。切忌乱变，否则容易被对方反击。

（四）左推右攻

1. 当推挡略占上风时，或在侧身抢攻获得成功后，对方往往会主动变线到正手，此时采用有力的正手攻球回击对方。

2. 主动推变直线，引诱对手回斜线，用正手攻击直线，反袭对方空当。

3. 有时可佯做侧身，诱使对方变线，给自己创造正手回击的机会。

二、弧圈球型打法的基本战术

（一）发球抢位

1. 正手（或侧身）发强烈下旋球至对方左侧近网短球，迫使对方以搓回击，然后拉加转弧圈球至对方反手或中路。

2. 反手发右侧上、下旋球至对方中路或偏右及偏左的地方，然后拉前冲弧圈球至对方两大角。

3. 反手发急下旋球至对方中路偏右或左方大角，当对方以搓球回击时，拉前冲弧圈至对方正手。

4. 对削球手一般用速度快、落点长的球，使对方退守，然后根据对方的站位和适应弧圈球的能力，决定用哪种弧圈球攻击对方。

（二）接发球抢拉

对方发侧上旋球和不太转的球时，用前冲弧圈球回击，对方发侧下旋或强烈下旋球时，用加转弧圈球回击。

（三）搓中拉弧圈球

1. 在对搓中看准时机，主动抢拉弧圈球。

2. 在对搓短球时，突然加力搓左角长球，然后侧身主动抢拉加转弧圈球。

3. 多搓对方正手，使其不能逼左大角，伺机抢拉弧圈球至对方反手或中路，再冲两角。

（四）弧圈球结合扣杀

1. 拉加转弧圈球结合扣杀。

2. 拉前冲弧圈球迫使对方远台回击，然后放短球，再扣杀。

3. 拉加转弧圈球与不转弧圈球相结合，伺机扣杀。

第四节　乒乓球比赛规则简介

一、规则术语

（一）定　义

1. 回合：球处于比赛状态的一段时间。

2. 重发球：不予判分的回合。

3. 一分：判分的回合。

4. 执拍手：正握着球拍的手。

5. 不执拍手：未握着球拍的手。

6. 击球：用握在手中的球拍拍面或手腕以下部位触球。

7. 阻挡：对方击球后，在比赛台面上方或向比赛台面方向运动的球，在没有触及本方台区、也未越过端线之前即触及本方运动员或其穿戴的任何物品。

8. 发球员：在一个回合中，首先击球的运动员。

9. 接发球员：在一个回合中，第二个击球的运动员。

10. 裁判员：被指定管理一场比赛的人。

（二）合法发球

1. 发球开始时，球自然地置于不执拍手的手掌上，手掌张开，保持静止。

2. 发球员须用手将球几乎竖直地向上抛起，不得使球旋转，并使球在离开不执拍手的手掌之后上升不少于16厘米，球下降到被击出前不能碰到任何物体。

3. 当球从抛起的最高点下降时，发球员方可击球。在双打中，球应先触及发球员和接发球员的右半区。

4. 从发球开始到球被击出，球要始终在比赛台面的水平面以上和发球员的端线以外；而且不能被发球员或其双打同伴的身体或衣服的任何部分挡住。

5. 运动员发球时，应让裁判员或助理裁判员看清他是否按照合法发球的规定发球。

6. 无论是否第一次或任何时候，只要发球员明显没有按照合法发球的规定发球，接发球方将被判得1分，无须警告。

（三）合法还击

对方发球或还击后，本方运动员必须击球，使球直接越过或绕过球网装置，或触及球网装置后，再触及对方台区。

（四）重发球

出现下列情况应判重发球。

1. 发球擦网后成为合法发球或擦网后被阻挡。

2. 接发球者未准备好。

3. 发生了无法控制的外界干扰。

4. 要纠正发球接发球次序或方位错误。

5. 要实行轮换发球法。

6. 要警告或处罚运动员。

7. 比赛环境受到干扰。

（五）比赛状态

从球被抛起前静止状态的最后一瞬间起，球即处于比赛状态，直到出现以下情况为止。

1. 当球触及比赛台面、球网装置或执拍手手中的球拍拍面以外的任何物体。

2. 当这个回合被判为重发球或得1分。

二、胜负判定

（一）判得1分的情况（被判重发球的回合除外）

1. 对方运动员未能合法发球。

2. 对方运动员未能合法还击、阻挡。

3. 对方运动员连续两次击球、台面上出现两跳后击球。

4. 对方运动员用不符合规定的拍面击球。

5. 运动员或穿戴的任何物品触及球网装置。

6. 对方运动员使台面移动或不执拍手触及比赛台面。

7. 对方击球后，该球没有触及本方台区而越过本方端线。

8. 双打时，对方运动员未按正确次序击球。

9. 轮换发球法被接发球方合法回击 13 板，将判发球方得 1 分。

（二）一局比赛

在一局比赛中，先得 11 分的一方为胜方。10 平后，先多得 2 分的一方为胜方。

（三）一场比赛

一场比赛由奇数局组成，如七局四胜制、五局三胜制和三局两胜制。

三、双打方法

球台中线的右半区是双打的发球区。发球必须从本方的发球区发入对方的发球区，否则就算失分。

在双打中，每打到 2 分换发球时，前面的接发球员应成为发球员，前面的发球员的同伴应成为接发球员。打到 10 分平分时，次序不变，但一方每次只发一个球就换发球，直到这局比赛结束。

在双打的第一局比赛中，先发球方确定第一发球员，再由接发球方确定第一接发球员。在以后的各局比赛中，第一发球员确定后，第一接发球员应是前一局发球给他的运动员。

击球次序，每一方两名运动员应轮流还击，否则应判失分。

第十三章 武 术

第一节 武术概述

武术百科

一、武术的起源与发展

武术萌芽于原始社会时期，起源于中国远古祖先的生产劳动。人们在狩猎的生产活动中，创制了石刀、石锤和木棍等武器，逐渐学会了躲闪、跳远、滚翻，以及运用石器、木棒劈、砍、刺等技能。氏族公社时代，部落战争经常发生，因此，在战场上搏斗的经验也不断得到总结，击、刺等进攻技能不断被模仿、传授与习练，促进了武术的萌芽，武术成形于奴隶社会时期。夏朝建立，经过连绵不断的战火，武术为了适应实战需要进一步向实用化、规范化发展，主要体现在军队的武术活动和以武术为主的学校教育。商周时期，出现了武术训练的重要手段——田猎，并利用"武舞"来训练士兵、鼓舞士气，周代设的"序"等学校也把射御、习舞等列为教育的内容之一。进入春秋战国以后，诸侯争霸，都很重视技击在战场中的运用，秦汉以来，盛行角力、击剑等武术活动。随着"宴乐兴舞"的习俗，手持器械的舞练时常在乐饮酒酣时出现。此外，还有"刀舞""力舞"等，虽具娱乐性，但从技术上更近似于今天的套路形式的运动。唐朝以来开始实行武举制，并对有一技之长的士兵授予荣誉称号，对武术的发展起到了促进作用。宋元时期，以民间结社的武艺组织为主体的民间练武活动蓬勃兴起，有习枪弄棒的"英略社"、习射练习的"弓箭社"等。由于商业经济活跃，出现了浪迹江湖，习武卖艺为生的"路歧人"，不仅有单练，而且有对练。明清时期是武术的大发展时期，流派林立，拳种纷显。拳术有长拳、猴拳、少林拳和内家拳等几十家之多，同时形成了太极拳、形意拳和八卦拳等主要的拳种体系。

民国时期，民间出现了许多拳社、武士会等武术组织。1927年，在南京成立了中央国术馆。1936年，中国武术队赴柏林奥运会参加表演。中华人民共和国成立后，武术得到了蓬勃的发展。1956年，中国武术协会建立了武术协会、武术队等，形成了空前广泛的群众性武术活动，为武术的发展开拓了广阔的道路。1985年，在西安举行了首届国际武术邀请赛，并成立了国际武术联合会筹委会，这是武术发展历史性的突破。1987年，在横滨举行了第1届亚洲武术锦标赛。1990年武术首次被列入第11届亚运会竞赛项目，标志着武术开始走进亚运会；10月3日，国际武术联合会在北京正式成立，1994年10月22日被国际单项体育联合会接纳为正式会员，武术同时成为国际奥委会承认的体育项目。由此可见，中华武术起源于远古，源远流长，是世界古老文化之一，是中华民族所独有的文化艺术瑰宝。

二、武术的内容与分类

武术主要包括套路、散手两种运动形式。武术套路形式有拳术、器械、对练和集体项目。拳术包括长拳、南拳、太极拳、形意拳、八卦掌、通背拳和地躺拳等。

器械包括：刀、剑、棍、枪、双刀、双剑、九节鞭和三节棍等。

对练项目：徒手对练、器械对练及徒手对器械三种类型。

集体项目是多人进行拳术、器械演练的形式。这些不同的套路形式，不仅体现了武术的攻防格斗内涵，同时也具有优雅美观、节奏鲜明的风格特点。

武术散手是徒手格斗运动的一种形式。

世界武术锦标赛项目：根据近二十年世界武术的发展情况，把最具备竞技特点、可比性较强、有利于客观评判的武术项目，在世界武术锦标赛中设置了31个项目。

三、武术的锻炼价值

1. 健身价值：增长肌肉力量，增强关节韧带的柔韧性，提高身体协调和灵活性以及平衡能力。

2. 修身价值：热爱祖国传统武术，培养坚忍、顽强，勇于战胜困难的意志品质和良好的武术道德以及团结、协作的精神。

3. 医疗价值：矫正身体姿态，提高大脑兴奋、反应活力，治疗慢性疾病，促进病者康复。

4. 观赏、娱乐价值：提高审美观念，培养自身健美姿态，观赏表演和比赛，感受力与美的结合，提高兴趣，陶冶情操。

5. 国防价值：提高军队的擒拿格斗技术和身体力量以及快速反应战斗力，对国防和社会治安有保障作用。

6. 交流价值：促进社会交往，改善人际关系，互相交流，切磋武术技艺，通过国际比赛，加强国际人民间的友谊、团结，广泛普及武术运动。

第二节　武术基本技术

通过练习武术基本功，不仅可以掌握基本动作、基本技术、基本方法，还能全面、有效地提高身体素质，减少损伤，为学习拳术和器械套路以及提高武术的技术水平打下良好的基础。

一、手型、手法

（一）手 型

手 型

1. 拳：五指卷紧，拳面要平，拇指压于食指、中指第二指节上。（图13-2-1）
2. 掌：拇指外展或弯曲，其余四指伸直并拢向后伸张。（图13-2-2）
3. 勾：屈腕，五指撮拢，或拇指与食指、中指撮拢成刁勾。（图13-2-3）

图 13-2-1　　　　图 13-2-2　　　　图 13-2-3

手　法

（二）手　法

1. 冲拳：拳从腰间旋臂向前快速击出，力达拳面。（图 13-2-4）
2. 架拳：右拳向左经体前向头上方架起，拳轮朝上，臂成弧形。（图 13-2-5）
3. 劈拳：拳自上向下快速劈击，臂伸直，力达拳轮；抡臂时臂要抡成立圆劈击。（图 13-2-6）

图 13-2-4　　　　图 13-2-5　　　　图 13-2-6

4. 推掌：掌由腰间旋臂向前立掌推击，速度要快，臂要直，力达掌外沿。（图 13-2-7）
5. 亮掌：臂微屈，抖腕翻掌，举于体侧或头上。（图 13-2-8）
6. 格肘：前臂上屈，手心向里，力在前臂，向内横拨为里格，向外横拨为外格。（图 13-2-9）

图 13-2-7　　　　图 13-2-8　　　　图 13-2-9

二、步法、腿法

（一）步　法

1. 弓步：前脚微内扣，全脚着地，屈膝半蹲，大腿成水平，与膝部或脚尖垂直，另一腿挺膝伸直，脚尖内扣，斜向前方，全脚着地。（图 13-2-10）
2. 马步：两脚左右开立距离约为脚长的 3 倍，脚尖正对前方，屈膝半蹲，大腿成水平。（图 13-2-11）
3. 虚步：后脚尖斜向前，屈膝半蹲，大腿接近水平，全脚着地；前腿微屈，脚面绷紧，脚尖虚点地面。（图 13-2-12）
4. 仆步：一腿全蹲，大腿和小腿靠紧，全脚着地，膝与脚尖稍外展，另一腿平铺接近地面，全脚着地，脚尖内扣。（图 13-2-13）
5. 歇步：两腿交叉屈膝全蹲，前脚全脚着地，脚尖外展，后脚脚跟离地，臀部外侧紧贴小

腿。（图 13-2-14）

图 13-2-10　　图 13-2-11　　图 13-2-12　　图 13-2-13　图 13-2-14

（二）腿 法

正踢腿

1. 正踢腿：支撑腿伸直，全脚着地，另一腿膝部挺直、脚尖勾起前踢，接近前额，动作要轻快有力，上体保持正直。（图 13-2-15）

2. 侧踢腿：脚尖勾起，经体侧踢向脑后。其他同正踢腿。（图 13-2-16）

侧踢腿

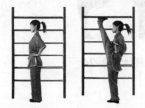

图 13-2-15　　　　　　　　　图 13-2-16

3. 里合腿：支撑腿自然伸直，全脚着地，另一腿从体侧踢起经面前向里做扇面摆动落下。其他同正踢腿。（图 13-2-17）

4. 外摆腿：同里合腿，只是摆动方向相反。（图 13-2-18）

里合腿

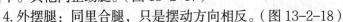

图 13-2-17　　　　　　　　图 13-2-18

外摆腿

5. 弹腿：支撑腿直立或微屈，另一腿由屈到伸向前弹出，高不过腰，膝部挺直，脚面绷平。小腿弹出轻快有力，力达脚尖。（图 13-2-19）

图 13-2-19　　　　　图 13-2-20　　　　　图 13-2-21

6. 蹬腿：支撑腿直立或稍屈，另一腿由屈到伸，脚尖勾起，用脚跟猛力蹬出，高不过胸，低不过腰。（图 13-2-20）

7. 踹腿：支撑腿直立或稍屈，另一腿由屈到伸，脚尖勾起、内扣或外摆用脚底猛力踹出，高踹与腰平；低踹与膝平；侧踹时上身倾斜，脚高过腰部。（图 13-2-21）

蹬腿　　踹腿

135

三、保持平衡

平　衡

1. 提膝平衡：支撑腿直立站稳，上体正直；另一腿在体前屈膝，高提近胸，小腿斜垂内扣，脚面绷平内收。（图 13-2-22）

2. 扣腿平衡：支撑腿屈膝半蹲；另一腿屈膝，脚尖勾起，并紧扣于支撑腿的膝后。（图 13-2-23）

3. 燕式平衡：支撑腿直立站稳。上体前俯略高于水平，挺胸展腹。后举腿伸直，高于水平，脚面紧绷。（图 13-2-24）

图 13-2-22　　图 13-2-23　　图 13-2-24

四、跳跃翻腾

1. 腾空飞脚：摆动腿提高，起跳腿上摆伸直，脚面绷平，腿高过肩，击手和拍脚要连续快速，准确响亮。（图 13-2-25）

2. 旋风脚：摆动腿直摆或屈膝，起跳腿伸直，向内腾空转体 270°，异侧手拍击脚掌，腿高过肩，击拍响亮，转体 360° 落地。（图 13-2-26）

图 13-2-25　　　　　图 13-2-26

第三节 太极拳

24式太极拳

一、太极拳概述

太极拳是中国武术的一个重要拳种。该拳种根据中国古代阴阳哲学的原理而命名。太极拳中所有动作的开合、起落、进退、刚柔、蓄发、顺逆、虚实和曲直等，无不和谐地体现出阴阳对立与统一的辩证规律。

太极拳在长期的流传过程中逐渐形成了陈氏、杨氏、吴氏、孙氏和武氏等功法流派。新中国成立以后，创编了24式简化太极拳，更适合广大群众练习。

太极拳的运动特点：中正安舒、轻灵圆活、松柔慢匀、开合有序、刚柔相济。经常练习太极拳可亲身体会到音乐韵律、哲学内涵、美的造型、诗的意境。在高雅的享受中，使身心得到放松。

通过生理、生化、解剖、心理、力学等多学科的研究证明，太极拳对防治高血压病、心脏病、肺病、肝炎、关节病、胃肠病和神经衰弱等慢性病有很好的疗效。

二、太极拳功法要领

虚灵顶颈：头颈似向上提升保持正直，松而不僵，身体重心保持稳定。

含胸拔背、沉肩垂肘：指胸、背、肩、肘的姿势，胸要含不能挺，肩不能耸，肘不能抬而要下垂，全身要自然放松。

手眼相应，以腰为轴，移步似猫行，虚实分明：打拳时必须上下呼应，融为一体，要做到动作出于意、发于腰、动于手，眼随手转。

意体相随，以意发力：如果软绵绵地打完一套拳身体不发热，不出汗，心率没有变化，就失去了打拳的作用。应该随意用力，内功使劲而外表动作看不出来。

意气相合，气沉丹田：就是用意与呼吸相配合，用腹式呼吸，一吸一呼正好与动作一开一合相配。

动中求静，动静结合：即肢体动而脑子静，意念要集中，正所谓"形动于外，心静于内"。

行云流水，连绵不断：指每式动作快慢均匀，各式间连绵不断，全身各部位肌肉舒松协调而紧密衔接。

三、24式简化太极拳动作名称

组　别	动作名称		
第一组	1. 起　势	2. 左右野马分鬃	3. 白鹤亮翅
第二组	4. 左右搂膝拗步	5. 手挥琵琶	6. 左右倒卷肱
第三组	7. 左揽雀尾	8. 右揽雀尾	
第四组	9. 单　鞭	10. 云　手	11. 单　鞭
第五组	12. 高探马	13. 右蹬脚	
第六组	14. 双峰贯耳	15. 转身左蹬脚	16. 左下势独立　17. 右下势独立
第七组	18. 左右穿梭	19. 海底针	20. 闪通臂
第八组	21. 转身搬拦捶	22. 如封似闭	23. 十字手　24. 收　势

四、24式简化太极拳分解动作图

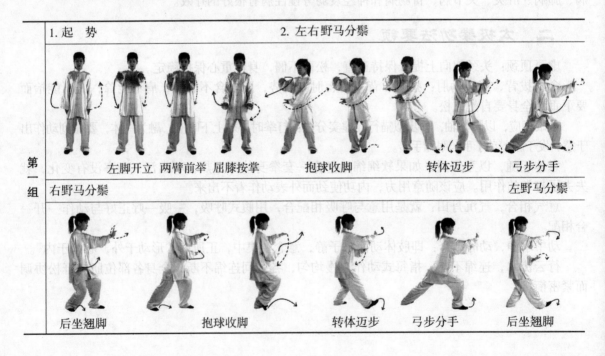

1. 起　势

2. 左右野马分鬃

第一组

左脚开立　两臂前举　屈膝按掌　抱球收脚　转体迈步　弓步分手

右野马分鬃　　　　　　　　　　　　　　　　　　　　　左野马分鬃

后坐翘脚　　　抱球收脚　　　转体迈步　弓步分手　后坐翘脚

3. 白鹤亮翅						

第一组

抱球跟脚		转体迈步	弓步分掌	跟步抱球	后坐转体	虚步分手

4. 左右搂膝拗步　　　　　　　　　　　　　　　　右搂膝拗步

转体落手	转体收脚	迈步屈肘	弓步搂推	后坐翘脚

左搂膝拗步

第二组

转体跟脚	迈步屈肘	弓步搂推	后坐翘脚	转体跟脚

5. 手挥琵琶　　　　　　　　　　　　6. 左右倒卷肱

迈步屈肘	弓步搂推	跟步撤手	后坐挑掌	虚步合臂

左倒卷肱

转体撤手	提膝屈肘	退步推掌	转体撤手	提膝屈肘	退 步

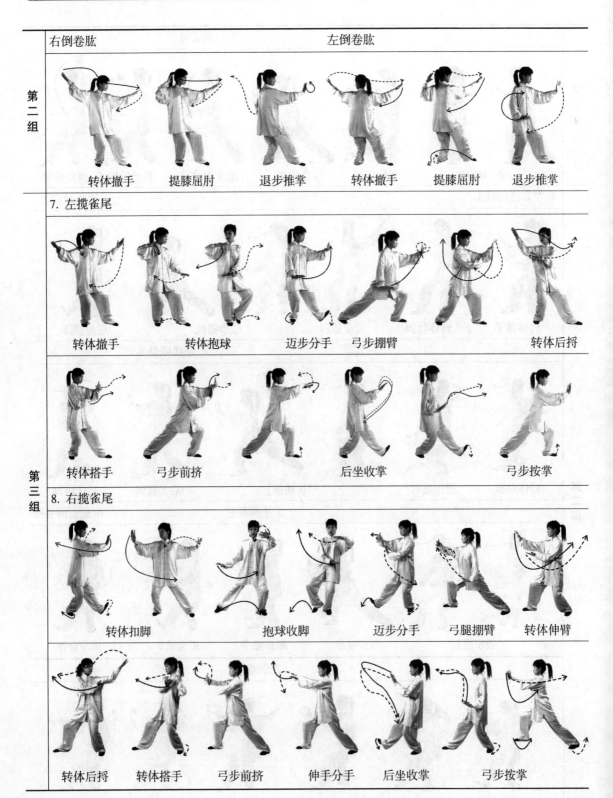

第二组	右倒卷肱			左倒卷肱		
	转体撤手	提膝屈肘	退步推掌	转体撤手	提膝屈肘	退步推掌

7. 左揽雀尾

转体撤手	转体抱球	迈步分手	弓步掤臂		转体后捋

转体搭手	弓步前挤		后坐收掌		弓步按掌

8. 右揽雀尾

转体扣脚		抱球收脚		迈步分手	弓腿掤臂	转体伸臂

转体后捋	转体搭手	弓步前挤	伸手分手	后坐收掌		弓步按掌

9. 单 鞭

转体扣脚　　　　云　手　　　　勾手收脚　　　　转体迈步　　　　马步推掌

10. 云 手

转体扣脚　　　转体撑掌　　　转体云手　　　撑掌收步　　　转体云手　　　撑掌出步　　　转体云手

撑掌出步　　　转体云手　　　撑掌收步　　　　转体云手　　　　撑掌出步　　　转体云手

11. 单 鞭

撑掌出步　　　转体云手　　　撑掌收步　　　转体勾手　　　转体迈步　　　弓步推掌

12. 高探马　　　　　13. 右蹬脚

跟步后坐翻掌　　虚步推掌　　　穿掌提脚　　　弓步分手　　　跟步合抱　　　提膝分手　　　蹬脚撑臂

14. 双峰贯耳

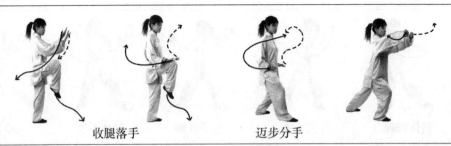

收腿落手　　　　　迈步分手

15. 转身左蹬脚

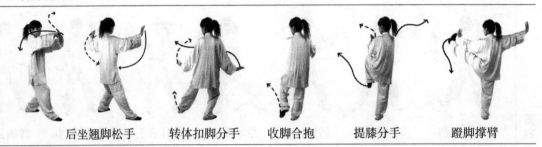

后坐翘脚松手　　　转体扣脚分手　　收脚合抱　　　提膝分手　　　蹬脚撑臂

16. 左下势独立

收腿屈肘　　提膝勾手　　蹲身侧步　　仆步穿掌　　　弓腿起伸　　　提膝挑掌

17. 右下势独立

落脚收手　　蹲身侧步　　　仆步穿掌　　　　弓腿起身　　　提膝挑掌

18. 左右穿梭

落脚转体　　抱球跟脚　　　迈步分手　　　弓步推架　　重心后移　　抱球跟脚

第五组　第六组　第七组

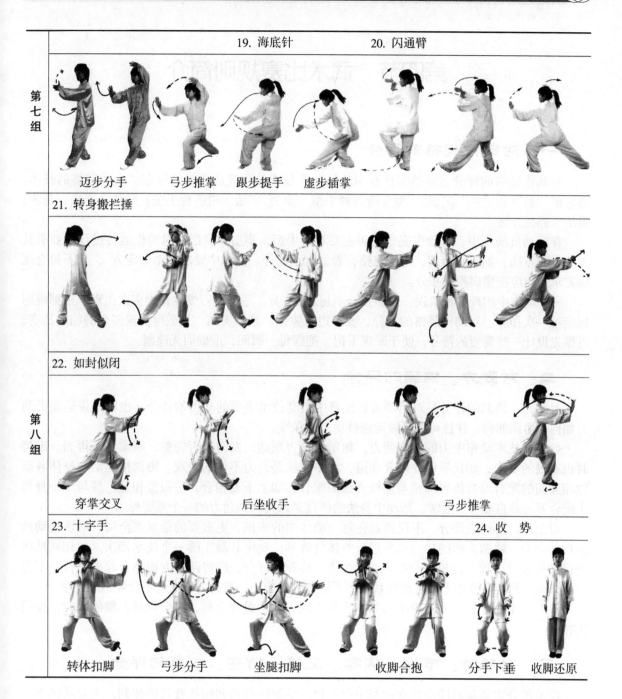

第七组

19. 海底针　　　　20. 闪通臂

迈步分手　　弓步推掌　　跟步提手　　虚步插掌

21. 转身搬拦捶

22. 如封似闭

第八组

穿掌交叉　　　　　后坐收手　　　　　弓步推掌

23. 十字手　　　　　　　　　　24. 收　势

转体扣脚　　弓步分手　　坐腿扣脚　　收脚合抱　　分手下垂　　收脚还原

第四节　武术比赛规则简介

一、对动作规格的评分

对动作规格的评分是对整套比赛中的每一个技术动作完成质量的评定。一个完整的技术，通常由"型"和"法"组成。"型"指各种手型、步型，"法"指各种手法、腿法、步法、身法、眼法及器械方法。

在运动员演练中，对动作完成姿势主要看其手型、步型和身法；对动作运转过程主要看其方法是否正确，如路线清楚，走势完整，着力点正确等。武术中要求"动圆定方"，凡不符合规格要求，均应按错误程度扣分。

一个动作中出现多种错误，最多扣分不超过 0.3 分。手型中习惯性错误多次出现，根据规则规定可一次扣除。对动作规格的扣分，要求边看边记，具体实扣。为适应快速多变的临场比赛，可预先设计一些简便的符号，便于眼观手记，把握每一瞬间，准确而无疏漏。

二、对劲力、协调的评分

对劲力、协调的评分是对运动员在比赛中整套技术表现的功力的评分，也就是说运动员劲力如何，协调如何，往往可判断该运动员功力的深浅。

劲力指技术动作中力的表现能力，如用力是否顺达，发力是否完整，刚柔是否得当。定势时也有劲的要求，如长拳中要内含劲道，动作散软是劲力不佳的表现。协调指运动中身体各部位相互间的配合及身体各部位与器械方法的配合，如上下要相合，手眼要相随，身与步、身与手配合要巧妙自如等。通常，运动中身法的体现是评判协调劲力的一个重要标志。

对劲力、协调的评分，不仅要看在每一动作中的表现，更重要的是纵观全局，对该运动员表现的劲力、协调方面的功力水平进行整体性评判，确定其属于哪一个技术档次，与相同档次的运动员进行比较，做相应的扣分。对劲力、协调的评分，应将两个方面综合起来进行，不要分割开来。两者在技术上是密切联系的，不协调的动作，一般劲力表达也不会顺达、完整。

该类动作的评分与动作规格的具体实扣不同，要求纵观全局，综合判断，整体比较，按档次扣分。

三、对精神、节奏、内容、风格、结构、布局的评分

该类评分主要是对运动员在比赛中整套技术的演练技巧和编排技巧的评判，主要从以下六个方面来评判。

（一）精　神

精神指内在心志活动的表现，如要求精神饱满，意识集中，具有攻防意向，富有气势。通常，面部神态和目光是表现精神的一个重要窗口。

（二）节　奏

节奏指整套动作的时间变化，对动与静、快与慢的处理技巧。通常长拳节奏鲜明多变，南拳明快铿锵，太极拳柔绵均匀。但都应有韵律，平淡无味和杂乱无章的节奏处理是不当的。

（三）内 容

内容主要指整套技术内容是否充实、丰富和全面，还要看是否属于武术动作，对不当的非武术动作应酌情扣分。

（四）风 格

风格指整套技术演练的风貌和格调。评判中，首先要看对武术基本风格体现如何，其次看是否符合该项目的基本技术风格，还要看整套风格是否和谐一致，具有个性特征。生搬硬套和拼杂的技术，应在风格中酌情扣分。对外来技术的合理吸收和融化是允许的，与前者有本质的区别。

（五）结 构

结构指整套动作的组接与编排，如结构是否合理、紧凑，衔接是否顺畅、巧妙、起伏转折。

（六）布 局

布局指整套动作的空间变化，如场地的运用是否合理、均衡，布局是否充实、富有变化，局限、偏重、呆板的布局应酌情扣分。

以上六个方面，不同的拳种项目有不同的特点和规律，评判中应注意各自的要求。

该类内容的评分方法与劲力、协调的评分方法基本用纵观全局、综合判断、整体比较、按档次评分。

对综合比较的评分方法，在观察中也可在评分表中做适当的记忆符号，作为最后扣分的参考。由于尺度比较抽象，裁判员须不断积累经验，抓住整体性表现出的功力和技巧两个主要环节，提高鉴别能力。为便于把握尺度，还可与技术规格的评分一起权衡一下，如发现技术与成绩不合理，应调整 2、3 两栏的整体性扣分。如两名运动员，一名技术规格评分扣 0.4 分，2、3 两栏整体性评分扣 0.5 分，另一名运动员规格评分扣 0.5 分，而整体性评分扣 0.4 分，此时应将两名运动员全面对比一下，确有区别，应调整整体性评分扣分值。若确为各有所长，也可判扣分相等。

比赛中某一项目若不能在一个场次内比完，须牢记该场比赛中好、中、差三个档次的技术表现和得分情况，作为下一场次评分的参考依据，避免评分尺度上的前紧后松或前松后紧。

四、对其他错误的扣分

其他错误的扣分是指在比赛中出现的技术性失误或技术违例，如中途退场，遗忘，器械、服装影响动作，器械变形、折断或掉地，出界，失去平衡，起、收势不符合规定，动作组别不合规定，助跑不符合规定，时间不足或超出规定时间等。该栏目的扣分在 10 分中不占分值。根据规则，出现上述情况按情节程度扣分。裁判长和裁判员应熟记各项条款和扣分标准，准确判断，及时记录，合理扣分。同时发生两种以上其他错误，应累计扣分。

从 10 分中减去以上 4 个栏目的扣分，即为裁判员对该运动员的评分。在评分中还应注意各栏目之间的区别，避免重复扣分，尤其应注意技术规格错误扣分与整体性技术错误扣分，不能重复。例如，力点不准确应在技术动作规格中扣，而整套中劲力不足或动作僵硬，则应在整体性技术错误的第 2 栏目中扣分。两者不可混为一谈，更不能重复扣分。

第十四章 跆拳道

第一节 跆拳道概述

跆拳道百科

一、跆拳道的起源与发展

跆拳道的产生源于人类远古祖先的生存需要，在原始社会生产力极为低下的社会条件下，人类为了生存，必须同自然界的野兽搏斗，这就产生了搏斗的各种方法。经过漫长的岁月，人们为强健体魄和自卫而产生的搏击逐渐演化为有意识的技击活动，从而产生了朝鲜民族特有的运动形式——跆拳道。

现代的跆拳道被韩国人视为国技。"跆"（TAE），意思为脚踢、脚踹，这与中国《辞海》中关于"跆"字的解释非常吻合，跆即为踩踏、蹬踏之意；"拳"（KWON）意指用拳击打；"道"（DO）即为练习的方法，也为一种精神。

跆拳道在 1986 年被列为第 10 届亚运会的正式比赛项目。1994 年 9 月，国际奥委会正式将跆拳道列为 2000 年奥运会正式比赛项目，设男女各四个级别。目前，跆拳道运动已经具有完全独立的国际体育组织，成为正规的运动项目。在世界锦标赛、亚运会和亚洲锦标赛上共设有男女各八个级别。跆拳道每两年举办一次世界锦标赛和世界杯比赛。

1992 年 10 月 7 日，中国跆拳道协会筹备小组成立，这标志着中国跆拳道运动的正式开始。1995 年 5 月，共有 22 个单位 250 名运动员参加了在北京体育大学举行的第 1 届全国跆拳道锦标赛，从此跆拳道在中国迅速发展了起来。1995 年 8 月中国跆拳道协会正式成立，魏纪中当选为第一任协会主席。同年 11 月，中国跆拳道协会被世界跆拳道联盟接纳为正式会员。

二、跆拳道的特点与作用

由于跆拳道相对比较简单易学，且能起到防身自卫、强身健体的作用，所以深得人们的喜爱。随着这项运动在世界范围内的不断推广和发展，跆拳道已基本上分为两个方向来发展：一种国际跆拳道联盟倡导的以跆拳道品势演练为主。所谓品势就是将不同于真实格斗的技术编成各种组合，形成固定的套路，如太极八章、高丽和一如等。另一种是通过实战的不断发展，完善为现代竞技体育运动而成了奥运会上正式的比赛项目，也就是世界跆拳道联盟倡导的竞赛跆拳道，即通常所说的跆拳道比赛。

（一）跆拳道的主要特点

1. 以腿法为主，拳脚并用

由于竞赛的需要、规则的限制和跆拳道攻击方法的特点，使得跆拳道主要是以脚法攻击对方为主。进攻时注重送髋，力求出腿的力度和击打的效果。在比赛中虽然可以使用拳的得分技术，但往往只起到防守、格挡的作用。进攻时则主要是运用腿法攻击对方头部（以面部为主，不允许攻击后脑）和被护具所保护的胸腹部。

2. 以击破为测试功力的手段

跆拳道在向外推广时，大多是以这种击破的方式向人们展示其威猛无比的功夫，这种方法是用拳、掌或脚分别击碎木板、砖瓦，以此检验和测试练习者的功力程度。这种独特的方法现已成为跆拳道训练、晋级升段、表演比赛的一个主要内容。

3. 强调气势，发声扬威

无论品势还是竞赛跆拳道，都要求在气势上给人以威严，多以发出洪亮并带有威慑力的声音来显示自己的威力。尤其是在竞赛跆拳道比赛中，双方运动员都以规则允许的发声来提高自己的斗志，借以在气势上压倒对手，甚至在出击时配合击打效果使裁判得以认可，争取先在心理上战胜对手，所以跆拳道练习者都要进行专门的发声练习。

4. 礼始礼终，培养良好的道德品质

跆拳道给人们留下的较深印象是跆拳道练习者始终是在不同的场合行礼鞠躬。这是因为跆拳道练习者始终把"礼"作为训练内容。强调"礼始礼终"，即练习活动都要从礼开始，以礼结束。要求跆拳道练习者在练习技术的同时，在道德修养方面也要不断地提高自己。

5. 以刚制刚，直来直往

在进行跆拳道比赛中，运动员使用的技术多是以刚制刚、以直接接触为主，方法比较硬朗简练。进攻时都采用直线的连续进攻，以快速连贯的腿法组合打击对手；防守时的动作也是以直接的格挡为主，讲究以硬抗硬，以快制快。

（二）跆拳道的作用

跆拳道具有防身健身、修身养性、娱乐观赏等多方面的作用，是人们增强体质、培养意志品质的一种较好的手段。

1. 改善和增强体质

跆拳道的技术动作是由全身协调配合，主要通过各种各样的腿法来表现。它能很好地促进人体的力量、速度、灵敏、耐力、协调等全面身体素质的发展，具有强身健体的作用。由于运动员在比赛和平时训练中要经常临场应变技战术，或是快速进攻，或是主动后撤再反击，或是腾空劈腿，或是后踢接后旋踢，这对提高神经中枢的灵活性、提高神经中枢协调支配各器官的能力起着良好的作用。

2. 提高防身与自卫的能力

跆拳道是武技中的一项。通过跆拳道练习，不仅可以掌握各种踢法和拳法，提高身体的灵活能力和反应能力，还可以经过长期训练后形成一定技能，具备防身和自卫的能力。

3. 磨炼意志，培养高品格的修养

跆拳道推崇"礼始礼终"的尚武精神。其宗旨是礼义廉耻、忍耐克己、百折不挠。通过跆拳道的训练，可以培养练习者坚韧不拔、勇敢无畏、顽强坚毅的意志品质，尤其讲究未曾学艺先学礼，未曾习武先习德。使练习者从开始就养成谦逊、宽容、礼让的高尚品德和尊师重道、讲礼守信、见义勇为的情操，以有益于社会。

4. 娱乐观赏

跆拳道是一项很具有观赏性的运动项目。在功力检验中，运动员轻松击破木板、砖瓦使人为之惊叹。而竞赛跆拳道则是两人激烈地对抗，双方选手斗智斗勇，比赛中常有的凌空飞腿和组合腿法令人眼花缭乱，具有极高的观赏价值。

第二节　跆拳道基本技术

跆拳道以腿法的攻击为主，被称为踢的艺术。要想学好跆拳道，必须要学好、练好跆拳道的基本技术。

一、拳　攻

（一）动作要领

以左势实战姿势开始。右脚蹬地，向左转腰，右手拳从胸前向前击出；击打目标后，右臂回收至原来位置，仍成左势实战姿势。（图 14-2-1）

（二）动作要点

1. 判断准确，出拳果断。
2. 出拳时要充分利用蹬地、转髋转腰、顺肩和旋腕的合力，力达拳面。
3. 击打的瞬间，肩、肘、腕、指各关节紧张用力，聚力而发。
4. 击打目标后迅速放松，收拳回到原来位置。

　　图 14-2-1　　　　　图 14-2-2　　　　　图 14-2-3

二、推　踢

（一）动作要领

以左势实战姿势开始。右脚蹬地屈膝提起，左脚以脚掌为轴向外旋转约 90°，重心往前压，同时右脚迅速向前方直 线推踢，力点在脚掌；推踢后屈膝收腿成左势实战姿势。（图 14-2-2、图 14-2-3）

（二）动作要点

1. 提膝时尽量收紧大、小腿。
2. 身体重心往前移，加大前推力度。
3. 推踢时右腿往前上方伸展，髋向右上侧送。
4. 推踢时的用力方向是水平向前。

前 踢

三、前 踢

（一）动作要领

以右势实战姿势开始。左脚蹬地屈膝提起，右脚以脚掌为轴向外旋转约 90°；同时左腿伸膝、送髋、顶髋把小腿快速向前踢出，力达脚背；踢击目标后迅速收回成右势实战姿势。（图 14-2-4、图 14-2-5）

（二）动作要点

1. 膝关节上提时大、小腿折叠，膝关节夹紧，小腿和踝关节放松。

2. 踢击时顺势往前送髋；高踢时往上送髋。

3. 小腿回收要与前踢一样快。

图 14-2-4　　　　　图 14-2-5

四、横 踢

横 踢

（一）动作要领

以左势实战姿势开始。右脚蹬地夹紧向前、向上提膝，左脚以脚掌为轴脚跟内旋；右膝关节抬至水平位置，小腿迅速向前踢出；击打目标后迅速收小腿，重心落下成左势实战姿势。（图 14-2-6 ～图 14-2-8）

（二）动作要点

1. 膝关节夹紧向前提膝，尽量走直线。

2. 支撑脚外展 180°，使身体转向另一侧。

3. 髋关节往前上方送，上体与右腿在同一个平面内成直线。

4. 腰部发力，髋关节展开，大腿带动小腿，踝关节放松。

图 14-2-6　　　图 14-2-7　　　图 14-2-8

五、后　踢

（一）动作要领

以左势实战姿势开始。左脚以脚掌为轴内旋成脚跟正对对手，上身旋转，右膝向腹部靠近，大、小腿折叠，右腿用力向攻击目标直线踢出，重心前移落下成右势实战姿势。（图14-2-9～图14-2-12）

后　踢

图14-2-9　图14-2-10　　图14-2-11　　　图14-2-12

（二）动作要点

1. 起腿后上体和大、小腿收紧。
2. 脚向后上方踢出后，力量通过脚跟沿出腿方向直线击出。
3. 转身、提腿、出腿、发力等动作连贯、快速，一次性完成，不能停顿。

六、侧　踢

（一）动作要领

以左势实战姿势开始。右脚蹬地起腿，屈膝上提，左脚以脚掌为轴向外旋转180°，脚跟正对前方，右腿快速向右前上方直线踢出，力点在脚跟，放松收腿成左势实战姿势。（图14-2-13、图14-2-14）

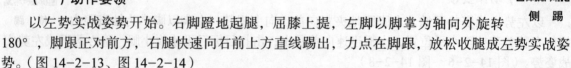

侧　踢

（二）动作要点

1. 起腿时，大、小腿夹紧，直线向上提起。
2. 提膝、转体、踢击要协调、连贯；踢击时要转体、展髋，上体略侧倾。
3. 踢击目标的瞬间，头、肩、腰、髋、膝、腿和踝在同一平面内。

七、下　劈

（一）动作要领

以左势实战姿势开始。右脚蹬地，重心前移，右脚上举至头部上方时，迅速向前下方劈落，用脚后跟或脚掌击打目标后，放松落地成右势实战姿势。（图14-2-15、图14-2-16）

图14-2-13　　　　图14-2-14　　　　图14-2-15　图14-2-16

（二）动作要点

1. 腿尽量往高、往后举，身体重心抬高。

2. 支撑脚脚跟离地，起腿要快速、果断，尽量向前上方送髋。

3. 踝关节放松，脚向前下劈，落地要有控制。

八、摆 踢

（一）动作要领

以左势实战姿势开始。右脚蹬地屈膝提起，左脚以脚掌为轴向外旋转约180°，右脚向左前方伸出，用力向右侧水平击打，重心往前落下成左势实战姿势。（图14-2-17~图14-2-20）

图 14-2-17 图 14-2-18 图 14-2-19 图 14-2-20

（二）动作要点

1. 起腿后右腿屈膝抬过水平位置，然后随转体内扣右膝关节。

2. 右脚要随转体尽量向前上方伸展。

3. 右脚掌向右鞭打时要屈膝扣小腿。

九、后旋踢

后旋踢

（一）动作要领

以左势实战姿势开始。左脚以前脚掌为轴向外旋转90°，上身旋转，重心前移，屈膝收腿，右腿向右后方最高点伸出并用力向左屈膝击打，重心在原地旋转，身体继续转动，脚落于原来位置，恢复成左势实战姿势。（图14-2-21～图17-2-23）

（二）动作要点

1. 转身、旋转、踢腿动作连贯。

2. 击打点在正前方，腿的运行轨迹成水平弧线。

3. 屈膝起腿的旋转速度要快。

4. 蹬地、转腰、转上体、摆腿依次发力。

图 14-2-21 图 14-2-22 图 14-2-23

十、双飞踢

（一）动作要领

两人从闭势实战姿势开始。攻方居右，先用右横踢攻击对方左肋部，随即左脚蹬地起跳，身体腾空右转，用左横踢迅速踢击对方胸部或腹部，左脚横踢目标后迅速前落成左势实战姿势。（图 14-2-24 ～图 14-2-28）

双飞踢

图 14-2-24　　　　　　图 14-2-25

图 14-2-26　　　图 14-2-27　　　　图 14-2-28

（二）动作要点

1. 右腿横踢目标的同时左脚蹬地起跳。
2. 左脚起跳后迅速随身体右转，并用左脚横踢目标。
3. 两腿在空中完成交换动作后，右脚先落地。

十一、旋风踢

（一）动作要领

以左势实战姿势开始。以左脚掌为转动轴，脚跟向前转动一周，右脚屈膝上提，随身体转至正对前方时，左脚蹬地跳起向左横踢，右、左脚依次落地。（图 14-2-29 ～图 14-2-31）

旋风踢

图 14-2-29　　图 14-2-30　　图 14-2-31

（二）动作要点

1. 转体动作要迅速果断，左脚外旋时脚跟正对前方。
2. 右腿随身体右转向右后侧摆起时不要过高，以能带动身体旋转起跳为宜。

3. 左脚蹬地起跳，身体略腾空，不过膝，目的是快速旋转出腿。

4. 左腿横踢时，右腿向下快落站稳，即横踢目标的同时右脚落地。

第三节　跆拳道基本战术

一、假动作或假象战术

用逼真的假动作或假象欺骗对手，引其上当，分散其注意力，使其露出破绽，利用这个机会猛烈攻击而得分。

二、心理战术

比赛开始前，利用情绪、动作和表情等威慑对手，比赛中用气势压倒对手，或利用规则允许和基本允许的各种手段，干扰对方情绪，给对方造成心理负担，使对手技能战术发挥失常，挫伤对方的锐气，发挥自己的优势，在气势上战胜对方。

三、防守反击战术

利用防守好的特点，在防守的基础上利用反击技术打击对方。

四、体力战术

对于耐力好的运动员来说，要充分发挥体力比对方好的优势，让对手和自己一直处于运动之中，与对方比拼体力，耗掉对方的体力而战胜对手。

五、步法战术

利用自己步法灵活和动作敏捷的优势，围绕对手游斗，引对手上当或扰乱其情绪；待对方反击时又迅速撤退或靠近对手，扰乱对手的情绪和攻防意图，破坏对手的进攻而战胜对手。

六、优势战术

在比赛平分的情况下，利用规则上允许的技术，靠主动进攻次数或使用高难技术而取胜。规则中规定，在比赛平分的情况下，裁判员根据双方主动进攻的次数和使用高难技术的多少进行判定，进攻次数或使用高难技术多的一方为胜方。

七、语言战术

教练员和运动员达成默契的配合，用语言引诱对手上当受骗；但要注意语言的隐蔽性和合理性，既能够使对方上当，又不要触犯规则。

竞技跆拳道的各项战术是互相矛盾、互相克制的，正如每个进攻方法都有反攻一样。由于跆拳道比赛过程情况复杂，变化多端，对手多种多样，运动员应根据比赛中随时变化的情况，灵活机动地运用一种或多种战术，从而达到预期的比赛目的。

第四节　跆拳道比赛规则简介

跆拳道比赛采用三回合制，每个回合 3 分钟，回合之间休息 1 分钟。属于有直接身体碰撞的激烈对抗性项目，运动员比赛时必须穿戴护头、护身、护裆、护臂和护腿。以拳的正面、踝关节以下部位进攻对手髋骨以上、锁骨以下被护具保护的躯干部位，以及以两耳为基准的头部和颈部的前面部分。以得分判定名次，得分多者名次列前。按体重分级别进行比赛。

跆拳道规则的基本哲学思想是：练习此项运动者必须修身养性，道德教育第一，运动技巧第二。此项运动是严格的礼仪与礼仪的严格的有趣结合。因此，一方面，跆拳道运动员要遵从传统韩国社会的优雅礼仪，面前的对手头部和身体按规定的角度弯下优雅地鞠躬。另一方面，规则要求运动员身上、头上戴护具，并建议在道服内腹股沟、前臂和胫骨上佩带护具并带护齿。

一、比　赛

跆拳道比赛包括两方——"Chung"（蓝）和"Hong"（红），双方以脚踢打对手的头和身体或用拳击打对方的身体而得分。比赛分三个回合，每回合 3 分钟，两回合之间休息 1 分钟。选手可通过下述方法获胜：将对方击出场外，得分最高，使对手被罚分达到 3 分，或对手被剥夺比赛资格。

比赛开始前，裁判分别发出"cha-ryeot"和"kyeong-rye"指令后，双方立正并相互鞠躬，然后裁判喊"Shi-jak"宣布比赛开始。

二、得　分

每个合理的攻击将得分，下述为合理的攻击得分。

1. 击打对手的得分部位，除了头外，得分部位包括腹部及身体两侧，这三个部位标于对手的护具上。禁止击打对方小腹以下部位。

2. 用规则允许的身体部位击打对手。须用正确紧握的拳头的食指和中指的前部或脚踝关节以下的部位击打对方。

若三位裁判中的至少两位对击打进行了认定并记录，则得分有效。

三、犯　规

犯规是跆拳道比赛中的一个重要因素，不仅仅因为被罚 3 分——在高水平比赛中极为罕见——意味着自动失败，仅仅 1 个罚分就可左右比赛的胜负。跆拳道犯规分两种：Kyong-go 和 gam-jeom。最常见的一种犯规 Kyong-go 或警告意味着罚 0.5 分，但是若仅有一次这种犯规则不计入罚分，除非再次犯规而累计罚 1 分。若选手抓、抱、推对方、逃避性地背对对方、假装受伤等时，则判 Kyong-go。

另一种更为严重的犯规称为 gam-jeom，将被罚 1 分。典型的犯规行为包括扔对手，在格斗中在对手双脚离地时故意将其放倒，故意攻击对手后背，用手猛击对手的脸部。

四、击　倒

选手被击倒后裁判如拳击比赛一样开始 10 秒的读秒。在跆拳道比赛中一方由于对手发力而使其脚底以外的其他任何部位触地则判为被击倒。裁判也可在选手无意或无法继续比赛时开始读秒。一旦出现击倒，则裁判喊"kal-yeo"意为"暂停"，指示另一方退后，裁判开始用韩语读秒从1至10。即使被击倒的选手站起来欲继续比赛，他或她必须等待裁判继续读秒至8或"yeo-dul"，然后裁判判定该选手是否能继续比赛。若其无法继续比赛，则另一方以击倒获胜。

五、胜　方

在除了决赛以外的其他比赛若以平局结束，则分数高的一方获胜。若双方仍旧平分秋色，则由裁判根据比赛中双方表现的主动性来决定在三回合各3分钟的比赛中哪一方占优。若为争夺金牌的决赛，则双方进行第四回合即突然死亡回合的较量，率先得分者获胜，若无人得分，则裁判判定通过判断谁在该回合中占优而决定最后的胜方。

六、重量级划分

在世界跆拳道锦标赛中男女各分为传统的8个级别，而其首次作为正式比赛项目出现在2000年悉尼奥运会上时，男女各分为四个级别：男子：58千克以下，58～68千克，68～80千克，80千克以上；女子：49千克以下，49～57千克，57～67千克，67千克以上。

七、竞赛形式

悉尼奥运会中的跆拳道比赛进行单淘汰赛直至最终的冠亚军决赛。而铜牌以更为复杂的方式决出。所有负于两位决赛者的选手均有另一个机会进行次级比赛而决出铜牌。两位半决赛的负者直接进入次级比赛。所有负于两位决赛者的其他选手在其原所在组进行单淘汰赛，两位优胜者获得余下的两个半决赛席位。每一组的优胜者与另一组的半决赛的负者进行交叉半决赛，两位胜者争夺铜牌。

八、比赛区域

比赛区域为大小为12平方米的正方形场地，建于高于地面约1米的平台上，上面铺有弹性的垫子，为安全起见，场地外两侧平台的侧面略微向地面倾斜。场地内，正中是一个8平方米的蓝色正方形区域，其外边为红色的警告区，提醒选手正接近边线或平台的边缘。一旦选手的脚踏入警告区则裁判自动暂停比赛。故意进入警告区可判为Kyong-go，而故意跨过边线将判为gam-jeom。

九、防护服

跆拳道是一项身体全面接触的运动，要求参赛选手穿防护服，头部、身上、前臂、胫骨和腹股沟佩带护具。比赛前所有参赛选手将接受检查以确保其穿上所要求的护具。

十、其　他

1.若同时出现的犯规在一种以上，则裁判以处罚较重的犯规为准。
2.若双方均被击倒且读秒至10后无法恢复，则击倒前得分高者获胜。
3.若选手得分后立即犯规，则其所获分数可判为无效，如故意摔倒（一种避免受击打的战术）。
4.头部被击中倒地的选手在30秒内不得参加比赛。

第十五章　瑜　伽

第一节　瑜伽概述

瑜伽百科

一、瑜伽的起源与发展

"瑜伽"这个词，是从印度梵语"yoga"而来，其含意为"联结""结合"或"和谐"。瑜伽是一个通过提升意识，帮助人们充分发挥潜能的哲学体系及在其指导下的运动体系。瑜伽姿势是一个运用古老而易于掌握的方法，提高人们生理、心理方面的能力，以达到身体、心灵与精神和谐统一的运动形式。

瑜伽起源于印度，距今已有5000多年的历史，被人们称为"世界的瑰宝"。瑜伽发源于印度北部的喜马拉雅山麓地带，古印度瑜伽修行者在大自然中修炼身心时，无意中发现各种动物与植物天生具有治疗、放松、睡眠或保持清醒的功效，患病时能不经任何治疗而自然痊愈。于是古印度瑜伽修行者根据动物的姿势观察、模仿并亲自体验，创立出一系列有益身心的锻炼系统，也就是体位法。这些姿势历经了5000多年的锤炼，逐步衍化出一套理论完整、确切实用的养生健身体系，让世世代代的人从中获益，这就是瑜伽。

近现代，瑜伽在印度得到了迅速的传播与发展，如今瑜伽已经是人们生活中不可缺少的部分，是印度普及性最高的强身健体与拓展心灵智慧的运动。印度还有很多专门研究瑜伽的机构与培养瑜伽专业人才的学校，越来越多的瑜伽师赴欧美收徒授艺，将瑜伽在全世界传播。中国各大健身会所也将瑜伽作为一门重要的课程来吸引顾客。

随着中国瑜伽热潮的迅速升温，越来越多的爱美人士开始对瑜伽产生了较浓厚的兴趣，瑜伽的神奇功效得到了人们的广泛赞誉。练习瑜伽已经成为一种时尚、一种文化和一种生活方式。

二、瑜伽的锻炼价值

1. 修身养性、调理身心。长期练习瑜伽能够达到心静，忘掉所有烦恼，更好地熏陶自己的情操，让自己更加充满自信、更加热爱生活。

2. 提升意识，发挥潜能。瑜伽通过疏理身体中堵塞的气流来调节紊乱的心绪。当心灵掀开烦躁、忧郁和压力而平静下来的时候，注意力会变得更加集中，洞察力变得更加深刻，人的智性也会提升。

3. 消除疲劳，舒缓压力。瑜伽的呼吸法，通过有意识地呼吸，得以排除体内的废气、虚火，消除紧张和疲劳。

4. 改善健康，延年益寿。瑜伽的呼吸法，扭、挤、伸、拉的姿势，能畅通全身经络气血，活化脏腑机能，使细胞延迟衰老，使面色红润；还能增加血液循环，修复受损组织，使身体组织得到充分的营养。

5. 舒展身体，调节体重。借助瑜伽呼吸法配合的各种体位法的姿势，按摩身体内部器官，可促进血液循环，伸展僵硬的肌肉，使关节灵活，从根本上来改造人的体质，达到减肥的效果。

三、练习瑜伽的注意事项

瑜伽是有益身心的运动，适合任何年龄人士参与。要在运动的过程中体验瑜伽的好处和乐趣，练习前应注意以下事项，才能达到更佳的成效。

（一）空腹练习

每天均可练习，可以选择清晨、中午或是晚上，最好饭后 2～4 小时空腹练习。保持空腹，可防止因消化系统运作而消耗大脑及四肢的血液和营养，削弱瑜伽体位对身体的功效；同时也可避免因躯干扭动、屈曲而引起的胃部及内脏不适。

（二）舒适的环境

练习地点一般选择通风、安静和优美的环境，若有条件，选择空气良好的室外练习更佳。服装要求宽松、轻便、舒适即可，尽量少戴饰物，如项链、耳环和发饰之类的饰品。

（三）用鼻呼吸

空气中充满灰尘、病毒、悬浮粒子，用鼻子进行呼吸能阻隔污染物，也能令吸入的空气变得温暖和湿润，减少对呼吸管道的刺激，还可以保持吸入的空气卫生、洁净；更重要的是瑜伽讲求呼吸时控制，若没有运用正确的呼吸方法，会令体位的效果大打折扣，妨碍学习进度。

（四）莫存攀比

瑜伽是一种着重于内在修炼的运动，而并非是一种竞技比赛。练习时不应与其他学员攀比，否则会因争斗心而牵动情绪，产生竞争、骄傲、好胜、求成的不良心态，破坏练习时的专注力和学习动机，也易因过度逞强造成受伤。练习者应与自己比较，以之前的表现做评分的准则。

（五）量力而为

每个初学者的柔软度、耐力及学习能力各有不同。练习瑜伽时应按照个人能力，量力而为，跟从导师的指导学习。切勿急于求成，高估自己的能力，盲目仿效他人，练习高难度的瑜伽动作。这样只会增加受伤的机会，产生挫败感，最终得不偿失。

（六）运动安全

一般来说，瑜伽适合任何年龄的人士参与。不过，患有心脏病、高血压病、视网膜脱落、头颈背有伤患者、怀孕妇女、重病或手术后的病人在练习前应先征询医生意见，并在上课前通知导师自己的健康状态，以便做出适当的跟进和指导。

（七）聆听身体

要彻底感受瑜伽对身心的感觉，必先要集中精神，细心聆听身体的声音，感受每一个动作和呼吸对身体的反应。练习时，如果身体出现不正常的剧痛、晕眩、呼吸困难时，莫要逞强，应慢慢停止练习，并通知导师，等候适当的指示和协助。

（八）沐浴护肤

瑜伽课后，不要急于马上入浴，待脉搏平稳、体温恢复正常，稍作休息后才沐浴；特别是高温瑜伽后，毛孔扩张，身体容易着凉。洗澡时，水温也不应过热或过冷，以免刺激皮肤，使皮肤变得干燥、失去弹性。沐浴后，宜涂上一些润肤霜，保持皮肤润滑。

（九）适量喝水

瑜伽体位有助按摩腹部内脏，促进肠道蠕动，帮助消化，预防便秘、腹部胀气等问题。练习后半小时宜喝适量开水，有助肠道蠕动，加快排出体内毒素，同时补充练习时（特别是高温瑜伽）出汗所流失的电解质，滋润肠胃和肌肤。

（十）持之以恒

瑜伽与其他运动一样，也不是一朝一夕就能练成的。随着练功方法的不同，个人体质的差别，所获的功效也不同。无论你修炼哪一种瑜伽，都要按照指导并持之以恒地练习，保持定期练习瑜伽的习惯，抱着"不求成功，只求练功，功到自然成"的正确态度，才能日见成效。

第二节　瑜伽基本技术

一、瑜伽呼吸法

呼　吸

（一）腹式呼吸

【方法】取仰卧或瑜伽坐姿，将一只手臂放在肚脐下方，去感受呼吸带给腹部不同的起伏。吸气时，腹部向外鼓起，吸气越深，鼓起的力度就会越大。随着腹部扩张，横膈膜就向下降。接下来呼气，腹部向内朝脊柱方向回收。尽量深长呼气，收缩腹部，将肺内的空气完全呼出，横膈膜就自然而然地升起。

【益处】深层的滋养和净化完整的肺部，按摩腹部内脏，促进消化和吸收。

（二）胸式呼吸

【方法】取仰卧或瑜伽坐姿，深长吸气，但不要让腹部扩张。代替腹部扩张的是把空气直接吸入胸部区域。在胸式呼吸中，胸部扩张，腹部保持平坦。当吸气越深时，腹部向内朝脊柱方向回收。用这种方法吸气时，肋骨是向外和向上扩张的，呼气时，肋骨向下并向内收。

【益处】加强腹肌肌力，镇静心脏，净化血液，改善血液循环。

（三）完全呼吸

【方法】完全呼吸是把腹式和胸式呼吸结合起来的呼吸方式。缓缓吸气，首先吸入肺部。在肺部鼓起时，气就开始充满胸部区域的下半部分，紧接着充满胸部的上半部分。用力吸满气，尽量将胸部扩张到最大限度，此时吸气已达到双肺的最大容量，最好能够保持3秒的悬吸。再缓缓呼气，先放松胸部，然后放松腹部。用收缩腹部肌肉的方法结束呼吸。

【益处】所有人都会从这种呼吸方式中受益。由于血氧含量增大，血液被净化，肺部组织更为强壮，从而增强身体抵抗力；神经系统会镇静下来，心律平稳，身心会充满平静与安详，心境变得清澈又清醒。

二、瑜伽冥想

控制大脑最有效的工具是让大脑脱离你的情绪、思想和行为，退后一步，像旁观者般观察自己，没有任何褒贬。这样，你会发现思想和情绪都对你失去控制，大脑和身体都成为你可控制的工具。不断地冥想练习，你会发现无论是办公室的工作日，还是野外踏青的快乐周末，你都以同样的心态处之。这说明，你的内在强大，任凭生活的变幻你依旧泰然处之。

（一）瑜伽冥想姿势

1. 简易坐

简易坐

【方法】坐下，双腿前伸。左脚压在右腿下方，或右腿压在左腿下方。挺直脊柱，紧收下颌。（图15-2-1）

【益处】柔软灵活两髋、两膝、两踝，补养和加强神经系统，减轻和消除风湿性关节炎。

2. 金刚坐

【方法】两膝跪地靠拢，两脚紧靠，使两脚跟向外指，臀部坐在两脚跟之间。挺直脊柱，紧收下颌。（图15-2-2）

【益处】金刚坐是一个极好的冥想姿势，有助于使人的心灵和平宁静，特别是饭后练5～10分钟，它是促进整个消化系统功能的极好姿势。

3. 半莲花坐

半莲花坐

【方法】坐下，双腿前伸。屈左腿，让左脚跟顶紧右大腿内侧，再屈右腿，把右脚放在左大腿腹股沟处。挺直脊柱，紧收下颌。（图15-2-3）

【益处】具有和莲花坐相同的效果，但程度较逊。

4. 莲花坐

莲花坐

【方法】坐下，双腿前伸。屈右腿，放在左腿腹股沟处，再扳过右小腿，把脚放在右腿腹股沟上方，两脚掌朝天。挺直脊柱，紧收下颌。（图15-2-4）

【益处】增加脑、胸部和骨盆区域的血液循环，保护心脏从而使心律平稳，对患呼吸系统疾病的人有益处，使两髋、两腿变柔软，有助于预防及治疗风湿病。

图15-2-1   图15-2-2   图15-2-3   图15-2-4

（二）几种不同的冥想方式

1. 音乐冥想

【方法】选择你对其有特殊感受的音乐，能很快带你进入平静的音乐，双目合上，让你的身体随旋律随意舞动，你会从懈怠地滞动，被神奇般地慢慢推向轻盈地旋转，灰色的心情演变成优美的自得。

【益处】这个冥想可以有效地改善抑郁情绪，帮助摆脱自闭。

2. 充电冥想

【方法】采用坐或卧姿，以舒服为主，开始观察你的呼吸。吸气、呼气，脑中没有任何思绪，不断地观察自己的呼吸。

【益处】此冥想让你更接近自己身体的能量源，帮助你更有效地发掘和激活自身的潜层能量。

3. 睡眠冥想

【方法】身体平躺在地面，让全身各部位保持放松状态，闭上双眼，从脚趾到头顶扫描你的全身，越慢越好，然后再扫描整个背部。

【益处】此冥想能帮助你在短时间让身体和大脑进入极度放松状态。有效的练习能够保障你自如地进入深沉的睡眠，尝试工作之余，用 30 分钟的冥想补充 3 小时的睡眠。

4. 烛光冥想

【方法】取一支蜡烛，将其置于一臂距离远的正面，高度与目光水平线一致，凝视黑色烛心。1 ～ 3 分钟，眼泪会慢慢渗出，然后，闭上双眼，试着在眉心继续凝视烛心。

【益处】能消除眼部疲劳，纯净双目，加强视力，并能使大脑得到平静。

三、瑜伽体位法

（一）下犬式

【方法】下犬式要使身体成为倒"V"形，双臂前伸，头颈向腿部延伸看齐，能看到双腿中间的天空，脚后跟挨住地面不要抬起。（图 15-2-5）

【益处】消除疲劳，恢复精力，缓解脚跟的僵硬和疼痛，帮助软化脚后跟的跟骨刺；增强脚踝，使腿部更匀称；有助于根除肩胛骨区域的僵硬，缓解肩周炎，腹部肌肉得到增强。由于横膈膜被提升到胸腔，因此，心跳速度减缓。

（二）上犬式

【方法】上犬式身体要伸直，臀部与肩、腰形成舒缓的"S"形，头颈向前伸，肩部向前用力。（图 15-2-6）

提醒：上犬与下犬式在练的时候，往往会因为力度不够而做不到位，要记住，瑜伽是在舒展你的筋骨，应该把自己的筋骨舒展到最大限度。

【益处】使脊柱恢复活力，对于腰部疼痛、坐骨神经痛以及椎间盘突出的人有很好的效果，增强脊柱弹性，治疗背部疼痛。由于胸部得到完全扩张，因此，增加肺部弹性，骨盆区域的血液也得到完全的循环，使其保持健康。

（三）骆驼式

【方法】这时的身体应成一个"O"字形；头部仰到最大限度；双肩胛向后伸展；双手扶住脚跟；大腿与臀部垂直绷紧。（图 15-2-7）

【益处】伸展强壮脊柱，促进血液循环，使脊柱神经得到额外的血液滋养而受益，对于矫正驼背和两肩下垂等不良体态有极佳的效果。

（四）战士第二式

【方法】战士式讲究一个平衡感，上身一定要竖直，左腿弓步，右腿向后伸直，右脚回勾，弓步不能弓得太靠下，臀部要绷住劲，双臂伸平，头颈摆正。（图 15-2-8）

【益处】使腿部肌肉更为匀称、强健，同时也能缓解小腿和大腿肌肉痉挛，增强腿部和背部肌肉弹性，强化腹部器官。

图 15-2-5　　　　　图 15-2-6　　　　　图 15-2-7　　　　　图 15-2-8

（五）树　式

【方法】讲究的是无限的延伸感觉，头颈挺直，胳膊伸直向上，想象身体将要冲上云霄，胯部同时向上提。（图 15-2-9）

【益处】补养和加强腿部、背部和胸部的肌肉；加强两踝，改善人体态的稳定与平衡，增强集中注意的能力；放松两髋部位，并对胸腔区域有益。

（六）三角式

【方法】上身与下身的弧线要顺畅，胯部不能为省力挺起，双臂伸展成"一"字形。（图 15-2-10）

【益处】增强腿部肌肉，消除腿部和臀部的僵硬，矫正腿部畸形；缓解背部疼痛及颈部扭伤，强健脚踝、胸部；治疗多种皮肤病，消除腰围区域的脂肪。

（七）后仰式

【方法】后仰时的臀、胯、腰部向前挺，可以用手臂支撑出力使臀、胯、腰向前，注意逐步做后仰练习，千万不要用力过度，使身体仰过头。（图 15-2-11）

【益处】有助于消除疲劳，胸部得到完全伸展，伸展两腿、腹部和喉咙，加强两腕、两踝和骨盆，改善肩关节的活动，使神经系统得到增强，血液循环得到改善。

（八）蝴蝶式

【方法】此时的双腿就好像是蝴蝶的双翅，要向两边伸展到最大，挺胸抬头。（图 15-2-12）

【益处】对骨盆区域有益，使骨盆、腹部和背部得到足够的血液供应，有助于消除泌尿功能失调和坐骨神经痛，预防疝气，纠正月经期不规律现象，孕期经常练习会使分娩更容易、顺利。

图 15-2-9　　　　　图 15-2-10　　　　　图 15-2-11　　　　　图 15-2-12

（九）犁　式

【方法】仰卧，手臂放在身体的两边。吸气，抬起双腿上举越过身体，呼气，将两腿向后放在头的上方。脚趾触地。（图 15-2-13）

【益处】对整个脊柱神经网络极为有益；伸展背部，减轻和消除各种背痛、腰部风湿痛和背部关节痛；消除肩部和两肘的僵硬；补养增强腘绳肌；有助于消除腰围线、髋部、腿部脂肪，治疗手部痉挛；刺激血液循环，使血液流入头部，滋养面部和头皮；调整甲状腺，身体新陈代谢得到改善；收缩腹部器官，促进消化功能，消除便秘和胃胀气；有助于纠正月经失调的毛病；还可以治愈头痛、痔疮和糖尿病。

（十）轮　式

【方法】仰卧，双手放在身体两侧。屈腿，脚后跟紧贴大腿后侧。双手移到头的两侧，掌心贴地。吸气，拱起背部，髋部与腹部向上升起。（图 15-2-14）

【益处】这一后弯的体式增强背部肌群的力量，放松肩关节和颈部肌肉，使脊柱得到完全的伸展，使身体更加柔软，头部供血加强，有效释放压力并感觉敏锐。

（十一）脊柱伸展式

【方法】双手抓住脚踝，身体尽量接近腿，最终双手手掌可平放在脚边的地面上。（图 15-2-15）

【益处】增强人体的弹性，伸展脊柱，脊柱神经得到补养、加强；身体前屈有助于强壮双肾、肝脏和脾脏；有助于减少月经期间下腹与骨盆部位的疼痛；是倒立练习必不可少的姿势，使头脑逐渐适应增加的血流和压力，可以克服所有的精神和情绪波动，情绪化严重的人可以在这个姿势上得到改善，神经系统得到滋养，心率减缓。

（十二）脊柱扭转式

【方法】挺直身子坐着，两腿前伸，右边小腿内收，将左脚移过右膝，将右臂穿左腿下方，双手在背后相握。（图 15-2-16）

【益处】挤压、按摩脊柱周围的肌肉，刺激、兴奋脊柱神经；使背部肌肉更富有弹性，预防背痛和腰部风湿痛的发生；肝脏、脾脏得到强壮，对双肾起到按摩作用；促进胃肠蠕动，有助于提高消化和排泄功能；调整肾上腺的分泌，胰脏活动增强，有助于治疗糖尿病；可治疗轻微脊椎盘错位。

图 15-2-13　　　　图 15-2-14　　　　图 15-2-15　　　　图 15-2-16

四、瑜伽休息术

（一）休息术

瑜伽休息术，是一种简单而有效的放松身心的良方，任何人都可以做。

休息术包括瑜伽语音冥想、放松身体各部位、瑜伽场景冥想和精力充沛后起身。

我们在日间进行休息术时，最好保持清醒状态，注意力集中到放松和场景冥想上，以达到放松的最佳效果。瑜伽休息术在夜间进行时，目的在于帮助人身心尽快放松，消除失眠的痛苦。临睡前躺在床上，进行全套的瑜伽休息术，不必从头至尾保持警醒状态，自然而然地做休息术直到睡着。如果能做到放松全身各部位后再睡着就更好了，这样次日早晨醒来会感觉轻松、舒畅、神采奕奕。

准备好瑜伽垫，开始瑜伽休息术。仰躺于垫子上，端正全身，使脊柱伸直、放平。伸直双臂，置于体侧15°的位置，双手手心向上，两脚分开约33厘米的距离，全身以最舒适的状态保持不动，闭上眼睛。

1. 语音冥想休息术

静心关注自己的一呼一吸，开始瑜伽语音冥想。

选择好任意一个自己喜爱的语音，如 Madana—Mohana（马丹那—末汉那）。

每次吸气时，心里默念 Madana—Mohana（马丹那—末汉那）。

每次呼气时，嘴巴轻轻地出声念 Madana—Mohana（马丹那—末汉那）。

让这柔和、宁静的声音发自肺腑，由气息带出，感觉这声音飘得很远很远，每一个音节之间可以加大间隔，根据自己气息的长短合理安排，吸气与呼气的时间一样长。将语音反复10次左右，不要着急。

放松意识力，不要思考，开始单纯地放松身体各部位。

意识力在每一个需要放松的部位松动地注意一会儿，再转到下一个需要放松的位置。

放松右脚的五个脚趾，放松右脚心、脚跟、脚背、脚踝、右小腿胫骨、小腿三头肌、膝关节、膝关节窝、大腿前侧、大腿后侧。

继续放松右髋、右侧腰、右侧腋窝、右侧肩膀、右边大臂的内侧、外侧、右边小臂的内侧、外侧、右手腕、右手心、右手背、右手的五个手指，包括手指尖都完全放松了。

放松左脚的五个脚趾，放松左脚心、脚跟、脚背、脚踝、左小腿胫骨、小腿三头肌、膝关节、膝关节窝、大腿前侧、大腿后侧。

继续放松左髋、左侧腰、左侧腋窝、左侧肩部、左侧大臂的内侧、外侧、左边小臂的内侧、外侧、左手腕、左手心、左手背、左手的五个手指，包括手指尖都完全放松了。

放松整个臀部、骨盆、所有的肋骨，每一根都放松了，放松后腰和整个背部。

放松尾骨、骶骨、腰椎、胸椎、颈椎，整条脊柱全部放松了。

放松腹部、腹部的内脏器官，放松肾脏、胃部、肝脏、肺部和心脏，所有的内脏器官都放松。

放松肩胛骨，放松颈部的两侧、前侧、后侧。

放松后脑、头顶、头的两侧，整个头部完全放松，头皮、每一根头发全都放松。

放松前额、面颊、下巴、放松眉目、眼球、眼眶、眼睑、睫毛。

放松耳朵、鼻子、上唇、下唇、牙齿、舌头、喉咙。

放松身体的每一个毛孔、每一寸皮肤，放松全身的肌肉。

感觉整个身体很重，沉到海底，沉到地底。随后感觉身体很轻，轻得像一片羽毛，漂浮到空中，身体似羽毛飘落到地上。

2. 场景冥想休息术

随后，开始瑜伽场景冥想：用自己的心灵想象每一个场景，这些场景都是自己最想看的简单而美好的场景。它们在眼前一一展现。

举例：

湛蓝的天空，白云飘过。

白色的浪花，金色的海岸。

椰树在风中幸福地摆动着枝叶。

和风煦日，让全身暖洋洋的，舒服极了。

山上奇松被雪覆盖着，毅然挺立。

优雅的白天鹅和高贵的黑天鹅在绿色湖面上舞蹈。

嫩绿、柔软的草地。晨雾皑皑的森林，透进缕缕晨光……

3. 瑜伽休息术注意事项

（1）放松身体各部位，可以按照不同的顺序，反复进行，直到彻底放松。

（2）注意保暖，不要躺在冰凉的地面上；寒冷处休息需要铺上保暖的毯子。

（3）不习惯平躺的人，可以在后脑处放个小枕头或别的柔软的东西，甚至可以坐着进行。

（4）不要在饱餐后做休息术，尤其是在晚上。

（二）休息术结束起身

动一动脚趾、手指，捏一捏拳，感觉到身体慢慢地变暖了。

用力搓热双手，掌心轻轻覆盖在面颊、前额、太阳穴上，轻轻地按摩，按摩鼻子的两侧。

用手掌向上推送下颚，用手指尖轻轻敲击眼眶四周，搓揉耳郭、耳垂。

将身体向右侧卧，右手支撑头部，左手轻轻按摩并敲打百汇穴，使头脑清醒。

闭着眼睛，盘腿坐起，调息三次后，睁开眼睛，感觉到明亮的视线。

缓缓起身，直立，完成整套瑜伽休息术。

第三节　瑜伽编排

一、编排的重要因素

（一）编排者自身素质及编排水平

每个掌握瑜伽知识的人都可以进行瑜伽成套动作的编排，但质量和效果却是千差万别。编排者作为编排过程的主导者，不仅具备精湛的瑜伽专业知识，同时应具备强烈的敬业精神和奉献精神。

（二）练习者的自身条件

首先应具备一定的瑜伽基础，其次练习者需具备一定的执行和操作能力，如力量、柔韧等。最后，练习者要能够正确理解瑜伽动作。

（三）音　乐

瑜伽音乐的特点和作用是收敛心神、放松身心，所以在选择背景音乐时要注意这些特点，必须通过音乐节奏的变化带进动作节奏的变化。

二、编排的原则

（一）针对性原则

根据不同的人群、季节、场地器材和练习目的编排瑜伽动作。

（二）科学合理性原则

动作的选择与设计要科学合理，尊重人体的发展规律，安全可靠，避免损伤。

（三）全面整体性原则

一套完整的瑜伽动作应该使全身各关节、肌肉尽可能多地得到锻炼，提高练习者的不同身体素质，包括生理和心理素质。

（四）循序渐进原则

针对不同水平的练习者选择不同的难度动作，相似或者同类动作分为简易动作、标准动作和加强动作。对于初学者要从易到难，随着能力的增强逐渐增加难度。

（五）趣味性原则

兴趣是最好的老师，所以在设计成套动作时要注重趣味性的设计，在体式上可以安排不同风格和流派的瑜伽使动作保持新鲜感。

三、编排的方法

（一）整体法

整体法就是对成套动作进行初步的设想，为成套动作设计基本的框架，确立全套动作的风格、基本内容、实践、强度和音乐等。

（二）分段法

一套瑜伽动作可划分为三个阶段进行编排：开始部分、主体部分和结束部分。

（三）移植法

移植法是将某一项目的动作移植到瑜伽动作中的方法。例如，舞韵瑜伽就是把舞蹈元素融入瑜伽动作组合中。

（四）动作创新组合法

对瑜伽体位进行组合创新。

四、编排的程序与步骤

1. 初步构思，拟定编排方案。
2. 选配音乐。
3. 确定成套动作内容和呼吸的配合。
4. 反复实践与修改、调整。
5. 记录。

第十六章　体育舞蹈

第一节　体育舞蹈概述

体育舞蹈百科

第一次世界大战后，欧洲各国一些舞蹈专家云集伦敦，开始研究宫廷舞、交谊舞以及拉美国家的土风舞。经过科学、系统、规范地创编，于1925年初步颁布了标准舞步法，并通过多年来不断地规范与改进，才成为今天的国际标准舞。从1950年开始定期举办摩登舞大赛。1960年加进拉丁舞大赛，一直延续至今。从国际标准舞诞生的那天起，这种新兴的体育艺术门类就因为音乐、舞姿等主、客观因素而受到社会各界人士的喜爱，并通过世界大赛的举办，开始风靡全球。

体育舞蹈集舞蹈美、音乐美、体态美及服饰华丽于一身。如今以极强的娱乐色彩赢得社会各阶层人士的喜爱。

体育舞蹈是以国际标准舞动作为载体的一种创作舞蹈。舞蹈者是用自己的肢体来诠释和表现音乐的。通过互相交流，配合默契的形体动作，按照一定的规律、韵律、节奏，把人类最美好的激情都集中在千变万化的舞姿和表情上，展现了高超的技能和技巧。作为一门特有艺术，体育舞蹈有着深厚的文化底蕴，有着丰富的生活内涵，有着鲜活的生命力和取之不竭的艺术表现力，是富于观赏性、魅力性、广大群众接受性的专业化的表演和竞赛艺术。

体育舞蹈以双人舞形成基本生存形态。但它必然也可以生发出群舞甚至舞剧。国际上也有这种先例。编导通过这个艺术形式来表现对世界、对生活怎样的一个态度，用体育舞蹈素材进行对世界、对生活的感受。可以说，体育舞蹈就是以国际标准舞的动作素材为载体的舞蹈艺术。中国舞蹈"荷花奖"是中宣部批准立项的中国唯一的舞蹈专家奖。1998年，体育舞蹈被正式纳入"荷花奖"评奖项目，也就是强调体育舞蹈的艺术属性。

国际标准舞之所以称体育舞蹈，是发挥了全民健身的优势，使广大体育舞蹈爱好者参与进来，它很大程度上强调的是娱乐和健身价值，强调身心的和谐发展。尽管它是一种舞蹈，但在形式上，甚至在内容上具有技术性和表演性。它能增强体质，丰富社会文化生活，所以它的这一特征很快在全民中得到普及。典雅优美的国际标准舞，让人们在愉快、轻松的气氛中强身健体、调节精神、陶冶情操、丰富业余生活。可以说，国际标准舞作为一种大众的娱乐性项目，对传统的单一模式化的锻炼方式是一个挑战，同时也丰富了人们的业余生活。

体育舞蹈是现代国际社会流行的一种国际性的竞技舞蹈，是一种融音乐、舞蹈、服装风格、体态美于一体，极具艺术内涵和观赏价值的体育竞赛形式。它包括10种舞蹈，分为两类。第一类为现代舞（或称摩登舞），包括华尔兹、探戈、狐步、快步和维也纳华尔兹5种舞蹈；第二类为拉丁舞，包括伦巴、恰恰、桑巴、帕索多不里（或称斗牛舞）和加依布(或称牛仔舞)5种舞蹈。

跳舞的基本礼节：

1. 参加交谊舞舞会时，应穿着大方，仪态端庄。

2. 应事先在头、领、衣、裤、鞋等方面做些准备。但梳洗打扮不要过分。

3. 在舞场上，一般是男方邀请女方。

4. 男方走到女方前，应向女方鞠躬或伸出左手半鞠躬，并轻声地说："可以请您跳支舞吗？"

5. 女方同意后将右手伸出，男方左手轻握女方右手，一同步入舞池。

注意要点：

1. 在男方邀请女方跳舞时，如女方已有舞伴或答应和别人跳这一曲舞时，女方应向男方表示歉意说："对不起，有人邀请我了，下个舞曲再和您跳。"

2. 一般情况下，女方应尽可能不要谢绝男方的邀请，更不要以貌取人。如果表示谢绝，可说："对不起，我累了，想休息一下。"在这种情况下，男方便不要强求、强拉。

第二节 体育舞蹈基本技术

体育舞蹈
技术动作

一、华尔兹

华尔兹舞的风格是动作如行云流水般顺畅，像云霞般光辉，潇洒自如，典雅大方，被誉为"舞中皇后"。华尔兹舞曲的节奏是3/4拍，每分钟28～30小节，每小节有3拍。

（一）基本动作练习

1. 升降练习

方法：此动作练习主要为了体会踝、膝部的屈伸，加强脚及身体的控制能力，加强身体升降的稳定性。（图16-2-1）

2. 手臂前后摆动的升降练习

方法：随着膝、踝的屈伸，手臂前后摆转，掌握升降摆转的延伸动作。（图16-2-2）

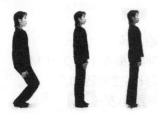

图16-2-1

图16-2-2

（二）握抱姿势

1. 闭式舞姿

男女舞伴相对站立，双脚并拢，脚尖对齐、正对前方。女士偏向男士右侧的1/3，男女伴的右脚尖对准对方的双脚中线。男女伴的头都向左转，目光从男女伴右肩方向看出。女士从臀部以上向后上方打开，男士左手与女士右手掌心相握，虎口向上，前臂与大臂的夹角为135°，高度与女士右耳相平。男士右手五指并拢，轻轻至于女士左肩胛骨下端。女士左手四指并拢，虎口放在男士右臂三角肌处。（图16-2-3）

2. 开式舞姿

在闭式舞姿的基础上，男女舞伴的上身各向外打开25°角，头面向手的方向，目光从手的方向向远方延展，男士与女士的右髋部仍相靠不能打开。

（三）基本步法

1. 左脚并换步（图16-2-4）

（1）男士左脚前进；女士右脚后退。

（2）男士右脚经过左脚向侧横步稍前；女士左脚经右脚向侧横步稍后。

（3）男士左脚并右脚；女士右脚并左脚。

图16-2-3　　　　　　　　　　　　　　图16-2-4

2. 右脚并换步

（1）男士右脚前进；女士左脚后退。

（2）男士左脚经过右脚向侧横步稍前；女士右脚经左脚向侧横步稍后。

（3）男士右脚并左脚；女士左脚并右脚。

3. 左转步（图16-2-5）

图16-2-5

共六步。节奏为1、2、3、1、2、3。

（1）男士左脚前进，开始左转；女士右脚后退，开始左转。

（2）男士经右脚向侧横步，1～2转1/4；女士左脚向侧横步1～2转3/8。

（3）男士左脚并右脚2～3转1/8；女士右脚并左脚身体完成转动。

（4）男士右脚后退，继续向左转；女士左脚前进，继续向左转。

（5）男士左脚向侧横步，4～5转3/8身体稍转；女士右脚向侧横步，4～5转1/4。

（6）男士右脚并左脚，身体完成转动；女士左脚并右脚5～6转1/8。

4. 右转步（图16-2-6）

共六步。节奏为1、2、3、1、2、3。

（1）男士右脚前进，开始右转；女士左脚后退，开始右转。

（2）男士经左脚向侧横步，1～2转1/4；女士右脚向侧横步1～2转3/8。

（3）男士右脚并左脚，2～3转1/8；女士左脚并右脚，身体完成转动。

（4）男士左脚后退，继续向右转；女士右脚前进，继续向右转。

（5）男士右脚向侧横步，4～5转3/8身体稍转；女士左脚向侧横步，4～5转1/4。

（6）男士左脚并右脚，身体完成转动；女士右脚并左脚5～6转1/8。

图16-2-6

5. 侧行追步（图16-2-7）

侧行追步有四步，3拍走4步。节奏为1、2、&、3。从开式舞姿上开始。

（1）男士右脚前进并交叉于反身动作及侧行位置；着地时先脚跟后脚掌；女士前进并交叉于反身动作位置，着地时先脚跟后脚掌，开始左转。

（2）男士左脚横步，着地时用脚掌；女士右脚横步，着地时用脚掌，1～2转1/8周。

（3）男士左脚并于右脚，着地时用脚掌；女士左脚并于右脚，着地时用脚掌，2～3转1/8周，身体稍转。

（4）男士右脚横步稍后，着地时先脚掌后脚跟；女士右脚横步稍后，着地时先脚掌后脚跟。

图16-2-7

6. "V"字步（图16-2-8）

（1）男士左脚前进；女士右脚后退。

（2）男士右脚向斜内侧前进；女士左脚斜退。

（3）男士左脚在侧行位置交叉于右脚后；女士右脚在侧行位置交叉于左脚后。

7. 外侧右转步（图16-2-9）

节奏为1、2、&、3。从侧位上开始。

（1）男士右脚前进并交叉于反身动作及侧行位置；女士左脚前进并交叉于反身动作及侧行位置。

（2）男士左脚向侧；女士右脚向侧。

（3）男士右脚在侧行位置交叉于右脚后；女士左脚并右脚。

（4）男士左脚向侧且稍前进；女士右脚向侧并稍后退。

8. 右旋转步（图16-2-10）

右旋转步有六步，节奏为1、2、3、1、2、3。

（1）男士右脚前进开始右转；女士左脚后退开始右转。

（2）男士左脚向侧横步1～2转1/4周；女士右脚向侧横步1～2转3/8周，身体稍转。

（3）男士右脚并于左脚，2～3转1/8周；女士左脚并于右脚，身体完成稍转。

（4）男士左脚后退，右脚保持在反身动作位置中（轴转）右转 1/2 周过渡到脚跟，脚掌转；女士右脚前进（轴转）右转 1/2 周，跟脚。

（5）男士右脚前进继续右转跟掌；女士左脚后退，并向左侧继续左转跟掌。

（6）男士左脚横步稍后 5～6 转 3/8 周，掌跟；女士右脚经左脚斜进 5～6 转 3/8 周，掌跟。

图 16-2-8　　　　　　　　　　　　　　　图 16-2-9

图 16-2-10

9. 跨蹭步（图 16-2-11）

（1）男士左脚前进开始左转，着地时先脚掌后脚跟；女士右脚后退开始左转，着地时先脚掌后脚跟。

（2）男士右脚横步 1～2 转 1/4 周，着地时用脚掌；女士左脚横步 1～2 转 1/4 周，着地时用脚掌。

（3）男士左脚并于右脚，不置重量 2～3 转 1/8 周（掌跟重心在右脚）；女士右脚并于左脚，不置重量 2～3 转 1/8 周（掌跟重心在左脚）。

10. 后叉形步（图 16-2-12）

（1）男士反身动作位置中左脚后退；女士在反身位置及外侧中右脚前进。

（2）男士右脚斜退；女士左脚向侧。

（3）男士侧行位置中，左脚交叉于右脚后；女士侧行位置中，右脚交叉于左脚后。

图 16-2-11　　　　　　　　　　　　　　　图 16-2-12

二、探　戈

探戈舞的风格是：动静交织，潇洒奔放，头部左顾右盼，快速转动。舞曲为 2/4 拍，每分钟 30～34 小节。音乐的特点是以切分音为主，带有停顿。舞步分 S（慢）和 Q（快），其中，S 占 1 拍，Q 占半拍，跳探戈舞时，要求膝关节放松，微屈，重心下沉，脚下干净利落，不拖泥带水。

（一）握抱姿势

闭式舞姿：男伴的右脚回收半脚并到左脚内侧脚弓处，前后错开半个脚，重心下沉，膝关节弯曲并松弛。左手回收，肘关节上抬，前臂内收角度加大（接近90°）。男士右手略向下斜插女伴的脊椎骨略靠近右肩胛骨的地方（不要超过脊柱）；女士的左手拇指贴向掌心，四指并拢，虎口处抵住男伴的上臂外侧靠近腋部。男伴右肘与女伴左肘部相重叠，即男伴右肘骨抵住女伴的左肘内窝。目视方向与华尔兹相同。动作时有闪回的动作。男伴与女伴位置是1/3微贴，接触点是膝关节、髋部到腹部的位置。（图16-2-13）

（二）基本步法

1. 二常步（图16-2-14）

二常步有两步，节奏为S、S。

（1）男士左脚前进；女士右脚后退。

（2）男士右脚前进；女士左脚后退。

2. 直行侧步（图16-2-15）

直行侧步有三步，节奏为Q、Q、S。

（1）男士左脚前进；女士右脚后退。

（2）男士右脚向侧稍后腿；女士左脚向侧稍前进。

（3）男士左脚前进，女士右脚后退。

图16-2-13　　　　　　　图16-2-14　　　　　　　图16-2-15

3. 并脚结束（图16-2-16）

并脚结束有三步，节奏为Q、Q、S。

（1）男士右脚后退；女士左脚前进。

（2）男士左脚横步稍前，左转1/4周；女士右脚横步稍后，左转1/4周。

（3）男士右脚并于左脚；女士左脚并于右脚。

4. 右摇转步（图16-2-17）

（1）男士右脚前进；女士左脚后退。

（2）男士左脚向侧并稍后；女士右脚前进。

（3）男士重心回立右脚，1～3右转1/4周；女士左脚后退，1～3右转1/4周。

图16-2-16　　　　　　　　　　　　　图16-2-17

5. 基本左转（图 16-2-18）

基本左转有六步，节奏为 Q、Q、S、Q、Q、S。

（1）男士在反身位置中左脚前进；女士在反身位置中右脚后退。

（2）男士右脚向侧并稍后退；女士左脚向侧并稍前进。

（3）男士左脚交叉于右脚之前；女士右脚并左脚并稍后退。

（4）男士右脚后退；女士左脚前进。

（5）男士左脚向侧稍前进；女士右脚向侧并稍后退。

（6）男士右脚并左脚并稍退后；女士左脚并右脚并稍前进。

图 16-2-18

6. 行进连步（图 16-2-19）

行进连步有两步，节奏为 Q、Q。

（1）男士在反身动作位置中左脚前进；女士在反身位置中右脚后退。

（2）男士右脚向侧并在侧行位置中稍后退；女士左脚向侧并在侧行位置中稍后退。

7. 并式侧行步（图 16-2-20）

并式侧行步有四步，节奏为 S、Q、Q、S。从侧行位置上开始。

（1）男士在侧行位置中，左脚向侧；女士在侧行位置中，左脚向侧。

（2）男士右脚前进并交叉于反身动作位置与侧行位置中；女士右脚前进并交叉于反身位置与侧行位置中。

（3）男士左脚向侧并稍前进；女士左脚向侧。

（4）男士右脚向侧并稍后退；女士右脚交叉于左脚之后。

图 16-2-19   图 16-2-20

第三节　体育舞蹈比赛规则简介

一、比赛的场地

体育舞蹈比赛场地长 23 米，宽 15 米，选手按逆时针方向运行，交换舞程线时应过中心线。

二、比赛的音乐

比赛音乐决赛时每曲 2 分 30 秒，其他级别比赛每曲还规定不得少于 1 分 30 秒。

三、比赛的服装

比赛服装规定：摩登舞男子穿燕尾服，女子穿不过脚踝的长裙；拉丁舞服装应有拉美风格，男女选手服装必须协调；专业选手背号为黑底白字，业余选手背号为白底黑字。

四、比赛的种类

体育舞蹈比赛分团体赛和个人赛两种，按预赛（淘汰赛）、复赛（选拔赛）、半决赛（资格赛）和决赛（名次赛）的程序进行。

五、比赛的项目

摩登舞五项全能、摩登舞单项、拉丁舞五项全能、拉丁舞单项、十项全能、摩登团体舞和拉丁团体舞。

六、比赛的裁判

体育舞蹈比赛裁判的人数应由单数组成，这是由于在比赛时，选手能否进入下一轮比赛，是依据裁判员的 2/3 或 3/5 的比例选票决定出来的。

七、比赛的评判依据

1. 基本技术：基本动作、姿态、平衡稳定和移动。
2. 音乐运用：节奏、风格的理解和体现。
3. 舞蹈风格：区别各种不同舞种之间的风格上的差别；个人风格的展现。
4. 动作编排：动作流畅新颖，运用自如；体现舞种的基本风韵并有一定的技术难度；动作与音乐密切配合，发挥音乐效果；编排有章法，充分利用场地。
5. 临场表现：赛场上的应变能力；良好的竞技状态。
6. 赛场效果：舞者的风度、气质和仪表等总体形象。

在以上六要素中，前三项主要指选手的技艺品质，后三项是选手的艺术魅力。在预赛时着重于前三条要素的评判，在半决赛后着重于后三条要素的评判。在决赛中应全面评价选手各项要素的完成情况。

第十七章 游 泳

第一节 游泳概述

游泳百科

一、游泳的起源与发展

游泳是人在水里凭借肢体的动作同水相互作用而进行的活动技能。游泳可以利用自然条件——水、空气、日光来进行身体锻炼，并使水浴、空气浴、日光浴三者结合。它适合男女老幼进行锻炼，是一项简单易行的体育活动。它是人类在长期适应自然的过程中产生和发展起来的。游泳内容丰富，形式多样，对增强体质、陶冶情操、丰富生活和促进身心全面发展具有很好的作用。

游泳可分为竞技游泳、实用游泳和大众游泳。竞技游泳是指具有特定的技术规格，并按游泳竞赛规则进行比赛的运动项目。正式的游泳竞赛项目有自由泳、仰泳、蛙泳、个人混合泳和接力泳；实用游泳是指直接为生活、生产或军事服务的游泳技术；大众游泳是指以游泳作为基本手段，以增进身体健康、丰富业余生活为直接目的的各种游泳活动。

现代竞技游泳始于19世纪，1890年举行了欧洲游泳锦标赛。1896年，在第1届奥运会上男子游泳被列为正式比赛项目。1908年，第5届奥运会上，女子游泳被列为正式比赛项目。随着游泳项目的发展，至今男、女各有16个项目，游泳比赛主要分4个大项：自由泳、仰泳、蛙泳和蝶泳。世界性的游泳大赛有4年1届的奥运会游泳比赛，也有4年1届与奥运会间隔进行的世界游泳锦标赛，还有2年1届的世界短池游泳锦标赛和每年都举行的世界短池游泳系列赛。这些重大比赛，促进了各国运动员之间的交流，推动着世界竞技游泳运动不断向前发展。

二、游泳的锻炼价值

游泳是在水中进行的，水的密度和导热性都与空气不同。水的密度是空气的800倍，导热能力、压力和阻力都比空气大，因此，游泳对人的新陈代谢、体温调节、心血管系统、呼吸系统、肌肉系统、生长发育和延缓衰老都有积极的作用。

（一）游泳能够提高心肺功能

游泳时，人俯卧在水中。由于水的浮力，人在水中的体重只有几千克。人在陆地上活动时，所有的器官都要支撑比在水中多很多的重量。相比之下，游泳时的负荷量远比陆地上活动对人体的刺激小，平卧在水中还可以减少血液循环系统的阻力和支撑器官的负荷，游泳时各种姿势都要求脊柱充分伸展，对防止驼背和脊柱侧弯有很好的效果。

游泳还能增强呼吸系统的机能。游泳时人的胸腔和腹部都受到水的压力，游泳时胸部承受的压力为 120～150 牛顿，给呼吸带来了困难。长期的游泳锻炼，可以使呼吸深度增加，肺活量提高。优秀游泳运动员的肺活量可达 5000～7000 毫升，而一般健康男子在 3500 毫升左右。

参加游泳锻炼，可以提高对水温、气温的适应能力，增强体质。很多患哮喘病的儿童就是通过游泳锻炼，增强了体质和对冷的抗御能力，减少了哮喘发作次数，甚至治好了哮喘病。

游泳还能有效地提高和改善人的心血管系统的机能，尤其是从小参加游泳锻炼，可以促进心血管系统的发育，这一点是其他运动项目不可替代的。

游泳能有效地消耗体内脂肪，尤其是长时间地游泳，因为水温与体温相差约 10 摄氏度，这会加速人体热量的散发，热量消耗加大，很多人都有游泳后胃口大开或产生饥饿的感觉。实验证明，游泳运动员比长跑、体操和摔跤运动员的热能消耗大。在 20 摄氏度水温中游泳热量的散发是基础代谢条件下的 5 倍，在 5 摄氏度水温下游泳 5 分钟所消耗的热量相当于在陆地上长跑 1 小时的消耗。

经常进行游泳训练的人胸部肌肉丰满，肩部宽阔，体型为肩宽臀窄，加上富有弹性的肌肉，给人以健壮、匀称的感觉。

（二）游泳是进行教育的良好手段

1997 年夏天，有人曾对送孩子参加游泳学习班的家长进行了调查，大多数家长让孩子学习游泳的目的除了学习一种自我保护的技能、使他们的身体得到锻炼外，更重要的是让孩子在学游泳的过程中锻炼意志品质，培养遵守纪律的良好习惯。

学游泳的第一步就是要克服怕水的心理，随着教学活动的进行还要克服怕苦、怕冷、怕累这些心理。随着不良心理的克服，学生的自制能力会得到提高，自信、坚毅、勇敢的良好品质会得到培养，守纪律、讲秩序、互相帮助的良好习惯也会养成，这些都会对思想品质的培养起到积极的作用。

（三）游泳是娱乐健身的好方法

游泳负荷强度比较低，是适合体能较差者开展健身运动的项目。

参加水中锻炼的人，并不一定是游泳高手，在水中行走或带着救生圈活动都可以达到锻炼的目的。在水中可以借助浮力进行运动，达到增强肌肉力量、促进心血管机能、提高关节韧带的柔韧性和灵活性的目的。同时，水中运动对一些常见慢性病的治疗和身体的恢复都有好处。

（四）游泳是调节情绪的好手段

人们在紧张的工作之际，情绪经常处于焦虑、忧郁和浮躁不安等状态之中。只要到水中游上几趟，通过水流对身体的摩擦和冲击，形成一种特殊的按摩方式，这种自然的按摩，不仅可以使肌肉得到放松，还会使紧张的神经顿时松弛下来，把那些消极的、对身体产生副作用的心理因素排泄、散发出去，恢复积极、健康的心理状态。

游泳是一项社会性很强的体育运动，参加游泳锻炼大多结伴而行。长时间在一个地方游泳会结识一批新朋友，这些人聚在一起谈天说地，互相照顾，可以使人精神上得到满足。

第二节　游泳基本技术

游泳技术动作

一、自由泳（爬泳）

自由泳，又称爬泳，是身体俯卧在水中，两腿交替上下打水，两臂轮流向后划水的一种泳姿。其动作结构比较合理、推进力均匀，阻力小，既省力又能产生最大速度，因此，在游泳中，爬泳是游得最快的一种姿势。在游泳竞赛中，自由泳项目运动员可以选择任何泳姿比赛，运动员几乎都用爬泳游进，故爬泳被称为"自由泳"。

自由泳在奥运会游泳比赛中占有很重要的地位。奥运会自由泳项目男子有 50 米、100 米、200 米、400 米、1500 米、4×100 米接力和 4×200 米接力 7 项；女子有 50 米、100 米、200 米、400 米、800 米和 4×100 米接力 6 项。自由泳项目在全部游泳项目 34 项中占 13 项，而且混合泳和混合泳接力中也包括自由泳，因此，自由泳往往被看作是衡量一个国家游泳水平的标志。

（一）身体姿势

游爬泳时，身体要尽量保持俯卧的水平姿势。但是为了取得更好的动作效果，头部应自然稍抬，两眼注视前下方，头的 1/3 露出水面，水平面接近发际，双腿处于最低点，身体纵轴与水平面约成 3°～5° 的仰角。爬泳游进中，身体可以围绕身体纵轴做有节奏的转动，转动的角度一般为 35°～45°。头部与身体纵轴成 20°～30° 角。如果速度加快，角度就会相对减少。身体俯卧水中，背部和臀部肌肉保持适当紧张，身体自然伸展成流线型，两眼正视前下方。（图 17-2-1）

图 17-2-1

（二）腿部动作

爬泳腿部动作虽有一定的推进力，但主要起平衡作用，能保持身体的稳定和协调双臂有力地划水。要求两腿自然并拢，脚稍内旋，踝关节放松，以髋关节为轴，由大腿带动小腿和脚掌，两腿交替做鞭打动作，两脚尖上下最大幅度为 30～40 厘米，膝关节最大屈度约 160°。（图 17-2-2）

图 17-2-2

（三）臂部动作

臂部动作是推动身体前进的主要动力。一个周期分为入水、抱水、划水、出水和空中移臂五个不可分割的阶段。

1. 入水

完成空中移臂后，手在控制下自然放松入水。手的入水点一般在身体纵轴和肩关节的前后延长线之间。入水时手指自然伸直并拢，臂内旋使肘关节抬高处于最高点，手掌斜向外下方，使手指首先触水，然后是小臂，最后是大臂自然插入水中。

2.抱 水

臂入水后，在积极向下方插入的过程中，手掌从向斜外下方转向斜内后方并开始屈腕、屈肘，肘高于手，以便能迅速过渡到较好的划水位置。抱水结束，手掌已经接近对水，肘关节屈至150°左右，整个手臂像抱着一个大圆球似的为划水做准备。（图17-2-3）

图 17-2-3

3.划 水

划水是发挥最大推进作用的主要阶段，其动作过程可分为拉水和推水两个部分。紧接抱水阶段进入拉水，这时要保持抬肘，并使大臂内旋，同时继续屈肘，使手的动作迅速赶上身体的前进速度，能使拉水动作造成合理的动作方向。同时，也使主要肌肉群在良好的工作条件下进入推水动作。拉水至肩的垂直平面后，即进入推水部分，这时肘的屈度为90°～120°。大臂在保持内旋姿势，带动小臂，用力向后推水。同时，使肩部后移，以加长有效的划水路线。向后推水有一个从屈臂到伸臂的加速过程，手掌从内向上，从下向上的动作路线加速划至大腿旁。整个划水动作，手的轨迹始于肩前，继之到腹下，最后到大腿旁，成"S"形。（图17-2-4）

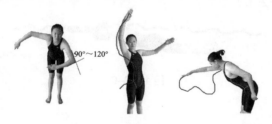

图 17-2-4

4.出 水

划水结束时，掌心转向大腿，出水时小指向上，手臂放松，微屈肘。由上臂带动，肘部向外上方提拉带前臂和手出水面，掌心转向后上方。出水动作必须迅速而不停顿，同时应该柔和、放松。

5.空中移臂

紧接出水不停顿地进入空中移臂，移臂时，肘高于手。

6.两臂配合

自由泳时两臂划水发生的交叉位置有前交叉、中交叉和后交叉三种类型。前交叉是指一臂入水时，另一臂已前摆至肩前方与平面成30°左右。中交叉是指一臂入水时，另一臂处在向内划水阶段与水平面成90°。后交叉是指一臂入水时，另一臂划至腹下，手与水平面约成150°角。（图17-2-5）

图 17-2-5

（四）完整的动作配合技术

爬泳时，一般是在两臂各划水一次的过程中进行一次呼吸。以向右边吸气为例，右手入水后，嘴和鼻开始慢慢呼气。右臂划水至肩下，开始向右侧转头和增大呼气量。右臂推水即将结束，则用力呼气。右臂出水时，张嘴吸气，至空中移臂的前半部为止，并开始转头还原。然后，直至臂入水结束，有一个短暂的闭气过程，脸部转向前下。头部稳定时，右臂入水，再开始下一个慢慢呼气的过程。

呼吸和臂的配合：自由泳的呼吸与臂、腿配合，初学者一般采用 6：2：1 的方法，即呼吸 1次、臂划两次、腿打 6 次，这种配合方法易保持平衡和协调掌握自由泳技术。

二、蛙 泳

蛙泳是身体俯卧水中，两肩与水面平行，依靠两臂对称向后划水，两腿向后对称蹬夹水而向前游进的姿势。整个动作与青蛙游水十分相似，所以取名蛙泳。蛙泳的特点是游时省力，容易学，游动时动作全部在水下，声音较小，头部可以出水面呼吸，视野开阔，容易对准目标。蛙泳较省力，易持久，实用价值大，常用于渔猎、泅渡、救护和水上搬运等。比赛项目有男女100 米和 200 米等。

（一）身体姿势

滑行时，身体俯卧水中，两臂前伸并拢，头略抬，水齐发际，稍挺胸，腹部和下肢尽量处于水平姿势，身体纵轴与前进方向成 5°～10° 角。在游进时，身体随划臂和呼吸动作有一定幅度的上下起伏。（图 17-2-6）

图 17-2-6

（二）腿部动作

腿部动作是游进中产生主要推进力的动作之一，技术分为收腿、翻脚和蹬夹水三个不可分割的动作阶段。

1.收腿和翻脚

在两腿完全伸直并稍下沉时，屈髋和屈膝，同时两小腿向大腿后折叠与臀部靠拢，边分边收，两膝距离与肩同宽，当腿、脚跟接近臀部时，两膝稍向里扣，脚尖向两侧外翻做翻脚动作。（图 17-2-7）

图 17-2-7

2.蹬夹水

腿后蹬时，边后蹬边内夹，以蹬为主，蹬夹动作先伸髋，使髋、膝和踝关节相继伸直。（图 17-2-8）

图 17-2-8

3. 滑 行

蹬夹水结束后，由于蹬腿的惯性作用，两腿有一个短暂的滑行阶段。这时两腿应尽量伸直并拢，腿部肌肉和踝关节自然放松，为下一个动作周期做好准备。

（三）臂部技术（图 17-2-9）

1. 划水与抓水

开始时，手臂前伸内旋，掌心转向外斜下方，两手分开向斜下方抓水。当手感到有压力时，便开始向侧、向下、向后和向内成椭圆曲线划水。要求划水以肩为轴，动作连贯，肘部保持比手高的位置。

图 17-2-9

2. 收手与伸臂

划水结束，臂由内向前收，两手相对，最后掌心向下并臂前伸。当两手收至下巴前下方时，借收手弧形惯性向前伸肘，两手靠近，掌心向下。

（四）呼 吸

呼吸要和臂的动作协调配合，划水结束时，抬头用鼻和口呼气，手臂划水时用口吸气，收手低头闭气，伸臂时徐徐呼气。

（五）臂、腿和呼吸的配合技术

蛙泳的呼吸一般在一次动作周期中吸一次气。臂、腿和呼吸的配合多采用 1：1：1 配合。

蛙泳在一个动作周期中，一般采用一次呼吸，一次划水，一次腿的配合。臂开始划水时，腿伸直不动，划水将结束，两腿自然放松，并在收手时开始收腿。手臂开始前伸时，收腿结束并做好翻脚动作，手臂接近伸直时，开始向后蹬腿。伸臂蹬腿结束后，身体伸直向前滑行。（图 17-2-10）

图 17-2-10

三、仰泳和蝶泳

（一）仰 泳

仰泳是人体仰卧在水中进行游泳的一种姿势。仰泳技术由于头部露出水面，呼吸方便；躺在水面上，比较省力，学习起来比较容易。因此，其深受中老年人和体质较弱者喜爱。仰泳技术组成：仰泳身体姿势，仰泳腿部技术，仰泳手臂技术和仰泳配合技术。

仰泳是人体仰卧在水中进行游泳的一种姿势。仰泳技术的产生和发展有较长的历史，1794年就有了关于仰泳技术的记载，但是直到 19 世纪初，游仰泳时仍采用两臂同时向后划水，两腿做蛙泳的蹬水动作，即现在的"反蛙泳"。自 1902 年出现爬泳技术后，由于爬泳技术合理和速度快，就开始有人采用类似爬泳的两臂轮流向后划水的游法。但是直到 1921 年才初步形成了现在的仰泳技术。

（二）蝶 泳

蝶泳是游泳项目之一。蝶泳技术是在蛙泳技术动作基础上演变而来的，是四种竞技游泳姿势中最后发展起来的泳姿。由于它的腿部动作酷似海豚，所以又被称为"海豚泳"。

蝶泳的身体姿势与其他泳姿不同，它没有固定的身体位置。在游进中躯干各部分和头不断改变彼此间的相对位置。头和躯干有时露出水面、有时潜入水中，形成波浪形上下起伏地变化位置。

蝶泳在游进中，是以横轴（腰际）为中心，躯干和腿有节奏地摆动，发力点在腰腹部，然后以大腿带动小腿，两腿一起做上下的鞭状打水动作。而这些动作与头和臂部的动作紧密联系在一起，形成蝶泳所特有的波浪动作，因此，前进时身体的阻力较小。蝶泳技术是仅仅比爬泳技术慢的泳姿。

第三节　游泳比赛规则简介

一、比赛项目

游泳比赛男子、女子各有 16 个比赛项目。除了男子是 1500 米自由泳，女子是 800 米自由泳以外，其他项目男女一样。正式比赛项目有四种泳姿：自由泳、仰泳、蛙泳和蝶泳。其中，仰泳、蛙泳和蝶泳的比赛距离都在 100 ～ 200 米之间；自由泳则分 50 米、100 米、200 米和 400 米，以及女子 800 米和男子 1500 米。个人混合泳也是奥运会的比赛项目，它的长度有 200 米和 400 米两种，运动员必须在比赛过程中分别使用四种不同的泳姿游相同的距离，顺序依次是蝶泳、仰泳、蛙泳和自由泳。而在混合泳接力项目中，四名运动员也必须分别使用不同的泳姿，顺序则是仰泳、蛙泳、蝶泳和自由泳。其他的接力项目还有 4×100 米和 4×200 米自由泳接力。

二、转　身

在转身的时候，自由泳和仰泳允许运动员使用身体的任何部分来触及池壁，以及在水下转身后用脚去蹬池壁。转身的一个例外规则就是在个人混合泳当中，当运动员从仰泳转换泳姿到蛙泳的时候，必须保持仰泳的姿势直到触及池壁。

三、出发和触壁

运动员在出发时如果发生错误就会被取消比赛资格。每条泳道两边的墙上都有触摸板，当运动员触壁的时候也会被记录。接力比赛当中，如果任何一个运动员在他的队友触壁前 0.03 秒之前离开出发台的话，这个队将被自动取消比赛资格，除非犯规队员回到起点重新开始。自由泳和仰泳中，到达终点的时候运动员可以只用一只手触壁，而在蛙泳和蝶泳中，必须使用双手触壁。

四、泳　姿

（一）自由泳

自由泳其实并不是特定的一种泳姿，而是自由选择，大多数选手都选择了传统的爬泳。在混合泳中，对自由泳有着严格的规定：在自由泳阶段，运动员必须使用爬泳。涉及自由泳的主要规则是在整个比赛过程中，身体的一部分必须一直保持在水面以上——运动员不能在水下游。也就是说，除了比赛开始和转身阶段，他们可以在水下游 15 米，其余阶段必须一直遵守这条规则。

（二）仰 泳

仰泳运动员在开始的位置必须保持他们的脚和脚趾在水面以下。从仰泳这个名称我们可以知道，运动员在游泳过程中，要保持背部朝下，脸部朝上，而在整个过程中，运动员也可以做一定数量的旋转动作。在开始阶段和转身时，运动员还可以在水下游最多 15 米。

（三）蛙 泳

蛙泳运动员必须脸朝下，使用水平的划水动作，脚和手在一个水平面内一起运动。在开始和转身阶段，运动员在水下游进时，手和脚分别只能做一次划水和踢腿动作。除此之外，每一次完整的划水动作之后，运动员的头部都必须露出水面。在比赛结束以及转身时，运动员必须双手触及池壁。

（四）蝶 泳

蝶泳是从蛙泳的规则中发展而来的，和蛙泳很相像，除了划水和踢腿动作外，都是在垂直平面上进行，而蛙泳是在水平面上。与蛙泳运动员相比，蝶泳运动员除了开始阶段和每次转身以后可以在水下潜游 15 米之外，必须脸部朝上在水面游。选手们在转身和结束的时候也必须使用双手触壁。在蝶泳中，两臂必须一起向前摆动，两脚必须一起踢出去（大多数蝶泳运动员都采用海豚踢）。

五、比赛场地

奥运会比赛使用的泳池长 50 米，深 3 米。整个泳池分 10 道，最外面的两道在比赛中不被使用。泳道之间使用泳道线来标记，从结束端看，从右向左依次标记一到八号。在比赛期间，泳池的水温必须保持在 25 ～ 27 摄氏度。

第十八章 民族传统体育

第一节 珍珠球

珍珠球百科

一、珍珠球概述

珍珠球来源于生产劳动——采珍珠，是满族人民传统体育项目之一。满语称之为"尼楚赫"，满族人把珍珠当作光明和幸福的象征。珍珠球这一民族形式的体育活动，源于生活，鲜明生动、多姿多彩。场上攻守往复，银球穿梭飞舞，4只蛤蚌急张忽合，一对抄网频频有所斩获……其紧张激烈、精彩绝妙，令人目不暇接。珍珠球——民族体育之珠，将体育运动之矫健与生活劳作之优美紧密融汇在一起。珍珠球比赛具有很高的观赏价值。

1991年，在广西南宁的第4届全国少数民族传统体育运动会上，第一次将珍珠球列为正式比赛项目。1995年11月，在云南昆明的第5届全国少数民族传统体育运动会上，珍珠球是最受欢迎的比赛项目。现在，珍珠球运动已经被国家民委和国家体育总局定为全国少数民族体育运动会正式比赛项目，并制定了《珍珠球竞赛规则》。珍珠球是在有水区、限制区、封锁区和得分区的场地内，双方运动员各7名的一种体育比赛。珍珠球比赛不仅要求水区内的4名队员具有良好的个人技术和良好的配合意识，还要求水区运动员与抄网队员默契配合。珍珠球运动规则是在参考篮球、手球规则的基础上制定而成的。它具有场地、器材的简易性和游戏形式的大众性等特点。其在水区的运动与篮球、手球运动有一定的共性，而在封锁区持拍防守队员又具有足球守门员和排球拦网队员的特点，因而具有较强的观赏性。同时，珍珠球运动的场地面积不大，所用器材较为简单，对场地器材要求不高，除正规比赛需要标准的场地与器材外，比赛可随意在街头空地或别墅花园、草坪之内进行，不受场地大小和地面质地的限制，无论是男女老少，都可以找一块平整的空地，根据场地规定人数进行比赛，具有较强的实用价值。

二、珍珠球基本技战术

（一）基本技术

1. 单手肩上传球

左脚向传球方向迈出半步，同时将球引至右肩上方，肘外展，大臂与躯干、小臂与大臂的夹角大于90°。右手托球，手腕后仰，左肩侧对传球方向，重心落在右脚上，右脚蹬地，转体，前臂迅速向前挥摆，手腕前屈，通过食指、中指拨球将球传出。

2.单手胸前传球

传球手单手持球在短促摆动小臂的同时，手腕稍向后屈，根据传球需要，急促向前扣，向内、向外旋转，摆动，同时食指、中指、无名指用力拨球，将球传出。

3.行进间肩上高抛投球

左脚蹬地，右脚向前跨出一大步，身体在腾空时接球。右脚落地后左脚向前跨一小步并用力蹬地向上起跳，同时，抬腿举球，当身体接近最高点时，右腿自然下落，右臂向前上方伸直，手腕前屈，通过指端将球投出。

4.原地肩上平快投球

持球于肩上，下肢蹬地的同时，胸部舒张，前臂向后移动，成"弓"形，在腰腹协调用力的配合下，大臂带动小臂，利用前臂和手腕的力量，向前将球投出。

5.持拍防守技术

持拍防守技术是持拍防守队员在封锁区内，利用挡夹、挑拨和按压等技术拦截和破坏对方投、射向抄网球的一项专门防守技术。

（1）双手持拍挡夹技术

双手持拍伸出，两拍成前宽后窄。接触球瞬间，两拍迅速夹拢将球夹住。

（2）单手或双手持拍先挡后夹球技术

单手或双手握拍伸出挡球，接触球瞬间稍回缩缓冲，同时下拉，将球随拍下落，落地后两拍将球夹稳。

6.抄网技术

（1）抄高抛球技术

①抄落点在得分区内高抛球

两脚蹬地，垂直跳起，同时伸出抄网，抄网到达最高点将球抄入网内，落地时腰腹控制平衡，两脚缓冲着地在得分区内。

②抄落点在得分区后的高抛球

两脚蹬地后跨跳起，持网向后伸出，通过腰腹控制平衡，落地前将球抄入网内，同时两脚缓冲着地。

（2）抄直线快球技术

利用假动作（如急停急起、变向返跑等）摆脱持拍防守队员防守，形成移动错位和时差错位，同时给出网位，主动将球抄入网内。

（3）抄边界外空中球技术

同侧移动，两脚蹬地，向界外侧跨步跳起，空中给出网位，持网手腕控制抄网面，与来球成垂直角度，将水区队员投射的直线快球抄入网内。

（二）基本战术

珍珠球战术分为进攻战术和防守战术。

1.珍珠球进攻战术

（1）水区队员与抄网队员的配合战术

水区队员与抄网队员的配合战术的重点：抄网队员要学会用网来指挥水区队员，给出不同的网位信号，水区队员就要射出相应的球。

①中路射抄配合

水区队员各持一球，做不同起点、不同方向的持球突破射球练习。突破后接急停射球和突破后接跨步起跳射球如图18-1-1①所示，或者是通过中路的策应做两边不同方向的持球突破接跨步起跳射球和快速运球急停射球等，如图 18-1-1 ②所示。抄网队员做原地抄球时应主动给出网位信号；做行进间抄球时，应与对方持拍队员斗智斗勇，使用摆脱和假动作的方法，创造出更多、更好的抄球空间和抄球时差。

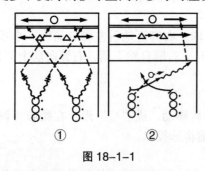

图 18-1-1

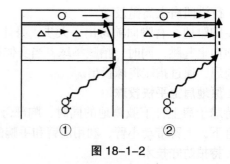

图 18-1-2

② 边线界外腾空射抄配合

水区队员各持一个球，做持球突破后转身运球，起跳腾空射高抛球如图 18-1-2 ①所示，或者是持球突破迅速摆脱防守，做起跳跨出界外射边平快球等如图 18-1-2 ②所示，抄网队员可以在同侧或异侧抄高抛球，或突然加速摆脱防守，配合水区队员打边平快球。

（2）水区队员之间的基础配合

由于珍珠球水区队员的战术打法与篮球、手球战术打法十分相似，在学习水区队员进攻的基础配合时，完全可以借助有效的篮球、手球战术的教学和训练方法，例如，篮球的掩护配合、突分配合等方法在珍珠球比赛中也经常运用。通常把水区进攻的基础配合分为两人配合、三人配合和四人配合三种，这三种配合在比赛中通常是以掩护配合、实分配合和策应配合独立出现或组合出现的。（图 18-1-3）

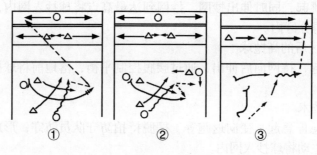

图 18-1-3

（3）水区队员与持拍队员的基础配合

① 持拍队员防守成功后与水区队员的配合

持拍防守成功后，要在尽可能短的时间将球准确发给本方水区队员，发球时要注意本方水区接球队员和对方防守队员的位置关系，应向有防守队员的异侧发球，而水区接球队员应尽量避免在场地的边角处接发球。

② 对方得分后持拍队员与水区队员的配合

对方得分后，持拍队员不要急于把球发出，因为此时本方水区队员是可以进入限制区接球的，只有待本方水区队员进入限制区后，即可把球向防守队员异侧发出，并尽量避免在场地边角处接发球。

2. 珍珠球防守战术

珍珠球防守战术分为水区防守战术和封锁区防守战术。

（1）水区防守战术：水区防守战术主要是采用全场人盯人防守的方法。它的防守形式通常分为个人防守和集体防守，比赛中往往在后场较多采用个人防守；而在前场则较多采用集体防守。个人防守又可分为防无球队员和防有球队员。

①防守无球队员

防守无球队员时，主要以控制对手接球为主，特别是对方的核心队员，另外还要做到人球兼顾，主动协防。

②防守有球队员

防守有球队员时，要重点防守对方的强侧，堵死对方强侧方向的突破路线，让对方多向被动方向走，并引导对方进入我方集体防守的布局。

③集体防守战术

集体防守是珍珠球比赛取胜的重要手段之一。主要是运用穿过、挤过、绕过和换防来对付进攻队员面部的小配合，加强夹击、偷袭、协防对方核心队员的突破和射球，抑制其特长的发挥。必要时，在前场用 2 名队员防守对方一名核心队员，再用 2 名队员协防对方 3 名队员，在运用这种具有攻击性防守战术的同时，还要不断提高全队补防和协防的集体防守能力。

（2）封锁区防守战术：持拍队员对防守位置进行选择时，应始终选择在人、球兼顾的位置上，防守时两脚应该保持外侧脚偏前和内侧脚偏后的站位方式。这样持拍队员就能同时监控到对方的水区队员和抄网队员，同时持拍队员要及时沟通，互相提醒，分工要明确，加强防守的协同作用，增大对抄网队员的防守面。

三、比赛方法

珍珠球比赛在长 28 米、宽 15 米的长方形场地上进行，场地分为水区、限制区、封锁区、隔离区和得分区。各场区如用颜色显示时，水区为海蓝色，限制区与隔离区为红色，封锁区与得分区为黄色。红、黄两色区域也可用其他颜色，但不论什么颜色，限制区与隔离区的颜色应一致，封锁区与得分区的颜色应一致。比赛分上、下两个半时，每半时 15 分钟，两个半时中间休息 10 分钟，全场得分多者为胜。如果全场比赛得分相等，则需延长 3 分钟作为决胜期继续比赛，必要时（比分仍然相等）要延长几个 3 分钟，直至比赛分出胜负。

每场比赛由两个队参加，每队上场 7 名队员。水区（内场区）内双方各有 4 名运动员负责进攻或防守，进攻者可将球向任何方向传、拍、滚、运，目的是向站在本队得分区内的持抄网队员投球得分。蛤蚌区（封锁区）内有 2 名持蛤蚌（球拍）的对方队员，用封、挡、夹、按等动作，阻挡进攻队员向抄网内投球。每队有 1 名持抄网队员在威呼区（得分区）活动，用抄网试图抄（采）中本方队员投来的珍珠（球）。每抄中从后场投出的球和反弹球得 2 分，其他球得 1 分。（图 18-1-4）

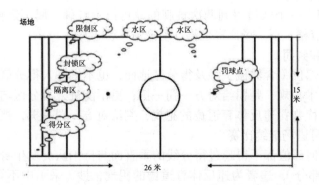

图 18-1-4

四、比赛规则简介

珍珠球竞赛规则与标准篮球竞赛规则很相似，简单介绍如下。

（一）违例及判罚

裁判员宣判违例后即成死球，违例的判罚是判该队失去控球权，将球交给对方队员在违例点就近边线发界外球。

1. 水区违例及判罚

水区队员的违例及判罚基本与篮球相同，可参照篮球裁判法执行，只有两种情况除外。

（1）珍珠球规则规定进入前场的球可以传回后场。

（2）有 25 秒违例，当一名队员在场上（中圈发球者例外）获得控制一个活球时，该队应在 25 秒内投球完成进攻。

2. 封锁区违例及判罚

（1）持拍队员身体任何部位（含器械）不得接触隔离区地面。

（2）持拍队员用手或腰部以下部位主动触球。

（3）持拍队员控制的球在 5 秒内未能传给本方水区队员。

以上三种情况的判罚是由对方队员在就近的边线发界外球。

宣判注意事项：持拍队员挡下的球落入限制区或隔离区内，持拍队员所持的拍可以进入这两个区域的空间内夹球。

3. 得分区违例及判罚

（1）抄网队员踏线。

（2）抄中的球入网后弹出，或裁判宣布得分有效前将网中的球拿出。

（3）即使在得分区内将球抄入网中，在裁判员没有认定得分前其身体的任何部分（含器械）触及了隔离区边线、端线及其以外的地面。

以上三种情况裁判员判罚违例，得分无效。

（二）犯规和判罚

1. 水区队员的侵人犯规和判罚

水区队员的侵人犯规可参照篮球竞赛规则进行，在宣判时应注意以下几点。

（1）防守队员在进攻队员射球时造成的侵人犯规，判罚点球。

（2）队员在每场比赛中犯规累计达 5 次必须自动离场，该队换人后继续比赛。每个半场中，本队犯规累计达 8 次后的犯规均判罚点球。

（3）队员故意犯规的出示黄牌，一个队员得到两次黄牌的就可出示红牌；属不道德行为，直接出示红牌，取消其该场的比赛资格，下一场比赛也将自动停赛一场。

2. 封锁区、得分区的侵人犯规和判罚

（1）严禁持拍队员身体的任何部位（含器械）触及得分区地面，也不得进入得分区空间或触及进入得分区的球，违反者为技术犯规，判罚给对方一罚一掷；更不能进入得分区与持网队员发生身体与器械的接触，否则一律判罚违反体育道德的犯规，判给对方一罚一掷，严重者将被黄牌小罚出场，等对方罚球后方可进场继续比赛。

（2）持网队员身体及器械的任何部位都不得越过得分线的垂直面与持拍队员发生身体接触（双方器械被看成是双方身体的一部分），违者为违反体育道德的犯规，抄（采）中不算得分。判给对方一罚一掷。

（3）所有技术犯规、违反体育道德的犯规、取消比赛资格的犯规，不论犯规时投（抄）中与否，判给犯规队的对方一次点球和一次掷球权。

（4）对正在投球的水区队员犯规，球投出后，抄球时持拍队员又对持网队员技术犯规或违反体育道德的犯规，投抄中判给得1分或2分，对水区队员的犯规不再处罚。

（三）比赛器材

1. 珍珠球

珍珠球为圆形，一般外壳用皮革或橡胶制成，内装有球胆，表面应为珍珠（白）色，球的圆周长54～56厘米、重量300～325克。（图18-1-5）

图18-1-5

2. 球　拍

球拍为蛤蚌壳形状，用具有韧性的树脂材料制成。球拍长35厘米、最宽部分25厘米、厚度0.3～0.5厘米。球拍柄为椭圆形，长15厘米、最大直径4厘米。

3. 抄　网

抄网为圆形，网圈用圆形金属条制成，圈条直径0.4～0.6厘米，兜口内宽25厘米。抄网兜用细绳或尼龙绳织成，网深30～35厘米，网眼为3～3.5厘米。网兜颜色应为深色。

第二节　抢花炮

一、抢花炮概述

抢花炮流行于广西侗族聚居区，每年农历三月三日的"花炮节"是侗族地区最为热闹的传统节日。相传抢花炮起源于广东，后传至桂、黔、湘三省的毗邻地区，延续至今已有五六百年的历史。抢花炮是侗族地区的一项具有浓郁民族特色的少数民族传统体育活动。侗族抢花炮的习俗分为头炮、二炮、三炮。抢得头炮，人财兴旺；抢得二炮，五谷丰登；抢得三炮，吉祥如意。侗族人民相信，抢到花炮的村寨一年里就能五谷丰登、六畜兴旺、村寨平安，因此，比赛以村寨为单位，抢得花炮的村寨，奖给一个镜屏，并赠送肉、酒、糯米和糍粑；抢得"头炮"的村寨筹办次年的抢花炮活动。抢花炮具有较强对抗性、娱乐性和独特的民族风格，群众基础雄厚，深受少数民族同胞的喜爱，数百年来长盛不衰。

1982年，在内蒙古呼和浩特举行的第2届全国民运会上，广西的抢花炮作为表演项目产生了较大影响。1985年，国家体委制定了抢花炮的比赛规则。1986年，国家体委批准将抢花炮列入第3届全国民运会的正式比赛项目。1995年，第5届全国民运会对抢花炮项目比赛规则做了一定程度的修改，其中花炮的规格改动较大，由直径5厘米的铁环改为直径14厘米的彩色圆形饼状，用橡胶制成，不会伤及运动员。至此，抢花炮运动进入了一个崭新的发展阶段，比赛更具观赏性和竞争性。

二、抢花炮基本技术

抢花炮技术分为进攻和防守两部分，包括传、接炮、抢截、抢点炮、定位炮、倒地、搂抱和防守等技术，各项技术又包括许多单个的技术动作。

（一）传接炮

传、接炮是抢花炮比赛中组织有效的进攻和调动、摆脱防守的最基本的技术动作。

1. 旋转式传接炮

利用单手手腕的抖动发力将花炮旋转传出。接炮队员在无特殊情况下，尽量用双手合掌将炮接住。（图18-2-1）

2. 滚动式传炮

利用单手手臂的摆动发力将花炮滚动式传出，接炮队员在无特殊情况下，也尽量用双手合掌将花炮接住，滚动式传接炮在传炮和接炮的稳定性和速度上不如旋转式传接炮，但抢花炮比赛中，情况千变万化，滚动式传接炮方法也常被使用，练习方式同旋转传接炮。

图 18-2-1

3. 持炮方队员间直接传递

该传递方法花炮不经过空中飞行，由持炮方队员近距离直接传递，根据比赛情况，此方法较多用于防守过紧，无法长传，为摆脱对方，由接应队员尽快将花炮从持炮队员手中接过，摆脱防守，组织进攻。

（二）抢空中炮

抢花炮比赛开始时，是由司炮员点燃送炮器，将花炮冲上10米以上高度并落在接炮区域内，抢花炮比赛中能否抢到此空中炮非常关键，一方抢得空中炮，可控制整个场上比赛节奏，牵制防守队员，直接影响整场比赛的胜负。因此，练好抢空中炮技术是抢花炮运动项目训练的重点。（图18-2-2）

图 18-2-2

（三）搂 抱

抱人是抢花炮比赛中常用的技术动作，进攻方抱人（短时间）是为了帮助本方队员摆脱防守、组织进攻；防守方抱人是为了阻止持花炮队员快速突破，为防守方的抢断赢得时间和机会，抱人动作因受规则限制，运动员应掌握好尺度，以免造成犯规和伤害事故。

1. 防守搂抱

防守队员在搂抱持花炮队员时，为阻止对方前进，防止对方摆脱，搂抱对方腰部时，应快降低重心，两臂用力，双手十指交叉紧扣。为防止持花炮队员与本方队员轻松传接花炮，在可能的情况下，尽量连对方的双手一齐搂抱在内，以减少持花炮队员手臂的活动范围，便于防守方抢断。防守队员在边线或端线附近搂抱持花炮队员时，根据场上情况，不能一味只是冻结对方，在可能的情况下，尽力将持花炮队员抱出场外，为本方争取到发任意炮权。

2. 进攻搂抱

抢花炮规则规定，不能搂抱未持花炮的队员，否则判犯规，由被搂抱方在犯规地点发任意炮。因此，在比赛中，进攻方队员的搂抱主要是阻挡对方或者是帮助本方持花炮队员摆脱对方搂抱，进攻方队员在搂抱对方队员时，特别注意不能犯规，搂抱动作要快，不能紧抱对方不放。

（四）倒地（图18-2-3）

抢花炮比赛中，倒地动作主要用于抢截花炮、炮台区进炮、保护花炮以及自我保护。

1. 保护花炮倒地

抢花炮比赛中，控制住花炮是比赛成功的关键。比赛开始时，花炮由送炮器冲上天空，下落时两方队员积极争抢。但由于双方队员的相互

图 18-2-3

干扰，花炮常常不是在空中争得，而是下落至地面。此时负责地面抢炮的队员应眼明手快、快速抢截。此时两方队员相对比较密集，要传出花炮或个人持炮奔跑较为困难，应根据场上情况，主动倒地，将花炮保护好，待裁判哨响，由本方发任意炮。此外，在比赛中根据场上情况，为防止对方抢断，有时也应主动倒地保护花炮。

2. 炮台区进炮倒地

抢花炮比赛规则规定，攻方队员手持花炮已触及炮台区端线，但无法进炮台，可判由攻方罚点炮。进攻方队员应充分理解并应用该条规则规定，在可能的情况下，持花炮队员可主动倒地，尽量将手置于端线外或端线上，以获得罚点炮的机会。

3. 自我保护倒地

抢花炮运动对抗性强，且规则不尽完善，保护措施（如护具）有待于进一步完善，因此，需要队员增强自我保护意识，利用倒地、滚动及手脚的缓冲，尽量减少受伤或避免受伤，在身体素质训练中应加强这方面的练习。

（五）发任意炮

主发任意炮的队员应相对固定2～3人，抢花炮比赛发任意炮技术主要有以下几种。

1. 近距离接任意炮

（1）原地接任意炮。接炮队员距离发炮队员3～4米站立，接炮后快速转身跑，摆脱对方防守队员。

（2）跑动中接任意炮。接炮队员距离发炮队员3～4米快速跑动接炮，发炮队员准确将花炮发至跑动队员身体前方。

2. 侧向跑动接任意炮

接炮队员主动向前做出接花炮动作，待调动防守队员向前阻挡时快速转身侧跑，发任意炮队员掌握好时机快速将花炮发至跑动队员身体前方。

3. 远距离发任意炮

发任意炮队员将花炮发至距离相对较远的无防守队员。由于远距离接炮稳定性较差，比赛中若非机会极佳，应较少采用。

（六）罚点炮

根据比赛规则规定，凡在罚炮区内犯规均判罚点炮，攻方队员手持花炮已触及炮台区端线，但没有进炮台，可判攻方罚点炮。因规则规定罚方可任选一名运动员，因此可固定选择2～3名主发队员。

三、抢花炮基本战术

抢花炮运动是个集体项目，是由队员彼此紧密协作、团结一致，通过特定的配合行动表现出战术的目的，按特定的配合方法，把分散的个人力量组织在一起，形成一个整体，使全队每个人的技术都能充分发挥，从而获得比赛的主动和胜利。所以每个队员掌握技术是否全面、熟练程度如何，都决定着全队的战术质量；而全队战术的设计和发展，又对个人的技术训练和技术发展不断提出新的要求。抢花炮运动主要有以下几种战术。

（一）抢空中炮战术

比赛中可选择弹跳较好、身高占有一定优势的3～4人作为主抢队员，2～3人专门负责掩护和干扰，剩下的队员应注意抢落地炮。主抢队员负责争第一落点炮，力争在空中获得，若不能直接获得，则将花炮打出，或干扰、阻止对方队员获得空中炮；负责掩护和干扰的队员主要任务是协助主抢队员，并阻挡干扰对方主抢队员；拼抢落地炮队员负责争抢落地花炮。因双方都会尽力争夺第一落点炮，所以拼抢激烈，受相互干扰制约，往往不能直接获得空中炮，此时负责抢落地花炮的队员应眼明手快，利用各种技术动作，力争将花炮控制在本方手中。

（二）发任意炮战术

选择 2～3 名头脑冷静、传炮技术好、善于观察全局的队员作为任意炮主发队员，在选择发任意炮队员时，训练和比赛人选应相对固定，切忌频繁换人。发任意炮的战术配合主要有以下几种。

1. 快速奔跑

比赛中当听到开始发任意炮的哨音时，进攻队员即快速奔跑，跑动路线离发炮队员不宜太远，发任意炮队员注意观察，一有机会就快速传出花炮。注意不能超过规定时间。接炮队员接炮要稳，接炮后快速奔跑摆脱防守。

2. 交叉换位

进攻方以事先约定的两人一组进行交叉跑动换位。注意错挡时一定要到位，要能挡住对方防守队员，拉出空当，全场至少有 4 组配合，要求配合默契、行动迅速。

3. 扎堆分流

扎堆分流是由几名进攻队员先扎堆在一起，听到哨声后快速向不同的方向奔跑，发炮队员根据场上情况及时将花炮传给机会较佳的队员。扎堆队员可为 3～4 人，也可为 5～6 人，未参与扎堆队员可帮助牵制、阻挡对方队员。扎堆分流战术可分为单扎堆分流和双扎堆分流，注意扎堆队员人数不能太少，人数越少，对方防守难度越小。

4. 虚实相应

该战术配合的要领在于明内暗外，所谓明内是接任意炮队员向内接应，牵引对方防守队员，也称之为"虚"；所谓暗外即是接任意炮队员在远距离接炮，也称之为"实"。比赛时哨音一响，所有队员均向前做接任意炮动作，发任意炮队员迅速将炮发至位置较好的队员手中。要求发任意炮队员要掌握好时机，接炮队员与发任意炮队员成离心方向跑动。

5. 综合应用

综合应用是在比赛中将快速奔跑、交叉换位错挡、扎堆分流、虚实相应这些战术组合运用的方法。

（三）快攻战术

快攻是获炮后，以最快的速度、最短时间超越对方，争取在人数上造成以多打少的优势；或在人数相等的情况下，在对方稳定防守之前，抓住战机，果断而合理地利用快速配合进行攻击的一种战术。它的核心是争取时间、创造良机。

发动快攻的时机：抢得空中炮后，迅速发动快攻；抢、断对方炮后，迅速发动快攻；发任意炮后，迅速发动快攻；发界外炮后，迅速发动快攻。

（四）防守快攻战术

经常采用的防守快攻的方法有：抢空中炮后的快攻、防对方发任意炮后的快攻、防对方发界外炮后的快攻、防对方抢断炮后的快攻。防守快攻战术的要求：加快攻守转换速度，提高防守快攻中各个环节的衔接与配合。

（五）盯人防守战术

抢花炮运动的盯人防守通常采用紧逼有炮队员、主要进炮队员和可能接炮队员的战术。盯人要松紧结合，对远离本方炮台区的对手可以松动，对接近本方炮台区的对手紧逼。盯人防守主要有一对一盯人防守、二对二盯人防守。一对一盯人防守战术的方法是紧跟对方一名进攻队员不放。二对二防守战术的方法是根据对方进攻队员的跑动路线、交叉换位、传接花炮等进行重点盯防，提前卡位，并及时抢断和防止对方接炮后的快速摆脱。

（六）区域防守战术

区域防守的区域是本方半场，是加强对持炮队员和持炮队员对花炮的转移的控制、积极争取获得持炮权的一种防守战术。区域防守在层次划分上一般分为三层：第一层约有 3 人，在中场附近活动；第二层约有 3 人，在本方罚炮区弧顶附近；第三层约有 4 人，在本方炮台区前防守。

区域防守的基本要求：场上 10 名队员必须协同一致，及时向对方持炮队员且威胁较大的区域移动；负责中场和在弧顶附近的防守队员应移动快速、灵活，不让进攻方策应队员轻易接炮；在炮台区前的 4 名队员必须齐心协力，挡住对方的冲击。这是防守方的最后一道防线，必须坚守，等待本方队员的援助；离炮近的队员要及时卡位、搂抱，离炮远的队员要及时向有炮方靠拢接应，但同时应特别注意防止对方从自己防守区域空当或背后插入。

第三节　抛绣球

一、抛绣球概述

抛绣球是广西壮族人民在"春节""三月三"等传统节日的歌圩集会上所开展的一项传统男女连情方式，后来演变成喜闻乐见的传统体育项目。它的历史可追溯到 2000 多年前绘制的花山壁画上。当时用以甩投的是青铜铸造的古兵器"飞砣"，并且多在作战和狩猎中运用。随着社会的进步，物质生活水平的提高，飞砣也逐渐发展成现在的绣花布囊，即绣球。绣球是姑娘们用手工做成的彩球，以圆形最为常见，也有椭圆形、方形、菱形等。绣球大如拳头，上下两端分别系有彩带和红坠。广西最早有文献记载的绣球内包有豆粟、棉花籽或谷物等农作物种子，这除了使绣球有一定的重量便于抛掷外，更深层的意义是绣球为"吉祥之物"。因为壮族是传统的稻作民族，他们对每年农作物丰收与否十分关心，因而在各种祭祀、祈年的仪式中，农作物种子及播种、耕种等生产劳动形式往往都是表现的主题，如壮族农村建新房时，在墙基四角撒一些谷粒；架大梁时，要在梁上挂两束谷穗；给老人祝寿往往也要送些精米作礼，这些现象都象征着生长、生育、兴旺、平安之意。抛绣球都是在每年春节及"三月三"歌节时举行，正是春播时节，绣球内填放有谷物种子，就是希望年内"五谷丰登"之意；同时，绣球作为青年男女的定情之物，内中喻示着"生育兴旺"之意。如今的广西绣球不但被人们当作馈赠亲友之礼品，家庭中的装饰品，企事业单位的对外宣传、开展公关活动之赠品（可按客户意愿绣制特定文字，诸如单位名称、品牌、祝词等）。还正成为传递爱情、亲情、友情的民族文化使者，正成为文化载体。绣球作为壮族多元文化交融和汇集的象征，从"飞砣"到抛绣球，从传情求偶发展到健身、表演、比赛等活动形式，是长期历史发展起来的。抛绣球一种民间形式为男女分为甲、乙两队，甲队选出两名歌手抛绣球至乙队并唱一首壮歌，乙队接到绣球后派两名歌手在最短的时间内将球送还甲方，并回歌一首，如此循环往复。参加"送球""还球"的歌手一般都是七步成诗的民歌高手。另外还有一种形式就是在场地上立一高 10 米左右的木杆，杆顶钉有中间挖成圆洞的木板，男女分列两旁，将球投向圆洞，以穿洞而过者为胜。

抛绣球不但具有社交娱乐的作用，而且能锻炼人的体力、意志，提高人的灵敏性和身体素质，能培养果断、坚毅、自信和积极向上的高尚品质和情操。抛绣球作为壮族人民的传统体育活动，美丽的绣球和其乐融融的歌声更使人有一种心动不如行动的感觉。抛绣球技术动作简单，易于掌握，它能促进人们的友谊，起到以球传情、以球传神的作用，其中的奥秘是不可言喻的，只有加入这项活动中才能体会到它的魅力所在。2002年广西第10届少数民族传统体育运动会的抛绣球竞赛中，增加了背篓绣球，用肩背背篓接绣球，增加了一定的运动难度，提高了观赏性。

二、抛绣球基本技术

（一）高杆抛绣球的技术分析

抛绣球比赛时，将绣球抛过9米高的杆上直径为1米的彩环就可得分，因此，抛绣球的准确性显得尤为重要。抛绣球比赛是在无防守、无进攻的情况下进行的，要抛过规定的高度，运动员除了具有很好的个人技术之外，还必须具备良好的心理素质和准确的判断力。抛绣球时通过手握提绳转腕，使球获得一定的初速度，速度由慢到快，当达到最快的匀速状态时，手臂大绕环一周，顺着球的惯性，根据自身与木杆间的距离、位置，选择合适的出手角度，伸臂，抖腕，送球出手，绣球只有获得合适的速度及角度才能以抛物线的轨迹，顺利准确地穿过所设置的彩环。通过对抛绣球的力学分析，出手的角度选择以45°～50°较为合适。

（二）高杆抛绣球的基本技术动作

1. 侧位站立上抛法动作方法（以右手为例）

动作方法：侧位站立，左肩对着木杆方向，两脚左右开立约与肩同宽，重心在两脚之间。右手握住绣球的提绳，手腕按逆时针方向做2～3次的绕球预摆动作。绕球时要屈肘、手腕放松、运转柔和，使球速均匀。当球绕到最低点与地面垂直时，身体重心前移，转体面对彩环，同时蹬地、伸臂侧绕到最高点，顺着球的惯性，以合理的角度用力抖腕送指，把球抛出。

动作要领：手腕摆球为逆时针方向摆球，动作要连贯、柔和、匀速；抛球时，移动重心，转体，蹬腿，伸臂，抖腕，送指，让球的运动轨迹成抛物线。

2. 背向抛球法

动作方法：身体背对木杆，两脚左右开立，距离约与肩同宽，让重心落在两脚之间。右手握住绣球的提绳，手腕带球做2～3次"8"字绕环的预摆，当球获得一定的速度后，上体后仰成反弓形，当球提绕到右侧最高点时，伸臂，抖腕，送指，把球抛出去，两眼注视球的走向，球在空中的走向为大抛物线。

动作要领：右手在身体两侧绕"8"字，出手瞬间，上体后仰成反弓形，倒头，眼看着球抛出去。

（三）抛背篓抛绣球的技术

抛背篓抛绣球的技术与高杆抛绣球的技术比较相似。但是高杆抛绣球时，绣球运动轨迹的最高点达9米，因此，绣球运动轨迹的弧度较大；背篓抛绣球时，绣球运动轨迹的弧度则要小得多。所以，背篓抛绣球的出手角度相对比较小。

1. 持绣球

背篓抛绣球的持绣球技术与高杆抛绣球的持绣球技术相同。如果用工艺绣球比赛，则采用五指直接捏握法。

2. 抛球技术

背篓抛绣球的投球技术与高杆抛绣球的技术较为相似，只是出手的角度相对要小，如果用工艺绣球比赛，则采用单手肩上抛球技术。

3. 背篓接球技术

接球手背篓面对抛球手站立于接球区内，面对抛球手投来的绣球，判断来球落点，或蹲或半跪将来球接入背篓中。

三、抛绣球场地与器材

（一）场　地

长 26 米、宽 14 米的长方形场地，必须有明显的界线。在中线两侧 7 米的地方，各画一条与中线平行且与两条边线相接的线，这两条线叫投球控制线。投球控制线到端线之间的地区为投球区。

（二）投球圈

在中线的中点竖一根高 9 米的杆，杆顶安一个直径 1 米的圆圈，为投球圈。

（三）绣　球

用绸布或花布制成，直径 5 ～ 6 厘米，内装细沙石，重 150 克。球心系着一条长 90 厘米的绳子。绳子的尾端系着 3 片长 4 厘米、宽 0.5 厘米的布条，球下部缝上 5 片长 5 厘米、宽 0.5 厘米的布条为球穗，这样就制成了比赛用的绣球。比赛时需备五种不同颜色的绣球各 3 个。

四、抛绣球比赛规则简介

（一）队　员

每队运动员 10 人，由男、女各 5 人组成，队员上衣必须有明显的号码。

（二）工作人员

工作人员由裁判长 1 人、裁判员 10 人、记录员 1 人组成。

（三）比赛规则简介

1. 比赛可分为团体赛和男、女个人赛。团体赛每队由男、女各 5 人参加；个人赛每次比赛 5 人，计个人成绩。

2. 团体赛比赛时间为 20 分钟，分两段进行，每段 10 分钟。第一段为 5 名女运动员上场抛绣球，第二段为 5 名男运动员上场投绣球。

3. 比赛时，由裁判长带领比赛的运动员与裁判员认识，由裁判员发给运动员绣球进行练球。练球 1 分钟后，队员分别站在两边的投球区内，待裁判员、运动员做好准备，裁判长鸣笛开始比赛。运动员将绣球投圈后，应快速捡起自己专用的球反向再投圈。投中圈一次得 1 分；如果投球时运动员踩到控制线、越出投球区或拿别人的球投圈，一次扣 1 分。

4. 比赛结束后，按得分多少排列团体（10 人得分相加）和个人名次，得分高者名次列前。如果投球得分相等，再用 1 分钟的时间给相等分数的运动员复赛，投中多者为胜；如果仍相等，再赛 1 分钟，直至决出胜者为止。

五、背篓抛绣球比赛场地、器材与规则简介

（一）场地与器材

1. 场　地

在球场或空地相距 15 米处分别画抛球限制线或接球限制线，分别设宽 2 米的抛球区和接球区。

2. 绣　球

与高杆绣球相同，也可以用工艺绣球。

3. 背 篓

用竹或塑料制成，篓上径 30 厘米，下径 20 厘米，高 40 厘米。

（二）比赛规则简介

4 名抛球手各拿 6 个绣球，依次站在投球区内，接球手背篓，站在接球区内。比赛开始后，每队 4 名抛球手必须在 3 分钟内依次将所有的绣球抛出方为有效，超时判违例。接球手用背篓接球姿势不限，抛球手踏线或超出接球区投球和接球、踏线或超出接球区接球均为无效。

以每队在 3 分钟内抛进背篓的绣球多少决定名次，若抛出的绣球数相同，则以用时少的队名次列前。

第四节 陀 螺

一、陀螺概述

陀螺游戏历史悠久，是一项深受各族儿童少年欢迎的传统体育项目。各地玩法不同，有用鞭子连续抽打陀螺使之在冰面、平滑地面上不停地旋转，或相互碰撞，看谁旋得密，看谁旋得久；有将陀螺旋放或抽到一定距离外的规定范围内，看谁放得准，看谁旋得久；也有先将一陀螺旋放后，其他人站在一定距离之外用旋转着的陀螺去打击之，看谁打得准，看谁旋得久；还有用鞭子抽着陀螺上斜坡，或抽陀螺越过各种障碍，看谁先到达终点的陀螺竞速比赛等。由于各地玩法不同，在称谓上也有差异，如称"抽陀螺""打陀螺""打地螺""抽地牛""赶老牛""打猴儿""打格螺""拉拉牛"等。（图 18-4-1）

图 18-4-1

二、陀螺基本技术

陀螺技术可分为放陀技术和攻陀技术两种。

放陀技术属于防守技术，攻陀技术属于进攻技术，比赛规则规定攻方将守方陀螺当即打死而自己仍在界内转旋则得 4 分；击中死螺得 4 分；攻方击中守方后双方都在界内转旋，守方先死则得 3 分；击中守方后双方都在旋转且同时旋死则得 2 分；击中守方后比守方先旋死则得 1 分；未击中守方则不得分。根

放陀讲解　攻陀讲解

据这个规则精神，陀螺运动的特点可概括为两个字，即旋和准，对于攻方来说，只有打得准，击中对方才可能得分，只有旋得快站得稳，才可能得高分；而对于守方来说，只有旋得准，放陀不出放陀区成活陀并旋得快，不被对方击死才能使攻方少得分。

旋和准是两个同等重要的要素，强队之间的比赛尤其如此。削弱哪一面都会导致比赛的失败，比赛中常见这样的情况，守方陀螺旋得很密，攻方打得准但旋转不快，一击中即自己旋死，仅得 1 分；有些攻方打出的力量大转速高，但未能击中守方，为无效进攻，得不到分。有时守方虽为活陀，但转速不够，被对方一击即死，致使攻方连得高分；如果放得不准成死陀，攻方一击中即得满分。

因此，无论是放陀技术或是打陀技术，准和旋都是评价其技术有效性的重要标准。

（一）放陀技术

1. 缠陀：以左手大拇指、食指和中指抓紧陀螺的柱体下部，无名指屈指贴附于陀螺锥体部位，陀螺底锥朝手掌将陀螺握稳；右手将鞭绳按顺时针方向从陀螺柱体上部开始逐渐向中部缠绕陀螺，至鞭绳缠完或留 20 ～ 30 厘米（可随个人习性而定）为止，缠绕用力要适当，缠得过紧了，绳子张力过大，易拉伤绳子，缠得不紧，旋放时力量传递受损，不易旋准旋快。

放陀演示

2. 握陀：缠好陀后，左手大拇指与食指中指握住陀螺柱体，无名指、中指贴于锥体部，将陀握稳。

3. 持陀持鞭：左手握好陀后，右手握住鞭杆把端，这时由于鞭与陀连成一体，双手、双肩活动方向及幅度亦一致，左臂向左侧前方自然伸出，右臂屈肘随之左摆，将陀和鞭持于身体左侧前方胸腹之间。

4. 预备姿势：放陀前，右肩侧对旋放区，两脚左右开立，稍宽于肩，右脚与旋放区中心点的距离以鞭绳长度减去（1.25 ± 0.05）米为宜。两膝微屈，上体前倾，重心落在两脚之间（或稍偏左脚），左手持陀于左侧前方，右手持鞭于腹前。眼睛注视旋放区中心。放陀前可以腰为轴转动上体。左手持陀做两至三次预摆的瞄准动作，两膝随上体转动屈伸调整身体重心。也可不做预摆动作，左手持陀向左侧方引臂，右手持鞭随摆，重心随之移至左脚上，左膝稍屈，维持身体平衡，保证掷陀有较长的工作距离。

5. 掷陀：掷陀是放陀技术的主要环节，动作是否正确，用力是否恰当直接影响到陀螺的转旋力量和落点的准确性。在引臂瞄准或预摆结束后，利用左腿蹬地向右转体的力量，带动左臂向前挥摆，左手不做任何屈腕和拔指动作，全身力量通过手臂和手指作用于陀螺，注意控制陀螺出手方向和路线，使陀螺头朝上、锥朝下向旋放区飞出。

6. 拉陀：左手将陀螺掷出后，右手持鞭顺势前摆。陀螺在向前飞行的过程中，由于受到鞭绳的拉动，产生顺时针方向的旋转，当陀螺飞到旋放区上方距地面 20 厘米左右，右腿用力蹬地向左转体，右手持鞭向左猛力回拉，使陀螺的旋转获得更大的动力，同时将前飞的陀螺因受回拉而平稳地落于旋放区内。拉陀后持鞭迅速退出比赛场区。

（二）放陀应注意的主要问题

1. 鞭绳缠绕陀螺，即可按顺时针方向缠绕，也可按逆时针方向缠绕。

2. 持陀持鞭，即可以右手持陀左手持鞭，也可以左手持陀右手持鞭，且不受缠绕方向影响。

3. 放陀准备姿势站位位置的选择，只要站在旋放区外身体任何部位不触及旋放区线段或旋放区内地面即可。距旋放区的距离依个人习惯、鞭绳长短和拉陀用力大小而定，一般以鞭绳长度减去 1.25 ± 0.05 米较为恰当。

4. 站位方向以侧身斜对旋放区为宜，这样掷陀拉陀时便于充分利用蹬地转体的力量。

5. 掷陀、拉陀是放陀技术的主要环节，掷陀出手的方向、路线和速度决定陀螺的落点，而拉陀的时机和力量是决定陀螺旋转、稳定、落点的关键因素，因此，掷陀后，在陀螺落地前要特别注意蹬腿转身与爆发式的挥臂回拉。

6. 初学时，鞭绳可短些，站位可近些，拉陀力量可轻些，以掌握拉陀时机和掷陀拉陀协调配合为主。

（三）攻陀技术

1. 准备姿势。在陀螺运动开展的这几年中，各地使用的准备姿势繁多，且不同的运动员又各具特色，可谓是五花八门，但可归结为以下几种，即正面姿势、侧面姿势、侧面高姿、侧面低姿、原地准备姿势、上步准备姿势等。常用的是侧面高姿和正面姿势，且均为原地准备势。下面以右手持陀为例对侧面高姿作分析。

攻陀前，左脚站在攻击线后，右脚向右后开立稍宽于肩，右腿屈膝，上体侧后仰，斜侧面向守方陀螺，重心偏向右脚，右手持陀向右侧后上方引臂，左臂屈肘持鞭于右胸前，眼睛注视守方陀螺。

2. 掷陀。掷陀是攻陀技术的关键环节，动作质量的高低直接影响到攻击的准确性、速度和旋转力量。

陀螺出手时的速度大小、角度、方向以及出手点高度是决定陀螺落点即攻击准确性的主要因素，掷陀动作就是为了使这几个因素得到理想配合，从而提高攻陀的有效性和旋转强度。

准备姿势瞄准好守方陀螺后，利用右腿蹬地身体左转的协调力量，带动右臂向前快速挥摆，至肘关节伸直时将陀螺掷出手，使陀螺平头朝上椎尖朝下对准守方陀螺飞出。陀螺离手后，右臂随势向左斜下摆动，腿屈膝维持身体平衡，防止踩越攻击线。

3. 拉陀。拉陀是陀螺旋转动量的来源，拉陀技术就是为了使陀螺获得尽可能大的旋转强度，并适当调节陀螺飞行弧线，控制陀螺落点。右手将陀螺掷出手后，左手随即持鞭顺势左摆，用力拉动鞭绳，使陀螺在快速飞行的同时在鞭绳的带动下产生顺时针方向的旋转，当缠绕的鞭绳全部拉完后，陀螺即沿鞭绳拉力结束时的即时速度方向、角度飞向守方陀螺。鞭绳拉完后迅速收回鞭，防止鞭绳触及守方陀螺和鞭杆触及比赛场区。

（四）攻陀应注意的主要问题

1. 根据规则精神，鞭绳长度不少于 2 米，缠绕于陀部分不少于 1 米。实践中根据技术掌握情况可使用长 5～6 米的鞭绳，增加缠绕圈数，以达到加强旋转力量和控制落点的目的，但使用长绳要注意攻陀后鞭绳不能触及守方陀螺，以免犯规。

2. 在上述提及的许多准备姿势中，运动员可依个人习惯选择，原则是便于发挥全身力量，便于控制落点。

3. 挥臂摆动是攻陀力量的主要来源，因此，动作要协调、正确，即要考虑到力量的发挥，更要考虑到落点的控制。

4. 挥臂摆动的方向、陀出手的角度是影响落点的重要因素，只有角度、速度、出手点三个因素的理想配合才能得到良好的效果。

5. 拉陀是陀螺旋转的动因，攻陀的拉陀不像放陀的拉陀那样，有猛力的回拉动作，而拉力的大小主要决定于陀螺出手速度的大小，出手速度越大，陀螺前飞过程中受到鞭绳牵拉的张力作用越大，旋转强度也越大。

6. 拉陀可使陀螺飞行路线偏离出手即时方向决定的正常抛物线。因此，拉力大小、偏离程度以及出手即时方向的综合是决定落点的最终因素。

三、陀螺玩法

（一）画圈圈

在地上画一个圈圈，直径在一步到两步之间，圆中间再画一个三角形，每个人把自己的陀螺往圈圈里打，并让陀螺自己旋转出圈外来。有时陀螺会固定在圈内不移动地旋转，可用绳子把它圈住勾出圈外，只要到达圈外还在转就算活。如果停止了，就要放在三角形内，任人敲击处罚。

（二）分　边

一边轮流一人，把陀螺抽在地上，直到有人失败为止。失败的陀螺，就放在地上任人打击，挨到对方陀螺停止时，才可以换对方攻打。

（三）持久比赛

同种类陀螺，同时间打下，看谁转动的时间最久，就是胜利者。

（四）掷远比赛

在地上画个小圈圈，然后每个人的陀螺先要打在圈圈内，再跳出去，跳出去的陀螺必须是还在旋转者才算成绩，用卷尺测量，离小圆圈的圆心最远者就是胜利者。

（五）定点比赛

在地上或椅子、桌子上放一个圆盘（可用圆形饼干盒盖子代替），然后离圆盘50厘米处，画一条线当起点，每一个人，从这一条起点线往圆盘抛拉，能进入圆盘内旋转者就算过关，失败者被淘汰。

（六）撞击比赛

以相同大小的角力陀螺为佳。

（七）套圈比赛

套圈比赛所用的陀螺，以上轴长下轴短为佳。找中央有圆洞孔的薄形胶圈或薄铁圈。当陀螺旋转时，赶快把手中的圈圈套入上轴中心，一次一个，一直到陀螺停止为止，看谁套入最多，谁就获胜。

第五节　射　弩

一、射弩概述

弓、箭、弩是几种最古老的兵器。"弩"的作用与"弓"一样，但结构却有很大区别，它的作用原理是利用弹力将抛射物弹射出去。弩诞生在中国，至少有4000年以上的历史，古代称之为"弩机"，是一种结构颇为复杂的机械。现在，弓弩作为兵器已经退出了历史舞台，但在民用方面，却日益活跃。它不仅成为狩猎、娱乐和射击运动使用的器械，深受广大狩猎爱好者和射击运动员的青睐，而且有的国家还将它作为特种警察的特殊装备。为保护、传承和弘扬这一少数民族传统体育项目，中国积极开展了对射弩运动的挖掘、整理与提炼工作，制定了射弩运动的比赛规则，推广和普及有关射弩的民族传统体育活动。在1982年第2届全国少数民族传统体育运动上，云南、广西选手表演了精彩的射弩技艺。1985年中国加入了"世界弓弩联合会"，并于同年成立了"中国弓弩联合会"，随后参与了一系列国际弓弩比赛。1986年8月，第3届全国少数民族传统体育运动会开始将射弩列为正式竞速项目。各省、自治区、直辖市先后将弓弩设为民族运动会竞速项目，从此，射弩运动项目在全国范围内得到广泛开展。

二、射弩功能

射弩是中国少数民族传统体育中不可缺少的一项，也是各级民运会的正式比赛项目，从它产生的第一天起就与各民族的社会生活、生产、文化、经济和政治等各方面融为一体。因此，它在各个少数民族文化中占有举足轻重的作用。射弩的功能主要有以下几点。

（一）健身功能

该运动可以发展人体的体能，增强人民的体质。健康的身体不仅是个人生活的需要，也是民族生存的需要。在各民族中，人们在漫长的社会生产中逐步发展了具有本民族特色的体育项目，逐步具有了强身健体的意识。

（二）教育功能

远古先民们的社会生活经验要一代一代地传承下去，当时体育就义不容辞地担负起了教育的功能，可以说体育对于全人类的发展作出了自己应有的贡献。

（三）社交、团结功能

在组织的各项比赛当中，比赛各方会有意无意地进行各种交流，这在无形中就起到了社交与团结的功能。

三、射弩基本技术

（一）民族标准弩

1. 准备姿势

（1）站　姿

少数民族标准弩站姿比赛要求：运动员在比赛过程中两臂悬空，两肘与身体无接触，弩弓除运动员两手外，不得与身体任何一个部位接触，因此，射弩过程中身体姿势的稳定直接影响了比赛成绩的稳定性。

准备姿势的选择没有特别的规定，一般常见的有三种：一种是身体正对射击目标，两脚左右平行开立；第二种是身体侧对射击目标，两脚前后开立；第三种是介于两者间，斜对射击目标。无论使用哪一种身体姿势，总的目标都是提高少数民族标准弩射击的稳定性。少数民族标准弩爱好者或运动员可根据自身身体素质、特点对身体姿势进行选择与创新，寻找适合自身身体特点的姿势，长期坚持使用同一姿势，逐渐提高射击的稳定性。（图18-5-1）

（2）跪　姿

少数民族标准弩跪姿比赛要求：一腿屈膝、全脚掌着地，另一腿弯曲，膝盖和前脚掌着地并与前腿成三角支撑。臀部可坐在膝盖着地之脚后跟上，脚跟和脚掌的中心垂直线左右倾斜不超过45°。持弩手势同立姿，托举弩身一肘可放于膝上，弩身不得接触身体任何部位。

跪姿的准备姿势也有三种：一种是身体直立，肘部不放在膝盖上；第二种是肘部放于膝盖上方，臀部坐于后脚跟上；第三种是肘部放于膝盖上方，臀部不坐于后脚跟上，但是后面一只脚充分向后拉开，臀部尽量下沉接近地面。

在跪姿的选择中，无论使用哪一种姿势，根据瞄准用眼习惯，建议头部自然转动，保持自然正直姿势面对射击目标。该姿势的优点是不易产生疲劳，而且姿势比较容易固定。（图18-5-2）

图 18-5-1　　　　　　　图 18-5-2

2. 拉弦

拉弦是标准弩射击过程的第一个环节，是箭飞行击中目标靶心的动能来源。正确的拉弦技术是：单脚踩在弩头下方的金属铁环上，弩身斜靠于膝盖上，上体弯曲，用双手手指第一指节捏紧弩弦，双手大拇指指尖贴住弩身，上体起立，用腰部力量带动双手，向上拉起弩弦，注意在拉动弩弦的过程中，弩弦不得翻转，不得左右偏移，弦一定要紧贴箭槽，直到听到"咔"一声，然后双手放开。

3. 置箭

民族标准弩在置箭时要小心箭羽，不要在置箭过程中把箭羽弄弯，这样会严重影响弩箭的飞行轨迹。正确姿势是：一手托住弩身中部，弩头向上倾斜；用另一只手的拇指、食指、中指三指轻拿弩箭，把弩箭的箭头从标准弩的准心下方穿过，然后把标准弩的其中一片箭羽垂直放入箭槽内，接着手指压住箭身向后拉，直到弩箭顶到最后方为止。在置箭的整个过程中，一定要保持弩头正对前方并向上倾斜，这样既保证了射击过程的安全也防止了弩箭的滑动和脱落。（图 18-5-3）

图 18-5-3

4. 举 弩

在举弩过程中同样应该保持弩弓平稳，弩头向上倾斜，匀速上举，匀速下压，避免弩箭滑动或脱落，若弩箭有滑动现象，应该放下弩弓，重新放置弩箭。无论是举弩还是放下弩都要小心谨慎，避免发生意外。

5. 瞄 准

瞄准是少数民族标准弩射击过程中十分重要的环节。瞄准根据用眼习惯可以分为单眼瞄准和双眼瞄准，单眼瞄准又可以分为左眼瞄准和右眼瞄准。运动员可以根据自己的用眼习惯进行选择。瞄准的技术与用枪支射击技术基本相同，讲究的是"三点一线"，即缺口、准心和靶心三点在瞄准过程中应该保持在一条直线上。具体讲就是用准心缺口的平正去压靶心的正十环的一半。所谓"平"，就是指准心尖与缺口上沿在同一平面内。所谓"正"，就是指准心要位于缺口中央。

在少数民族标准弩瞄准时，弩身始终都会有所晃动，所以，运动员在瞄准时一定要将主要精力放在保持晃动中准心缺口平正关系的内在感觉上。注意保持弩身和手臂的晃动频率一致，即要动就是弩弓和手臂一起动，防止准心尖在缺口内跳动。在瞄准时不能把准心缺口的平正关系和目标都看得很清楚，正确的瞄准情况是准心缺口的平正关系看得很清楚，而靶心则比较模糊。

6. 击 发

击发是整个少数民族标准弩射击技术最重要的一个环节，举弩瞄准再好，击发完成不好，也将前功尽弃。掌握均匀正直的击发要领，是少数民族标准弩准确射击的关键。

预压速度均匀，压力逐渐加大。预压动作是在举弩逐渐趋于稳定和瞄准由概略到精确的过程中进行的。少数民族标准弩射击时，通常从瞄准区粗略瞄准过程时开始预压，预压扳机的速度和力量都应是均匀的，防止速度忽快忽慢、压力忽大忽小，当瞄准线进入瞄准区时，预压扳机结束。而此时弩的稳定性逐渐增强，无经验的射手此时最容易突然增大扣压扳机的力量而猛扣扳机，破坏弩的稳定。此时射手应在预压的基础上，精力高度集中于准心缺口的平正关系和弩身的稳定上，依靠击发指触觉，放慢扣压扳机的速度，试探性地逐渐加大扳机压力直至弩箭射出。

7. 保 持

大多数人认为，少数民族标准弩射击技术动作的最后一个环节是击发，因为击发完毕，弩箭飞离弩弓、中靶，比赛成绩就不会改变。其实不然，少数民族标准弩射击技术的最后一个技术动作是保持，即在击发完毕后应该保持举弩姿势 3～5 秒。因为保持动作间接延长了射击技术动作的时间，不仅有利于建立正确的意识（举弩、瞄准、击发），而且容易形成长久的稳定性。没有击发后的保持动作，击发完毕立即放下弩弓，不仅难以形成稳定的技术动作，而且很难锁定目标，建立稳定长久的瞄准点。

（二）民族传统弩（图18-5-4、图18-5-5）

参照少数民族标准弩的技术方法。

图 18-5-4　　　　　　　　　图 18-5-5

第六节　毽　球

毽球百科

一、毽球概述

毽球运动在花毽的趣味性、观赏性、健身性基础上，增加了对抗性，它集羽毛球的场地、排球的规则、足球的技术为一体，是一项简单易行且技法多样的群众性体育运动项目，深受人民群众的喜爱。同时，毽球也是全国少数民族传统体育运动会最早设定为正式比赛的项目之一。（图18-6-1）

毽球运动是从中国古老的、民间广为流传的踢毽子衍生而来。踢毽子是中国的一项民族传统体育活动，至今已有两千多年的历史，源远流长，是中华民族在长期生活中逐步积累和发展起来的一项宝贵的文化遗产。据历史文献和出土文物证明，踢毽子起源于中国汉代，盛行于六朝、隋、唐。

目前，作为少数民族传统体育项目比赛的毽球，是由侗族、苗族、水族等少数民族喜爱的手毽演变而来，而手毽则是模仿在田间插秧时抛接秧苗的

图 18-6-1

动作形成的。1984 年，原国家体委将毽球列为正式比赛项目，正式公布了《毽球规则试行草案》，并组织了全国毽球邀请赛。目前，举办的主要赛事有全国少数民族传统体育运动会毽球比赛、全国毽球锦标赛、全国职工毽球联赛、全国中学生毽球锦标赛、国际毽球邀请赛和全国农民运动会毽球比赛等。目前，国内毽球运动主要分为以竞技为主的网毽和娱乐休闲为主的花毽。

二、毽球基本技术

（一）毽球基本技术

毽球技术是运动员在参加毽球比赛中所采用的合理动作。为了适应比赛中不断变化的复杂情况，运动员必须熟练掌握毽球的各种技术。毽球基本技术动作包括六大类，即准备姿势、移动起球、发球、踢传球、进攻和防守。

1. 准备姿势

准备姿势是运动员在场上接球前身体的一种等待状态。保持良好的姿势，是使身体能随时在瞬间由静变动，由被动的状态变主动状态的关键。准备姿势一般分两种。

（1）左右开位站势

这种站势使运动员能从静止状态快速转向左右移动的状态，尤其用在比赛的防守过程中。

（2）前后开位站势

这种站势使运动员能从静止状态快速转向前后的移动状态，较多应用在比赛过程中的接发球和防守当中。注意脚后跟离地，身体重心要向前移，随时保持静中带动的状态。

2. 步法移动

步法是移动的灵魂，没有纯熟的步法移动技巧，在比赛中就不能变被动为主动。步法移动一般有八种，分别为前上步、后撤步、滑步、交叉步、并步、跨步、转体上步和跑动步。只有熟悉各种步法的移动运用，在比赛中才能更具主动性和灵活性。

3. 毽球的起球技术

起球的基本技术动作主要可分为脚内侧起球、脚外侧起球和脚背起球。除此之外，还有腿部起球、腹部起球、胸部起球和头部起球。

（1）脚内侧起球（图 18-6-2）

起球前，两脚前后自然分立，两腿微屈，击球脚在后，两臂放松垂于体侧，目视来球。起球时，身体重心前移到支撑脚上，击球脚大腿带动小腿由后向前上方摆动。在向上摆腿的过程中，髋关节外张，膝关节弯曲外展，踝关节内翻击球。击球瞬间足弓击球面应端平，用脚内侧足弓中部击球，击球点一般在支撑腿膝关节高度和体前 40 厘米处。起球的全过程中，动作柔和、协调，用力适当，大腿、小腿应顺用力方向完成送球动作。脚内侧起球，多用于第二人次传球或调整处理球，特点是击球稳、准，便于控制球。

（2）脚外侧起球（图 18-6-3）

两脚自然分立，成准备姿势目视来球。当来球在自己身体的侧面时，重心移到支撑脚上，击球腿的髋、膝内扣，屈踝，屈膝，踝关节外翻，触球脚外侧端平。击球是利用小腿内翻快速上抬的动作完成，触球部位一般在脚外侧的中部和后部，击球点的高度一般不超过膝关节。当来球较高并快速向体侧后方飞行时，击球腿快速从下向后摆，踝关节自然勾起、外翻，脚趾向外，使脚的外侧基本成平面，上体成前俯姿势。击球时大腿后摆，小腿屈膝，用迅速向上摆动的动作向身体前上方击球，触球部位在脚外侧的中部或中后部。

（3）脚背起球（图 18-6-4）

击球前做好准备姿势，目视前方。正面来球时，先移动调整体位，前脚为支撑脚，后脚从后向前摆起，脚背与地面基本水平，利用适度的伸膝和踝关节背屈协调。用力地勾踢动作，把球向上踢起。击球部位应在脚的脚趾关节处，击球点应在离地面 10～15 厘米的高度为好。起球的方向、弧度和落点可以通过脚背的变化、踝关节背屈勾踢的幅度来调整。

（4）触　球（图18-6-5）

在身体膝关节以上部位的踢球都叫触球，但又可以分为大腿触球、腹部触球、胸部触球肩触球和头触球。

图18-6-2　　　　　　图18-6-3　　　　　　图18-6-4　　　　　　图18-6-5

（5）发　球（图18-6-6）

发球技术可分为脚内侧发球、脚正背发球和脚外侧发球三种。

①脚内侧发球。持球抛脚前，抬大腿带小腿加转髋，用内足弓部位向前上方送髋推踢。其特点是既稳又准，破坏性强。

②脚正背发球。持球抛脚前，伸腿绷脚面，抖动加力击出球。注意绷脚尖，用正脚背向前上方发力挑踢。其特点是平、快、准。

③脚外侧发球。注意稍侧身站位，抬腿踝内转绷脚尖，用脚外侧发力扫踢。其发球的特点是既快又狠，攻击力强。

脚内侧发球　　　　　　　　脚正背发球　　　　　　　　脚外侧发球

图18-6-6

（二）毽球进攻技术

1. 脚踏攻球技术（正面脚掌）

进攻队员面对网站立，两膝微屈做好攻球准备姿势，当二传传球至攻球点时，进攻队员支撑脚迅速上步，也可两步、三步助跑，然后击球腿大腿带动小腿迅速上摆至最高点，支撑腿伸直、提踵式跳起提高击球点，同时两臂放松上摆，提高身体重心并保持平衡。击球时，击球腿、髋、膝、踝依次发力鞭打式下压，用脚掌前 1/3 处击球。击球点一般保持在攻手头前上方离身体 50 厘米的高度，远网球宜展腹直腿发力踏球，近网球可屈膝，小腿主动发力踏球，还可以利用身体转动和脚腕的变化改变攻球路线和落点。

2. 倒勾攻球技术

主攻队员在进攻中采用脚的正面、内侧、外侧和凌空扣球动作将球击向对方场区，从而得分。

（1）正倒勾球

背向网两脚平行站立，右腿蹬地起跳，左脚屈膝上摆到空中最高点时，左腿迅速下摆，同时右脚屈膝大腿带动小腿用力上摆，当球下落到头的右侧斜前方时，小腿用力摆出，击球脚腕抖屈以脚趾或脚趾跟位击球，击球后，应注意控制击球腿的腾空摆动幅度，避免触网，两腿依次缓冲落地，保持身体平稳。其特点是：线路多，能变线，是进攻的主要手段；但背对防守者，易被对方拦网堵防。

（2）正倒勾脚掌吊球

攻球前，进攻队员背网站立，做好攻球准备姿势并密切观察传球情况。当二传传来的球离身体较近，落点在头前上方时，迅速调整好位置，采用原地或调整一步起跳做脚背倒勾佯攻，当身体腾空时突然变脚背倒勾攻球为脚掌触击将球吊入对方场区。击球时，击球腿微屈上摆，逐步伸直，勾脚尖屈踝使脚掌在头前呈水平状，脚掌触球并用腿向后摆的托送动作将球吊入对方场区的空当。完成攻球动作后，摆动腿和击球腿依次缓冲下落，保持身体平衡。

（3）外摆脚背倒勾攻球

进攻队员稍向右侧背对球网站立，两腿微屈做好攻球准备姿势，密切观察二传传球信号。当传球至击球点时，采用一步或两步助跑，起跳时膝踝关节充分蹬直，摆动腿和摆臂协调用力。身体腾空后，摆动腿下落，击球腿迅速外摆，膝关节猛力伸踢，屈踝用脚背勾踢动作攻球过网。击球部位在脚背外侧的脚趾根处，击球点应在攻手头上方右侧约50厘米的落点上。击球后，应注意控制击球腿的腾空摆动幅度，避免触网，两腿依次缓冲落地，保持身体平稳。

（三）毽球防守技术

毽球的防守技术有拦网、踢防、触防和跑防四种。

1. 拦　网

拦网是防守的第一道防线，是得分、得权的重要手段，是破坏对方进攻并组织反击的重要手段，有效的拦网能使本方化被动为主动，削弱对方的进攻威力，给对方造成心理压力，在比赛中占有重要地位。

拦网时，面向球网，距网20～25厘米，双脚平行开立，与肩同宽，双膝微屈，重心下降，自然收腹，上体稍前倾，两臂自然下垂，置于体侧，目视来球。起跳后，提腰收腹挺胸击球。击球后自然下落，缓冲落地。为及时对准对手击球点，应采用并步、交叉步等技术移动取位，准备起跳拦网。

2. 踢　防

毽球的踢防技术有内踢、外踢和挑踢三种。

（1）内　踢

当球的落点在身体前面时，快速移动，膝关节外张，小腿由内向上摆动，用脚内侧完成踢球动作。

（2）外　踢

当球落于体侧时，在腰和髋关节的带动下，利用小腿的外摆和脚外侧击球，完成踢球动作。

（3）挑　踢

当球落于较低位置时，将脚插入球底下，在踢球时的瞬间，依靠髋、膝、踝三关节的带动，抖动上挑脚尖，同时绷直膝关节，完成踢球动作。

3. 触　防

触防是根据对方攻球的情况，在单人拦网的同时，另外两名防守队员判断击球路线，用膝关节以上的身体部位挡球。

4. 跑 防

跑防就是对方的攻球将落于较大的空当区域，而球速又不是太快的情况下，快速跑动接近球，使用恰当的防守技术"起球"。

三、毽球基本战术

（一）毽球进攻战术（图18-6-7）

1."一二"阵型

"一二"阵型配备就是在3个上场队员当中有一个主攻手，两个是二传手。运用此阵型配备时，主攻手一般不参与接发球，两个二传手交替接发球和做二传。这种战术的进攻特点是分工明确、稳而不乱，尤其适用于有高大主攻手善打中一二和两次攻等高举高打的打法。

2."二一"阵型

"二一"阵型及战术形式："二一"阵型就是上场的3名队员中，有1名主攻手、1名副攻手和1名二传手的配备组合。这种阵型配备，适用于有倒勾球、脚踏球各1名攻击力较强的攻手和1名传球水平较高的二传手的队伍。

3."三三"阵型

全攻性战术形式。"三三"阵型配备就是在3个上场队员当中任何一个既是攻球手又是二传手。"三三"阵型配备场中队员接球站位一般成倒三角形，任何一个队员接到球后随时都可以组织两人以上同时参与进攻的战术打法。这种阵型可以打出掩护交叉战术，还可以打出快攻、背溜、双快一掩护等较复杂多变的战术进攻球。

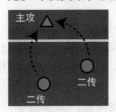
"一二"阵型

"二一"阵型

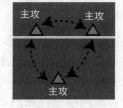
"三三"阵型

图18-6-7

（二）防守战术（图18-6-8）

拦网战术是防守中的重要战术，是破坏对方进攻并组织反击的重要手段，在比赛中占有重要地位。拦网战术应根据对方进攻的不同特点决定本方的防守阵型。拦网一般分为单人拦网和双人拦网两种形式。

1. 单人拦网

单人拦网又称为"一拦二防"战术，就是3名防守队员中，1名队员在网前拦网，另2名队员在其身后分区防守。这种战术在对方进攻威力不太大，变化不多时采用，在拦快球时也常常被迫运用。单人拦网时，拦网队员一定要判断准确，把握好起跳时机，用身体堵防攻球点，拦住攻手主要的、威胁最大的进攻路线。其余的两名防守队员可在其身后平行落位防守或一前一后防守。这种封线分防的特点是：有两道防线，网上拦网封线路，网下中场防落点，拦防结合，利于反击。

2. 双人拦网

双人拦网又称"二拦一防"或简称为"二一"防守战术，就是场上3名队员中，有2名队员在网前拦网，另1名队员在场区中后区防守。当对方进攻力量强大，有多条进攻线路时可采用双人拦网。这样不论对方在任何位置进攻，本方均有两人起跳拦网，防守队员应站在拦网队员身后中间位置，可靠前，也可靠后加强保护与防守。这种"封线补防"的特点是：网上强行拦网封堵线路，网下保护补空缺，拦防互补，上下配合；网上争先抑制对方进攻，又可网下补空，防住对方的进攻变化，变被动为主动。

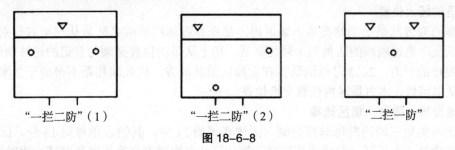

图 18-6-8

3. 全防守战术

这是一般球队较少采用的一种战术，就是在对方进攻威胁性不大，己方基本技术较熟练，防守能力很强，队员脚上基本功比较过硬时，也可以不拦网，谓之全防守战术。

四、毽球比赛场地与规则简介

（一）比赛场地（图 18-6-9）

团体、双人和混合双人赛的场地长为 11.88 米、宽 6.1 米，单人赛场地长 11.88 米，宽 5.18 米，以中线等分两片长各 5.94 米的半场，中间用 1.5 米（女子）或 1.6 米（男子）高的球网相隔。

界线：比赛场地应按平面图画出清晰的界限，线宽 4 厘米，线的宽度包括在场地面积之内。较长的两条界线叫边线，较短的叫端线。

发球区：距两端线中点两侧各 1 米处向场外各画一条长 20 厘米、距端线 4 厘米并与端线垂直的短线叫发球区线（此线不包括在发球区内）。发球区线向后无限延长的区域叫发球区。

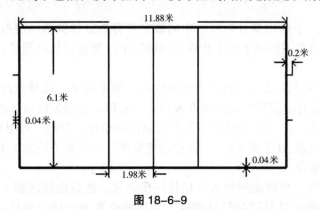

图 18-6-9

（二）比赛规则简介

1. 比赛项目

毽球运动比赛设男、女团体（三人制），男、女单人，男、女双人，男女混合双人共 7 个项目。

2. 比赛队的组成

团体赛（三人制）的比赛队由6人组成，上场队员3人，其中队长1人（左臂应佩带明显标志）。参加团体赛的人员可报名参加单人、双人、混合双人赛；参加双人和混合双人赛的队员经检录确认后，不得替换和变更。教练员和替补队员应坐在指定的位置上。

3. 队员的场上位置

团体赛的双方队员必须站在本方场区内。站在靠近球网的两名队员从左至右分别为3号位和2号位队员，靠近端线的队员为1号位队员。场上队员的位置必须与登记的轮转顺序相符合。团体赛的发球的一方，2、3号位的队员在发球队员的前方，彼此间相距不得少于2米。球发出后，双方队员可以在本方场区内任意交换位置。

4. 比赛局数、得分、场区选择

各项比赛采用三局两胜每球得分制。团体赛每局21分，其他各项每局15分。比赛前抽签获胜的一方选择一个场区；发球或接发球，第一局结束后双方交换场区和发球；决胜局开始前，正裁判员召集双方队长重新选择场区或发球。决胜局比赛中，任何一队先得10或8分时两队应交换场区。交换时，不得进行场外指导。交换场区后，双方队员的轮转位置不得变换。

5. 暂停与公共暂停

比赛成死球时，教练员或场上队长可以向裁判员请求暂停。暂停时，教练员可以在场外进行指导，但场上队员不得出场，不得与场外其他任何人讲话，场外人员也不得进入场内；每局比赛中，每队可以请求两次暂停，每次暂停时间不得超过30秒；某队在一局中请求第三次暂停，应判该队违例并失1分。

单人比赛中任何一方先得8分时，增加一次30秒的公共暂停，允许双方队员在场内休息，但不准场外指导。公共暂停不记录在双方暂停次数内。

6. 换 人

团体赛允许换人。比赛成死球时，教练员或场上队长可以向裁判员请求换人；每队每局换人不得超过3人次；替补队员上场前，应在记录台附近做好准备，换人时不得超过15秒，否则判该队一次暂停。如该队在该局已暂停过两次，则判该队失1分。

7. 局间间隙

一局比赛结束后，下局比赛开始前，中间最多可有2分钟供两队交换场区、换人和记录员登记号码；双方教练员在不影响上述工作进行的情况下，可进行场外指导。

8. 发球与接发球

（1）各项比赛的发球队员须站在本方发球区内，用手持球，将球抛起，用脚将球从网上踢入对方场区，使比赛进行。发球队员必须在发球区内发球，在球发出后才能进入场区。

（2）团体赛发球时，2、3号位队员不得有任何掩护动作，否则，判由对方得1分。

（3）比赛各局若出现20平或14平，执行轮换发球法，即每方轮发1分球。

9. 团体赛的轮转顺序

某队取得发球权时，先按顺时针方向轮转一个位置，然后由轮转到1号位队员发球；新的一局开始前，可以变换本队队员的轮转顺序，并填好位置表交给记录员；每局比赛结束之前，队员的轮转顺序不得调换。

10. 比赛进行中的击球与附加动作

团体赛每队在将球踢入对方场区前，在本方场区最多只能有3人次共击球4次，双人、混合双人赛为3人次，3次击球过网。

11. 触网球和触网

比赛进行中球触及两标志杆以内的球网为好球，球触标志杆为失误。比赛进行中，队员身体任何部位触及两标志杆以内的球网，均为触网违例；队员击球后，触及标志杆或标志杆以外的球网、网柱、网绳或其他物体，不判违例。

12. 进入对方场区和空间

过网击球为犯规；比赛进行中，身体任何部位不得从网上标志杆以内区域进入对方场区的空间；队员若用头攻球时，必须在限制线以外起跳，落地时两脚可落在限制线内。

13. 死球与中断比赛

发生以下情况，裁判员应鸣哨，中断比赛。球触地及违例为死球；中断比赛；其他人或物品进入比赛场区；更换损坏的器材；运动员发生意外事故等。上述情况终结即鸣哨恢复比赛。

14. 计胜方法

各项比赛先得 21 或 15 分的队为胜一局；如比分是 20 平或 14 平时，比赛应继续进行，直到某队领先 2 分，方为胜一局；某局出现 20 平或 14 平时则实行轮换发球法，即首先由有发球权一方发球，无论得、失分后，均由对方发球，依此类推，直到某队领先 2 分结束比赛。

第七节　板鞋竞速

一、板鞋竞速概述

民族传统体育是人类社会生活的组成部分，也是培育许多现代竞技项目的沃土。板鞋竞速运动是少数民族一项独具特色的传统体育运动项目，以其特有的健身性、竞技性和娱乐性等特征，深受广大人民的喜爱。

板鞋竞速运动起源于广西壮族民间的一项传统体育运动项目。相传明朝嘉靖年间，倭寇侵扰中国沿海，广西田州土官瓦氏夫人率"狼兵"赴江浙抗倭，瓦氏夫人为了提高"狼兵"的壮族士兵的战斗意志和集体观念，她让几个士兵同穿一双长木板鞋"齐步"跑。经过长期训练，士兵素质大大提高，纪律严明，战斗力强，所向披靡，挫败倭寇，为国立了大功。后来，广西河池地区南丹县那地土州壮族民间效仿瓦氏夫人的练兵法，在田头地角、房前屋后开展以三人板鞋为主的竞速活动以自娱，相袭成俗，流传至今。板鞋运动有三人板鞋、板鞋舞蹈、板鞋拳术、龙凤板鞋等多种形式，竞赛项目最常见的是三人板鞋。

板鞋竞速对运动场地要求不高，器材制作简单（只要一块木板和 3 小块橡胶），具有鲜明的民族特点，为少数民族的闲暇生活增添了不少乐趣。在全国第 4 届、第 5 届少数民族传统体育运动会上，该项目被列为表演项目，受到广大观众欢迎和称赞；2007 年 11 月在广东省广州市举行的全国第 8 届少数民族传统体育运动会上，该项目被正式定为竞赛项目。

板鞋竞速是由多名运动员一起将足套在同一双板鞋上，在田径场上进行的比赛，以在同等的距离内所用的时间多少决定名次。比赛项目有：男子 60 米、男子 100 米、女子 60 米、女子 100 米和男女 2×100 混合接力。

板鞋竞速的锻炼价值在于：能增强练习者的肩、髋、膝、踝等关节的灵活性，能增强练习者上、下肢以及腰腹肌力量；提高练习者的速度、力量、耐力、柔韧、灵敏、协调素质；改善和加强练习者心脑血管和呼吸系统功能；培养练习者坚强的意志和团结协作精神，能给练习者带来愉快的情感体验。

二、板鞋竞速基本技术

板鞋竞速的主要基本技术包括：预备姿势、行走技术和跑动技术。

（一）预备姿势

两脚前后开立，与肩同宽，两眼平视前方，双手扶在同伴的肩上或腰部，做好踏步准备。

（二）行走技术

1. 原地踏步—向前走—快速跑

当同伴都做好准备以后，为达到步调整齐一致，由一人或一起喊口令"一、二、一"或"左、右、左"并原地踏步，声音和步调要一致，熟练后，两手不攀扶其他人，自然摆臂向前走，再慢慢过渡到自然跑、快速跑。

2. 弯道走

弯道走必须改变身体姿势及摆臂和后蹬的方向。跑进时身体应向左倾斜，右肩高于左肩；右臂摆动幅度大且稍向外，左臂幅度小且靠近体侧；右脚前抬时内扣，后蹬时用前脚掌的内侧扣紧板鞋；左脚稍向外，脚外侧用力；右脚步幅稍大于左脚；转弯后身体逐渐过渡到正常姿势，快速向前跑。

（三）跑动技术

完整的跑动依顺序可分为起跑、起跑后的加速跑、途中跑、终点跑 4 个部分。

1. 起　跑（图 18-7-1）

板鞋竞速的起跑分"各就位"和鸣枪两个环节。

当发令员发出"各就位"口令时，运动员将板鞋置于跑道起跑线后，运动员共同套好板鞋，两脚前后开立，与肩同宽，身体稍前倾，重心稍降低并稍前移，注意力集中，两眼平视前方。

当听到发令枪响后，后脚迅速向前上方提膝前迈，向前跑出。

2. 起跑后的加速跑

起跑后的加速跑是指向前迈出的板鞋着地，到进入途中跑之前的这一段距离，其任务是在较短时间内尽快发挥较高速度，迅速转入途中跑。

起跑后向前迈出的第一步不宜过大，重心迅速前移，两臂积极摆动，保持身体协调、平衡，步长逐渐加大，步频逐渐加快。

3. 途中跑（图 18-7-2）

途中跑是板鞋竞速全程跑中距离最长、速度最快的一段，其任务是发挥并保持高速度跑。

途中跑是一个不断重复的周期性动作，途中跑技术包括两腿动作、摆臂动作、头和身体姿势。因为板鞋竞速是三人同穿一对板鞋共同完成动作，所以要求三人的动作要协调一致，如果有一人动作不一致，就会立刻导致失去平衡，脱鞋或摔倒，所以，要注意腿部动作和摆臂动作的协调配合。摆动腿尽量高抬，支撑腿要用力后蹬，两臂积极摆动，配合腿部动作，尽量缩短腾空时间，减小身体的上下起伏，保持身体稳定，上体适当前倾，眼睛向前平视。

板鞋竞技运动的强度较大，后程的耐力是保持高速度跑完全程的不可忽视的重要因素；保持稳定的步频和步长，避免后程因体力不足，而失去对鞋的控制，这一点也非常重要。

弯道跑时，身体应向内倾斜，以获得合适的向心力保持人体的稳定和跑动的速度。

4. 终点跑（图 18-7-3）

终点跑的任务是尽力保持途中跑的高速度，跑过终点，争取有利名次。由于体力关系，要注意撞线时控制好身体位置以防跌倒。应基本保持途中跑姿势，到达终点后应在降低速度的情况下停下来，以保证安全。

　　图 18-7-1　　　　　图 18-7-2　　　　　　18-7-3

【练习方法】

　　注意循序渐进，由易到难，先练原地踏步走，然后练行进间走、慢跑、快速跑、弯道跑、起跑和起跑后的加速跑，最后是全程跑。

　　（1）三人穿板鞋原地踏步练习，体会动作的协调性。

　　（2）三人穿板鞋配合踏步向前走练习，体会步法的一致性。

　　（3）三人穿板鞋慢跑并逐步过渡到快速跑，体会途中跑的动作。

　　（4）三人穿板鞋进行弯道跑，体会如何克服离心力，获得合适的向心力保持人体的稳定和跑动速度。

　　（5）三人穿板鞋练习起跑和起跑后的加速跑，体会快而稳的起跑动作和如何较快地获得较高速度。

　　（6）三人穿板鞋练习终点跑和全程，体会如何保持较快速度进行终点冲刺。

三、板鞋竞速基本战术

　　练为战，只重视技术训练而忽视技术在战术上的应用，难以在重大比赛中取胜。随着现代竞技运动水平的日益接近，其战术意义就显得格外重要。在世界大赛，甚至全国性比赛中，短距离跑前 8 名的成绩非常接近，几乎同时到达终点，不用高速摄像的电子计时，很难判断名次。

　　目前，板鞋竞速在正式比赛中开设的项目还不是很多，都是在 60～100 米，战术一般认为不如中长距离的比赛那么明显，但是由于板鞋竞速运动强度大，比赛同样也有力量分配问题，加上比赛赛次较多，因此，合理分配力量，在各赛次获得好名次、好成绩都十分重要。

　　通常 60 米比赛在战术上主要是力争在每一赛次中取得好名次，一旦在小组取得比赛的好名次就应养精蓄锐，为下一步比赛做准备，到决赛时全力以赴，跑出自己的最好成绩。在具体比赛中，当运动员水平比较接近时，应采取充分发挥自己的特长克对手之短的战术，去取得决赛的胜利。

　　100 米的战术为在预赛中要确保取得好名次，进入决赛后即全力跑出好成绩。在具体比赛中应合理地分配自己的前、后段的体力。前段要用接近本人最好成绩跑，后段要顺惯性尽全力跑到终点。

　　在接力比赛中，弯道跑技术和交接棒技术非常重要，要安排弯道跑技术较好的队跑弯道。

四、板鞋竞速比赛规则简介

（一）比赛方法

竞赛分单项比赛和接力比赛两大类。

1. 起跑口令

（1）各就位：运动员将板鞋置于跑道起跑线前，运动员共同套好板鞋，任何一支的板鞋不得触及或超过起跑线。

（2）鸣枪：枪响后，运动员方可起动跑进。

2. 途中跑

运动员在比赛过程中，如果出现某一队员脚脱离板鞋脚触地或摔倒，需在触地（落地）处重新套好板鞋继续比赛。

3. 终 点

以第一名运动员身体躯干任何部位抵达终点线后沿垂直面瞬间为止，运动员的身体和板鞋需全部超过终点线后才能分离。

4. 接力赛

（1）接力区

每个接力区长度为10米，在中心线前后各5米，交接的开始与结束均从接力区分界线的后沿算起。

（2）要 求

①接力赛采用多副板鞋组成多棒进行比赛。（图18-7-4）

②第一棒队员和第二棒队员的交接必须在接力区内完成。

③完成交接的队员应停留在各自的分道或接力区内，直到跑道畅通后方可离开。

④每队服装须统一。

图18-7-4

（二）犯规与判罚

1. 犯 规

（1）抢跑：鸣枪前跑进起跑线。

（2）窜道：运动员在比赛过程中窜离本跑道。

（3）比赛中运动员脚脱离板鞋触地，未在原地穿好板鞋。

（4）运动员抵达终点时，两只板鞋的一部分仍未过线，脚与板鞋分离。

（5）运动员在比赛过程中，有阻挡或妨碍其他运动员跑进的行为。

（6）接力赛：

①队员在接力区外交接接力棒。

②在退出接力区时，阻挡或妨碍其他运动员跑进。

2. 判 罚

（1）抢跑犯规：第一次给予警告，第二次取消犯规者该项目比赛资格。

（2）发生其他犯规规则中之一者，取消犯规者该项目比赛资格。

附录一 中职学生体质健康评分表

附表 1-1　男生体重指数（BMI）单项评分表（单位：千克/米²）

等　级	单项得分	一年级	二年级	三年级
正　常	100	16.5~23.2	16.8~23.7	17.3~23.8
低体重	80	≤16.4	≤16.7	≤17.2
超　重		23.3~26.3	23.8~26.5	23.9~27.3
肥　胖	60	≥26.4	≥26.6	≥27.4

注：表中所注一、二、三年级代表中等职业学校所对应的年级，以下各表同。

附表 1-2　女生体重指数（BMI）单项评分表（单位：千克/米²）

等　级	单项得分	一年级	二年级	三年级
正　常	100	16.5~22.7	16.9~23.2	17.1~23.3
低体重	80	≤16.4	≤16.8	≤17.0
超　重		22.8~25.2	23.3~25.4	23.4~25.7
肥　胖	60	≥25.3	≥25.5	≥25.8

注：表中所注一、二、三年级代表中等职业学校所对应的年级，以下各表同。

附表1-3 中等职业学校男生各测试项目评分表 (一年级适用)

等 级	单项得分	肺活量 /毫升	50米跑 /秒	坐位体前屈 /厘米	立定跳远 /厘米	引体向上 /次	耐力跑1000米 /(分·秒)
	100	4540	7.1	23.6	260	16	3'30"
优 秀	95	4420	7.2	21.5	255	15	3'35"
	90	4300	7.3	19.4	250	14	3'40"
	85	4050	7.4	17.2	243	13	3'47"
良 好	80	3800	7.5	15.0	235	12	3'55"
	78	3680	7.7	13.6	231		4'00"
	76	3560	7.9	12.2	227	11	4'05"
	74	3440	8.1	10.8	223		4'10"
	72	3320	8.3	9.4	219	10	4'15"
	70	3200	8.5	8.0	215		4'20"
及 格	68	3080	8.7	6.6	211	9	4'25"
	66	2960	8.9	5.2	207		4'30"
	64	2840	9.1	3.8	203	8	4'35"
	62	2720	9.3	2.4	199		4'40"
	60	2600	9.5	1.0	195	7	4'45"
	50	2470	9.7	0.0	190	6	5'05"
	40	2340	9.9	-1.0	185	5	5'25"
不及格	30	2210	10.1	-2.0	180	4	5'45"
	20	2080	10.3	-3.0	175	3	6'05"
	10	1950	10.5	-4.0	170	2	6'25"

附表 1-4 中等职业学校男生各测试项目评分表（二年级适用）

等 级	单项得分	肺活量 / 毫升	50米跑 / 秒	坐位体前屈 / 厘米	立定跳远 / 厘米	引体向上 / 次	耐力跑1000米 / （分·秒）
优 秀	100	4740	7.0	24.3	265	17	3'25"
	95	4620	7.1	22.4	260	16	3'30"
	90	4500	7.2	20.5	255	15	3'35"
良 好	85	4250	7.3	18.3	248	14	3'42"
	80	4000	7.4	16.1	240	13	3'50"
及 格	78	3880	7.6	14.7	236		3'55"
	76	3760	7.8	13.3	232	12	4'00"
	74	3640	8.0	11.9	228		4'05"
	72	3520	8.2	10.5	224	11	4'10"
	70	3400	8.4	9.1	220		4'15"
	68	3280	8.6	7.7	216	10	4'20"
	66	3160	8.8	6.3	212		4'25"
	64	3040	9.0	4.9	208	9	4'30"
	62	2920	9.2	3.5	204		4'35"
	60	2800	9.4	2.1	200	8	4'40"
不及格	50	2660	9.6	1.1	195	7	5'00"
	40	2520	9.8	0.1	190	6	5'20"
	30	2380	10.0	-0.9	185	5	5'40"
	20	2240	10.2	-1.9	180	4	6'00"
	10	2100	10.4	-2.9	175	3	6'20"

附表1-5 中等职业学校男生各测试项目评分表 （三年级适用）

等　级	单项得分	肺活量/毫升	50米跑/秒	坐位体前屈/厘米	立定跳远/厘米	引体向上/次	耐力跑1000米/（分·秒）
优　秀	100	4940	6.8	24.6	270	18	3'20"
	95	4820	6.9	22.8	265	17	3'25"
	90	4700	7.0	21.0	260	16	3'30"
良　好	85	4450	7.1	19.1	253	15	3'37"
	80	4200	7.2	17.2	245	14	3'45"
及　格	78	4080	7.4	15.8	241		3'50"
	76	3960	7.6	14.4	237	13	3'55"
	74	3840	7.8	13.0	233		4'00"
	72	3720	8.0	11.6	229	12	4'05"
	70	3600	8.2	10.2	225		4'10"
	68	3480	8.4	8.8	221	11	4'15"
	66	3360	8.6	7.4	217		4'20"
	64	3240	8.8	6.0	213	10	4'25"
	62	3120	9.0	4.6	209		4'30"
	60	3000	9.2	3.2	205	9	4'35"
不及格	50	2850	9.4	2.2	200	8	4'55"
	40	2700	9.6	1.2	195	7	5'15"
	30	2550	9.8	0.2	190	6	5'35"
	20	2400	10.0	-0.8	185	5	5'55"
	10	2250	10.2	-1.8	180	4	6'15"

附表 1-6　中等职业学校女生各测试项目评分表　（一年级适用）

等　级	单项得分	肺活量/毫升	50米跑/秒	坐位体前屈/厘米	立定跳远/厘米	仰卧起坐/次	耐力跑800米/（分·秒）
	100	3150	7.8	24.2	204	53	3'24"
优　秀	95	3100	7.9	22.5	198	51	3'30"
	90	3050	8.0	20.8	192	49	3'36"
良　好	85	2900	8.3	19.1	185	46	3'43"
	80	2750	8.6	17.4	178	43	3'50"
	78	2650	8.8	16.1	175	41	3'55"
	76	2550	9.0	14.8	172	39	4'00"
	74	2450	9.2	13.5	169	37	4'05"
	72	2350	9.4	12.2	166	35	4'10"
	70	2250	9.6	10.9	163	33	4'15"
及　格	68	2150	9.8	9.6	160	31	4'20"
	66	2050	10.0	8.3	157	29	4'25"
	64	1950	10.2	7.0	154	27	4'30"
	62	1850	10.4	5.7	151	25	4'35"
	60	1750	10.6	4.4	148	23	4'40"
	50	1710	10.8	3.6	143	21	4'50"
	40	1670	11.0	2.8	138	19	5'00"
不及格	30	1630	11.2	2.0	133	17	5'10"
	20	1590	11.4	1.2	128	15	5'20"
	10	1550	11.6	0.4	123	13	5'30"

附表1-7　中等职业学校女生各测试项目评分表（二年级适用）

等　级	单项得分	肺活量/毫升	50米跑/秒	坐位体前屈/厘米	立定跳远/厘米	仰卧起坐/次	耐力跑800米/（分·秒）
	100	3250	7.7	24.8	205	54	3'22"
优　秀	95	3200	7.8	23.1	199	52	3'28"
	90	3150	7.9	21.4	193	50	3'34"
良　好	85	3000	8.2	19.7	186	47	3'41"
	80	2850	8.5	18.0	179	44	3'48"
	78	2750	8.7	16.7	176	42	3'53"
	76	2650	8.9	15.4	173	40	3'58"
	74	2550	9.1	14.1	170	38	4'03"
	72	2450	9.3	12.8	167	36	4'08"
	70	2350	9.5	11.5	164	34	4'13"
及　格	68	2250	9.7	10.2	161	32	4'18"
	66	2150	9.9	8.9	158	30	4'23"
	64	2050	10.1	7.6	155	28	4'28"
	62	1950	10.3	6.3	152	26	4'33"
	60	1850	10.5	5.0	149	24	4'38"
	50	1810	10.7	4.2	144	22	4'48"
	40	1770	10.9	3.4	139	20	4'58"
不及格	30	1730	11.1	2.6	134	18	5'08"
	20	1690	11.3	1.8	129	16	5'18"
	10	1650	11.5	1.0	124	14	5'28"

附表 1-8 中等职业学校女生各测试项目评分表 （三年级适用）

等 级	单项得分	肺活量 /毫升	50米跑 /秒	坐位体前屈 /厘米	立定跳远 /厘米	仰卧起坐 /次	耐力跑800米 /（分·秒）
优 秀	100	3350	7.6	25.3	206	55	3'20"
	95	3300	7.7	23.6	200	53	3'26"
	90	3250	7.8	21.9	194	51	3'32"
良 好	85	3100	8.1	20.2	187	48	3'39"
	80	2950	8.4	18.5	180	45	3'46"
及 格	78	2850	8.6	17.2	177	43	3'51"
	76	2750	8.8	15.9	174	41	3'56"
	74	2650	9.0	14.6	171	39	4'01"
	72	2550	9.2	13.3	168	37	4'06"
	70	2450	9.4	12.0	165	35	4'11"
	68	2350	9.6	10.7	162	33	4'16"
	66	2250	9.8	9.4	159	31	4'21"
	64	2150	10.0	8.1	156	29	4'26"
	62	2050	10.2	6.8	153	27	4'31"
	60	1950	10.4	5.5	150	25	4'36"
不及格	50	1910	10.6	4.7	145	23	4'46"
	40	1870	10.8	3.9	140	21	4'56"
	30	1830	11.0	3.1	141	19	5'06"
	20	1790	11.2	2.3	130	17	5'16"
	10	1750	11.4	1.5	125	15	5'26"

附表 1-9　中等职业学校学生加分指标测试项目评分表一　　　　（单位：次）

加 分	男			女		
	一年级	二年级	三年级	一年级	二年级	三年级
10	10	10	10	13	13	13
9	9	9	9	12	12	12
8	8	8	8	11	11	11
7	7	7	7	10	10	10
6	6	6	6	9	9	9
5	5	5	5	8	8	8
4	4	4	4	7	7	7
3	3	3	3	6	6	6
2	2	2	2	4	4	4
1	1	1	1	2	2	2

注：引体向上（男）、1分钟仰卧起坐（女），均为高优指标，学生成绩超过单项评分100分后，以超过的次数所对应的分数进行加分。

附表 1-10　中等职业学校学生加分指标测试项目评分表二　　　（单位：分·秒）

加 分	男			女		
	一年级	二年级	三年级	一年级	二年级	三年级
10	35"	35"	35"	50"	50"	50"
9	32"	32"	32"	45"	45"	45"
8	29"	29"	29"	40"	40"	40"
7	26"	26"	26"	35"	35"	35"
6	23"	23"	23"	30"	30"	30"
5	20"	20"	20"	25"	25"	25"
4	16"	16"	16"	20"	20"	20"
3	12"	12"	12"	15"	15"	15"
2	8"	8"	8"	10"	10"	10"
1	4"	4"	4"	5"	5"	5"

注：1000米跑（男）、800米跑（女）均为低优指标，学生成绩低于单项评分100分后，以减少的秒数所对应的分数进行加分。

附录二　职业模块选择表

附表 2-1　职业模块的选择表

岗位类型	职业岗位例证	职业体能要求	职业体能基础课程主要内容
站姿操作	医生、工人、教师、售货员、服务员和礼仪等。	发展肩带肌、躯干肌和脚掌力量，发展平衡能力、一般耐力、下肢静力性耐力、上肢动作协调性和准确性，测力，注意力的专注度。	各种走姿练习，速度短跑，左脚和右脚交换跳跃，体操棒、实心球、哑铃练习，花样跳绳、滚翻、头手倒立等。
坐姿操作	医生、电脑收费员、检验员、数控员，电脑、电视、医药精密仪器维修工、编辑和程序员等。	发展腰背肌肉、静动性耐力、指协调性、动作的准确性、触觉的敏感性、注意力的专注及反应能力，发展动作速度和准确性及动作的灵敏度和协调性，眼睛的抗疲劳性，发展手指灵活性，上肢静力的耐力、平衡和一般耐力。	某一关节角度承受一定的重量针对特制的固定物用力（推、顶、拉等）跳远、支撑跳跃。篮球变换方向、速度的运球、传球、投篮、听信号变换方向跑等，注意力游戏，准确性和灵活性练习，哑铃操，机床操作员投铅球、五指支撑俯卧撑。徒手操、器械练习，准确性、耐力性、灵敏性游戏。篮球、手抓重物左右、上下摆动练习。
流动变姿	护士、导医、导游，急诊医生、营销员、推销员和（高空）清洁工等。	发展背部肌肉和下肢肌肉，静力性耐力，灵敏性，平衡能力。	耐力跑，沿纵放、斜放、横放梯子做攀爬动作练习，在不高处做下坠落地练习，跳水，技巧运动，户外拓展等。
静态变姿	影像医生、口腔科医生、导游和营销员等。	腰部和腿部力量，耐久力，身体姿态。	瑜伽、形体塑身练习，腰腹肌力量练习，灵敏与注意力训练，体育游戏，户外拓展，体育欣赏等。